# 中国中部地区
# 公共文化特色化发展实证研究

基于国家公共文化服务体系示范区城市实践

陈慰 / 著

上海社会科学院出版社
SHANGHAI ACADEMY OF SOCIAL SCIENCES PRESS

本书系国家社科基金艺术学青年项目"文化和旅游公共服务深度融合机制、路径研究"(批准号:20CH192)系列成果之一

# 前　言

　　中部地区是我国在"十四五"期间解决公共文化发展"不平衡不充分"问题，全面推动公共文化服务高质量发展的关键地区。虽经近二十年发展，也在中部各省陆续出现了一些可圈可点的公共文化服务创新发展亮点城市，但总体上看，中部地区公共文化发展仍然存在特色缺失、质量不高、效益较低等现状，仍然面临公共文化服务"中部塌陷"的突出问题。中部地区位于我国广袤国土的中心地带，是中华五千年文明积淀最为深厚的地区，也是我国当今文化强国建设的重要枢纽地区，还是东接西引、均衡协调、一体发展的功能地区。因而，切实加强中部地区现代公共文化服务体系建设，有效提升中部地区公共文化服务质量，对于推动实现全国公共文化服务高质量发展"一盘棋"尤为必要。文化的力量深深根植于所在地区的历史、经济和社会发展之中，公共文化服务的生命力、感召力亦即深深根植于所在地区自然人文、风土民俗之中，一方水土养育一方民众、建构一方人文，也必然或应当渗透在一方的公共文化服务之中，缺乏人文历史根脉涵养和特色文化浸润的公共文化服务总是苍白无力、难以为继的。

　　本书紧密结合 2019—2021 年度第四批国家公共文化服务体系示范区创建，聚焦中部地区四座具有鲜明特点的创建城市，就其如何实现公共文化特色化发展的创建实践，试图从中找出在中部地区具有普遍适用性特点的方法路径，为中部地区各类城市推动公共文化服务高质量发展提供有益借鉴。本书所选取的四座城市分别是江西省萍乡市、湖南省永州市、吉林省辽源市和河北省唐山市。其中，江西省萍乡市以红色文化为引领，坚持不懈推进红色文化特色资源融入公共文化服务，不仅在公共文化服务设施方面强化红色文化引领，也在红色文化设施方面开展公共文化服务，围绕红色主题实施了一批主题鲜明的公共文化服务工程；同时推动红色文化融入校园公共文化服务，推动红色文化和旅游公共服务深度融合，在全国成功树立起红色文化引领公共文化服务的一面旗帜。湖南省永州市十分珍视自古以来延续千年的崇文重教优良传统，努力在公共文化服务中体现深厚的历史人文底蕴，以壮士断腕的力度，对芜杂凌乱的"文化服务项目"进行删繁就简，全面聚焦并深化全民阅读，在全国率先推进全民阅读地方立法，大力加强均衡覆盖城乡的公共图书馆总分馆制建设，以"跟着课本去读书"创新推出全民阅读研学游，积极营造向上向善的书香社会氛围，在公共文化服务供给方面形成十分鲜明的城市特色。吉林省辽源市紧密结合当地经济社会发展和乡村振兴实际，特别注重加强公共文化服务与产业发展、民众就业相关联的扶志扶智功能，以培育主体、延伸服务、开发文创、搭建平台、艺术普及、技能培训等方式实现公共文化服务对文化旅游、文创产业、非遗技艺发展的促进带动作用，在公共文化服务助力经济社会发展的综合性社会效益方面形成显著城市特色。河北省唐山市作为转型升级过程中的老工业城市，其乡村经济、社会和文化长期滞后于城市发展，借国家公共文化服务体系示范区创建之契机，该市把乡村公共文化服务作为振兴乡村、实现城乡一体发展的工作重点，并且着力推进乡村公共文化服务与乡村旅游深度融合，在构建乡村文旅服务中心建设上先行先试，在全国率先出台了乡村文旅服务中心地方标准，有效实现市、县优质公共文化服务资源向乡村延伸，为全国乡村文化和旅游融合发展创造了十分可贵的新鲜经验。四座城市、四种路径，在公共文化服务特色化发展方面殊途同归，足以说明结合实际、勇于尝试、敢于创新，是中部城市摆脱低水平循环状态，走向高质量发展的正确选择。这些样本既为中部也为全国不同类型城市结合自身实际实现公共文化特色化发展，提供了深刻启示。

# 目　录

前言 ………………………………………………………………………… 1

第一章　绪论 ……………………………………………………………… 1
    第一节　研究背景 …………………………………………………… 1
    第二节　研究意义 …………………………………………………… 5
    第三节　研究内容和研究重点 ……………………………………… 5

第二章　中国中部地区城市公共文化特色化发展的理性思考 ………… 7
    第一节　基本概念 …………………………………………………… 7
    第二节　理论视角 …………………………………………………… 9
    第三节　为何聚焦中部？ …………………………………………… 12
    第四节　公共文化特色化发展应处理好的四对关系 ……………… 16
    第五节　国外城市公益性文化特色化发展经验参考 ……………… 19

第三章　公共文化资源供给的特色化：以红色文化为引领 …………… 24
    第一节　红色文化引领公共文化的理性思考 ……………………… 24
    第二节　红色文化对公共文化特色化发展的作用 ………………… 29
    第三节　为什么是萍乡？ …………………………………………… 33

第四章　公共文化服务供给的特色化：全面深化全民阅读 …………… 54
    第一节　公共文化聚焦全民阅读的重要意义 ……………………… 54
    第二节　全民阅读的现实困境 ……………………………………… 57
    第三节　为什么是永州？ …………………………………………… 59

第五章　公共文化社会效益的特色化：公共文化带动文化和旅游
          产业发展 ……………………………………………………… 77
    第一节　公共文化带动文旅产业的理性思考 ……………………… 78
    第二节　公共文化服务带动文旅产业发展的动力机制分析 ……… 87

  第三节 为什么是辽源？ ………………………………………… 96

## 第六章 公共文化和旅游公共服务融合的特色化：乡村文旅服务中心 … 110
  第一节 公共文化和旅游公共服务融合发展的维度 ……………… 110
  第二节 打通乡村公共文化服务建设的"最后一公里" …………… 125
  第三节 为什么是唐山？ ………………………………………… 129

## 第七章 结语 ……………………………………………………………… 143
  第一节 中国中部地区城市公共文化特色化发展的思考及研判 … 143
  第二节 中国中部地区城市公共文化特色化发展的展望 ………… 145

## 参考文献 …………………………………………………………………… 147

## 附录 ………………………………………………………………………… 157
  附录 A 萍乡市情、经济社会和地方文化 ……………………… 157
  附录 B 永州市情、经济社会和地方文化 ……………………… 161
  附录 C 辽源市情、经济社会和地方文化 ……………………… 169
  附录 D 唐山市情、经济社会和地方文化 ……………………… 172
  附录 E 萍乡市关于加强红色文化建设推进公共文化高质量发展的
      实施意见 ………………………………………………… 175
  附录 F 永州市全民阅读促进办法 ……………………………… 180
  附录 G 辽源市文化和旅游公共服务一体化实施方案 …………… 186
  附录 H 唐山市乡村文化旅游服务中心建设与服务规范 ………… 189
  附录 I 第一批至第四批国家公共文化服务体系示范区名单 ……… 197

# 第一章 绪 论

## 第一节 研究背景

从昔日计划经济时代文化管理体制到当今与社会主义市场经济体制相适应的现代文化治理体系，从昔日单纯依靠政府投入的文化事业体系到当今政府主导、社会参与的现代公共文化服务体系，从昔日短缺经济背景下文化产品生产主要以量的扩张解决需求侧问题到当今社会相对富足现实条件下主要从深化供给侧结构性改革发力以更好满足人民美好生活需求，从昔日文化产品生产供给较为被动地顺应或无差别地满足人民群众文化需求到以人民为中心、立足"向上向善"、聚焦提振人民精神力量、弘扬优秀文化传统、彰显文化底蕴和丰富特色的文化服务，党的十八大特别是党的十九大以来，在党中央、国务院和各级党委政府高度重视下，中国公共文化服务体系建设呈现出整体推进、重点突破、全面提升的良好发展态势，其间创造了许多无愧于时代的辉煌业绩和闪耀亮点[1]。

### 一、国家公共文化服务体系示范区创建对公共文化服务的整体性推动

创建国家公共文化服务体系示范区[2]是文化建设的战略任务，是国家"五位一体"建设的重要内容。此项创建工作以习近平新时代中国特色社会主义思想

---

[1] 改革开放40年：现代公共文化服务体系建设的特色之路[EB/OL].[2018-12-12].https://www.sohu.com/a/281475958_152615.

[2] 国家公共文化服务体系示范区是文化部、财政部在"十二五"期间共同开展的一项战略性文化惠民项目，曾先后写入党的十七届六中全会和党的十八届三中全会决议。这项工作的根本目的是推动各地研究和解决公共文化服务体系建设面临的突出矛盾和问题，探索建立公共文化服务体系可持续发展的长效保障机制，为同类地区提供借鉴和示范，为国家制定相关政策提供科学依据和实践经验。

为指导，以党中央、国务院关于构建现代公共文化服务体系的总体部署为遵循，以《中华人民共和国公共文化服务保障法》①为依据进行稳步推进。国家公共文化服务体系示范区创建城市结合当地实际，按照公益性、基本性、均等性、便利性的要求，加强公共文化设施建设，完善公共文化服务体系，提高公共文化服务效能，旨在建成覆盖城乡、便捷高效、保基本、促公平的现代公共文化服务体系。在示范区创建过程中，各创建城市普遍建立了党委政府牵头、文化部门具体负责、各相关部门参与的公共文化服务体系建设协调机制和工作推进机制，公共文化服务的政府责任得到明确和普遍加强。各创建城市不断加大公共文化投入，快速推进基层公共文化服务设施网络建设，中央实施的各大文化惠民项目得到认真落实，所在城市的人民群众的获得感、幸福感和满意度均得到不同程度的提升，特别是各创建城市都形成了一批特色鲜明、实际管用、有推广价值的经验做法，为所在省及全国提供了宝贵经验。

## 二、中国基本公共文化服务体系建设大背景下的"中部塌陷"

中国东、中、西部的划分，并非严格意义上的行政区划或地理概念上的划分，而是参考地理位置、地域特点及人均国内生产总值水平所作的政策性划分。东部一般指沿海一带最早开放且经济发展水平较高的省市，中部则是相对于东部而言经济次发达地区，西部则是相对欠发达地区。东、中、西部划分始自1986年"七五"计划，在过去30多年中，几经调整。本书所指的"中部地区"，主要依据文化和旅游部、财政部第一至第四批国家公共文化服务体系示范区创建涉及的中部省份，包括山西、河南、安徽、湖北、江西、湖南、河北、吉林、黑龙江、海南等10省。中部地区如同中国之"腰"，"腰板"不硬会东倒西歪，只有腰板挺直，才能行稳致远。2004年3月，"中部崛起"首次出现在温家宝所作的政府工作报告中。2004年12月，"中部崛起"被列为中央经济工作会议重大议题。此后的2005年、2006年，"中部崛起"均为政府工作报告重要内容。

中部地区依靠全国19.9%的土地，创造着全国30%的GDP，养育着全国37.4%的人口，是中国的经济腹带，在国民经济发展中的作用不言而喻。国家持续实施"中部崛起"战略，规划东、中、西渐进式、梯次发展格局。然而经过10多

---

① 《中华人民共和国公共文化服务保障法》于2016年12月25日第十二届全国人民代表大会常务委员会第二十五次会议通过，于2017年3月1日正式生效。

年发展,中部的文化建设明显滞后于全国平均水平,特别是公共文化服务体系建设出现了"中部塌陷"困境,一定意义上国家大局中的公共文化服务东部、中部、西部梯次发展的阶段性"不平衡"格局已然被打破。"中部塌陷"现象突出表现为过去10多年来(主要是国家"十一五""十二五""十三五"前期),中部地区公共图书馆、文化馆等公共文化资源和服务的占有与区域人口总量不相称。例如,不论是体现公共图书馆投入还是体现产出的人均水平,东、中、西部比较,中部地区都是最低,中部地区公共图书馆事业相关重点指标[①]已经落到全国最低水平,研究表明"有些指标如果仅看总量,中部并不比西部低,如购书费、总藏量、年新增藏量等,但一到人均,结果逆变"[②]。又如,在第四次全国文化馆评估定级[③]反映文化馆发展的主要指标[④]中,中部地区低于全国平均水平,亦远低于西部平均水平,不仅与全国公共文化均等化的目标相差甚远,且东、中、西部之间公共文化发展不均衡现象越发凸显[⑤]。

公共文化服务体系建设的"中部塌陷",有一定国家政策性原因,如国家财政转移支付长期实行中部"五五配套"、西部"八二配套"(2013年末取消西部配套要求,实行100%转移支付)等。但这一现象无可置疑地折射出中国中部地区各级政府对公共文化投入的欠缺、保障力度的不足、运行机制的不协调。一般情况下,区域经济实力、政策扶持力度、服务质量效能是影响公共文化服务区域均衡发展的三大因素[⑥],从"中部崛起"的要求看,经济发展相对较慢、政策支持力度偏弱、财政配套任务较重、扶贫攻坚压力偏大是公共文化服务体系建设"中部崛起"的主要制约因素[⑦]。

---

① 该研究所涉及的相关指标有:公共图书馆财政拨款总量、公共图书馆财政拨款占财政总支出比重、人均公共图书馆财政拨款、人均公共图书馆购书费、人均拥有公共图书馆藏书、人均年新增公共图书馆藏书、万人拥有公共图书馆面积、万人拥有公共图书馆座席数、万人拥有公共图书馆计算机终端数、公共图书馆馆员与服务人口比、年人均到馆次数、年人均参加活动次数等。
②⑤ 李国新,张勇.推动公共图书馆事业"中部崛起"[J].中国图书馆学报,2016(6):4-12.
③ 为规范全国文化馆建设、管理与服务,发挥以评促建、以评促管、以评促用的作用,促进文化馆事业科学发展,文化部每四年进行一次全国文化馆评估定级工作,2015年是第四次开展此项工作。因受疫情影响,第五次全国文化馆评估定级计划于2020年9月至2021年3月完成。
④ 该研究所涉及的主要指标包括:文化馆财政拨款总额、免费开放补助经费总额、人均文化馆财政拨款、文化馆馆舍总面积、文化馆年服务人次、文化馆吸引社会资金能力等。
⑥ 刘小花,邹序明.回顾·展望·提升——中部地区公共图书馆事业的发展分析与思考[J].图书馆,2016(3):2-6.
⑦ 金武刚,刘旭灿.论图书馆事业发展"中部崛起"的思路与对策[J].图书馆,2016(10):8-14.

### 三、特色化发展是新时代公共文化高质量发展的内生需求和动力

党的十八大以来,党中央、国务院高度重视文化建设,出台了一系列政策措施,加强了公共文化服务基础设施和产品供给体系建设,公共文化服务能力和水平不断提高,人民群众的精神文化生活得到显著改善,满意度和获得感日益增强。但是,相对于人民群众的个性化、多层次、多样化文化需求,公共文化服务仍然存在体系不完善、发展不均衡、服务效能不高、人民群众参与面不广泛等问题。2021年3月,文化和旅游部、国家发展改革委、财政部联合发布的《关于推动公共文化服务高质量发展的意见》(文旅公共发〔2021〕21号)为"十四五"时期推动全国公共文化服务的高质量发展提供了政策依据和行动指南。在公共文化领域,高质量发展意味着老百姓将享受到更多特色化高质量服务。

公共文化特色化发展之所以是目前中国公共文化服务高质量发展所面临的一个紧迫与必要的问题,是因为从根本上说特色文化的生命,也是公共文化服务吸引力、感召力的源泉,它关涉到如何精准解决人民日益增长和不断变化的文化生活需要与公共文化服务不平衡、不充分发展之间的新矛盾和新诉求[①]。在文化强市、智慧城市、创意城市、文化之城等命题不断被提出的今天,城市文化发展就会随着文化的多样性而出现新的诉求,毕竟一座城市的文化充满了关于历史和时代的符号,聚集了多样的受众人群,反映了多元的文化特色。这些深厚的文化传承和独特的文化土壤,既是一种城市集体记忆或经验,具有社会广泛性特质,同时也掺杂了参与者自身的情感和记忆,带有独特的审美和体验特质[②]。于是,一方面,在当前公共文化高质量发展背景下,公共文化服务发展也越来越趋向于具体地而不是一般或普适性地满足老百姓对美好生活、品质生活的期待;另一方面,特色的文化资源和鲜明的文化独特性经由公共文化服务转化为良好的或积极的社会效益,公共文化服务在富有特色的日常活动、阅读鉴赏、美学体验之中,无形催化出有益的文化认同,最终达成广泛的、正向的社会文化影响。一定程度上,特色化的公共文化可以理解为既是因时、因地、因人制宜,切实保障公民基本文化权益的需要,也是设身处地、有针对性地提高人民群众文化素养的有效途径。

---

[①] 许继红,乔瑞金.试论当代中国特色公共文化治理的现代化转型[J].马克思主义与现实,2020(3):181-188.

[②] 鲁肖荷.公共文化的新型实践:基于城市文化资本的视角[J].东岳论丛,2014(11):103-108.

## 第二节 研究意义

"一个城市只有具备了有特色的文化,才有可能以卓尔不群的姿态屹立于世界城市之林"[①],才能使其文化服务长期拥有对于服务对象的吸引力和黏着力,才能真正使其公众把公共文化服务认同为理应如此的文化存在。为此,怎样在推进城市化进程中,按照新时代中国特色社会主义的时代要求,保持并持续强化城市公共文化服务的特色,避免公共文化服务陷入"千城一面"同质化的困境,是当下公共文化体系建设面临的具有普遍性和现实性的重大课题。

### 一、学术价值和理论意义

本研究从现实实践出发,研究分析不同层面、不同区域、不同类型的公共文化服务特色化实践,进而探讨公共文化服务基本理论问题,尝试从理论上构建中国公共文化服务特色化发展分析框架,推动中国公共文化服务特色化发展理论创新,厘清中国公共文化服务特色化的诉求、路径、方法和意义。

### 二、实践意义

本研究聚焦中国中部地区城市公共文化特色化的现状、问题,分析中部地区国家公共文化服务体系示范区城市公共文化特色化发展的方法、对策和经验等。本研究所构建的公共文化特色化发展路径来源于代表性城市的实践,可直接为各地相关实践提供示范,从而为各级主管部门进行公共文化服务管理和决策提供依据,为我国公共文化服务特色发展和高质量发展提供借鉴。

## 第三节 研究内容和研究重点

### 一、研究内容

新时代,中国中部地区公共文化特色化发展的主要内容是在基本文化权益

---

① 陈圣来.城市不在于大,而是要具备有特色的文化[EB/OL].(2018-07-04)[2020-12-02]. https://www.sohu.com/a/239183364_260616.

保障的基础上,进一步实现公共文化的高质量发展。因此,本研究立足当前、着眼长远,立足中部、辐射全国,思考各级公共文化机构应具备什么样的服务能力、能提供什么样的特色服务内容,公共文化的发展应当要带来哪些社会效益。结合这些问题,本研究主要内容涉及:中国中部地区公共文化服务特色化发展的体系构建和价值取向探究,包括公共文化特色化发展的理论依据和实施策略中包含的资源、服务、路径、效益四大方面;中国中部地区公共文化服务特色化发展的重点领域识别,包括红色文化、全民阅读、文旅产业和乡村文旅服务中心建设等。

## 二、研究重点

理论层面:公共文化服务为什么要特色化发展?公共文化服务特色化发展的理论依据在哪里?公共文化服务特色化发展如何界定?公共文化服务特色化发展的现实需求是什么?哪些内容算得上是特色化的公共文化服务?

实践层面:决策层如何持续推进城市公共文化服务特色化发展?各级各类公共文化机构应该具备怎样的能力才能提供特色化的公共文化服务?如何保障公共文化服务特色化长期持续发展?如何有效缩小城乡差距、地区差距,实现公共文化服务特色化高质量发展?

# 第二章 中国中部地区城市公共文化特色化发展的理性思考

## 第一节 基本概念

"特色"是一事物区别于其他事物的独有特征,由事物所在的特定环境因素所决定。"特色"的一种解释是个性,即让受众记住或留有印象的东西①,如地理位置、历史文化与社会风俗、建筑风貌、自然资源、产业类型等。"特色"的另一种解释是比较优势,可以是生态环境、自然资源禀赋、地理区位优势,也可以是特色文化、特色产业等②能形成竞争力、支撑城市发展的优势。

每座城市都有人文传承与自然演化的历史积淀物质文化遗产、非物质文化遗产、自然景观等,都可以被称为当地特色的文化风貌,各地独特的自然条件、历史沿革培育了各具特色的地域文化,反映出了当地独特的物质和精神价值。只要善于挖掘、保护、开发、利用,正确处理好文化共性与个性的关系,就能为公共文化服务的特色化发展创造良好氛围③。

公共文化服务特色化发展是指政府主导、社会力量参与,以满足公民基本文化需求为主要目的而提供的公共文化设施、文化产品、文化活动以及其他相关服务,具有鲜明历史底蕴、人文传统、地域特征和社会特点,这些特性在公共服务过程中得到所在地区或城市公众的广泛认可。当前,公共文化特色化发展是高度适应新时代文化强国建设和公共文化高质量发展的新生事物,一定程度上是时势适应性造就出的一种新发展形态,承载着新时代公共文化服务体系建设的新思想、新需求、新业态、新功能等,具有新时代开放、多元、包容、创新的显

---

①② 陈明曼.复杂适应系统视角下的特色小镇演化研究[D].重庆:重庆大学,2018.
③ 李茂,唐鑫.新型城镇化进程中的特色文化城镇建设[J].中国市场,2018(24):4-6.

著特征。

习近平总书记在中国共产党第十九次全国代表大会中指出,中国的经济、政治、文化、社会及生态文明建设都已步入一个崭新的阶段,社会的主要矛盾已经转化为人民日益增长的美好生活需要和不平衡、不充分的发展之间的矛盾,中国步入了新时代。党的十九大报告提出完善公共文化服务体系,深入实施文化惠民工程,丰富群众性文化活动。十九届四中全会提出健全人民文化权益保障制度,强调完善城乡公共文化服务体系,优化城乡文化资源配置。十九届五中全会明确提出到2035年建成文化强国,提出繁荣发展文化事业和文化产业,提高国家文化软实力。没有特色鲜明、丰富多彩、普遍均等的公共文化服务,社会主义核心价值体系建设、社会主义文化强国建设就失去了坚实基础[1]。

文化是一个民族内在的精神气质,是区别于其他民族的重要标志。文化在精神诉求上具有共同性,但共同性不等于同一性。中国特有的历史人文、山川湖海、家国境况和发展历程,造就了中国特色的现代公共文化服务体系。中国特色公共文化服务的现代性体现为国家、民族、城市和个体的文化自信和全社会的文化自觉,在现阶段中国,特色化公共文化服务是满足人民日益增长的向往美好的精神文化需求、提升人民文化自信和文化自觉的重要力量,以特色公共文化服务满足人民群众的多元文化需求,是中国公共文化服务的长远战略目标[2]。在新时代,我们全面开启社会主义现代化建设的新征程,要格外关注人民群众日益多样化的精神文化需求,适应时代的发展变化,创新公共文化服务形式和方法,提升公共文化服务水平。

因此,公共文化的特色化发展应着眼长远、统筹规划、个性定制,发挥地方文化资源的比较优势,将顶层设计与底层设计相结合,市、区县、乡镇形成合力。同时要尊重各地的首创精神,因地制宜发展特色文化产业和其他各项事业,形成具有特色的发展模式[3]。找准特色、凸显特色、放大特色,避免"千城一面",是公共文化特色化发展的关键所在。

---

[1] 曾月梅.推进社会主义文化强国建设 彰显中华民族独特精神气质[N].兰州日报,2020-11-10(12).

[2] 许继红,乔瑞金.试论当代中国特色公共文化治理的现代化转型[J].马克思主义与现实,2020(3):181-188.

[3] 唐鑫.我市新型城镇化应注重发展特色文化城镇[C]//北京古都学会.中国古村落保护与利用研讨会论文集.北京:中译出版社,2016:147-151.

## 第二节 理论视角

### 一、城市规划中的人文主义理论

刘易斯·芒福德的城市思想无不贯穿着人文主义特征；其《城市文化》《城市发展史》等诸多关于城市文化研究的成果，无不凸显着对城市规划人文主义的高度关注。芒福德在城市物质文化思想中，分别提出了"磁体"和"容器"这两个隐喻，将城市"磁体"与"容器"的功能视为城市的本质功能，把"文化贮存、文化传播和交流、文化创造和发展"称为"城市的三项最基本功能"，在不同的层面对城市"吸引"及"贮存"的功能进行了分析。

芒福德借"磁体"来隐喻城市的吸引作用，从历时的角度分析了城市从兴起到发展的每个阶段有主要吸引力的各种社会功能，即所谓的"磁极"。城市的"磁体"功能发生作用之后，它便成功地吸引了大量人群和各种社会组织，从而形成了一个"有生命的封闭容器"。这个封闭的"容器"将散落、无组织的种种社会功能、社会机构以及人群全都聚集在一个有限的区域环境之中，强制性地形成了一个城市复合体①。在这个复合体中，之前处于分散状态的各种社会功能、组织及人类"达成"最大限度的互相感应与作用②。芒福德认为，在一定程度上，城市的形态是由无数物质实体组成的"容器"，进而城市也就具有容器以物质实体贮存和承载文化的功能。但城市能够贮存各类文化是有前提的，那就是城市首先需要发挥磁体功能，吸引各种精神文化在城市中聚集③：

> 诸如城墙、城堡、文字、市场以及博物馆等都充当了帮助城市实现贮藏器功能的角色……城市中的各类建筑如学院、教堂、博物馆等也充当了城市传播人类文化的介质。有些城市建筑不同于原始村庄中的房屋只提供居住的功能，其文化功能也变得更为多元和丰富，如建筑中体现着自然环境的特征和资源、工业艺术、经验主义传统和已应用的实验知识的状态，社

---

① 褚凰羽,陈星识.芒福德城市传播视域下中国城市形象片功能构建[J].视听界,2019(6):44-48.
② [美]刘易斯·芒福德.城市文化[M].宋俊岭,李翔宁,周鸣浩,译.北京:中国建筑工业出版社,2009.
③ [美]刘易斯·芒福德.城市发展史——起源、演变和前景[M].宋俊岭,倪文彦,译.北京:中国建筑工业出版社,2005:369.

会组织和写作的过程,以及整个社会的信仰和世界观……这些东西为世代所珍视,并毫无改变地由前一代传给了下一代。①

另一在城市规划中强调人文主义的人物当为凯文·林奇。1960年,林奇《城市意象》一书提出城市的美不仅要求构图与形式的和谐,更重要的是来自生理、心理的切实感受,强调需要通过路径、边界、区域、节点、标志来组织人们对城市的意象体系,这样才能将人们对空间的感知融入城市文化中去②。在林奇看来,城市规划为城市发展描绘出宏伟的蓝图,而城市文化犹如一条暗线,引导着城市的发展。

此外,1971年,舒玛什在《文脉主义:都市的理想和解体》中也提出了文脉主义理论,认为"对于城市中已经存在的内容,无论是什么样的内容,都不要破坏,而应尽量设法使之能够融入城市整体中去,使之成为这个城市的有机内涵之一",而文脉就是人与建筑之间的关系、建筑与城市之间的关系、整个城市与其文化背景之间的关系,它们之间存在着内在的、本质的联系③。

城市的特色文化是在长期实践过程中所创造和形成的文明的总和。一部分是通过一定的物质载体得以保存、表现、传递的文化,如城市历史文化遗产、街头艺术雕塑、图书馆、博物馆等;另一部分则以价值观念形态、心理状态和精神状态等形式存在于城市居民的大脑和言行中,如城市精神、文化传统、风俗习惯等。城市文化发展的主要任务就是要挖掘、整理、保存城市空间与这些内在要素之间的文化关系。但有学者也指出,从城市特色文化的角度看,迄今中国的城市特色文化建设,仍缺少对自身优秀文化传统的关注,缺乏较为鲜明的文化特色,反而更热衷于模仿那些已经产生较大影响的品牌,导致了城市文化"同质化"倾向严重。这一"怪圈"被描述为:

"文化开放性水平表现较优"与"地方特色文化挖掘不足"的奇妙组合。究其原因,主要在于有些城市建设者们对所在区域优秀文化传统重视不够,忽视了品牌文化内涵的提炼,片面追求品牌形象的时尚化;在城市文化品牌

---

① [美]刘易斯·芒福德.城市文化[M].宋俊岭,李翔宁,周鸣浩,译.北京:中国建筑工业出版社,2009:438.
② [美]凯文·林奇.城市意象[M].方益萍,何晓军,译.北京:华夏出版社,2017.
③ 陈立旭.都市文化与都市精神——中外城市文化比较[M].南京:东南大学出版社,2002:340.

塑造过程中刻意追求短期经济效益,而相对忽视了其应有的社会效益。①

## 二、城市公共产品中的"城市第三空间"

亨利·列斐伏尔认为,空间生产性价值已从"空间中物的生产"转变为"空间的生产"②,"这一结构变化也导致了新的生产关系的出现,空间生产的意义和外延也发生了'转向'"③。此后,爱德华·索亚在列斐伏尔"赋予社会空间复杂含义"的基础上,通过对后现代主义学者及后殖民主义学者空间观的梳理和思考,推翻了传统的"物质-精神""客观-主观"二元对立的空间思考模式,发展了"第三空间"④,并认为"第一空间"是指空间形式具象的物质性,可以由经验来描述;"第二空间"是指人类认知形式中的空间性,由空间的观念进行再表征;"第三空间"是在"第一空间"和"第二空间"基础上发展起来,既不同于两者又包容、超越两者,多重力量共同参与、生产的结果。可以说,"第三空间"是超越了物理与精神二元对立关系的第三种样式,是一个城市最具活力和人文多样性的场所,它甚至可以被视作一座城市的文化地标。

1999年,雷·奥登伯格从城市及社会研究角度,在其《绝好的地方》一书中提出了"第三空间"的概念。奥登伯格认为的"第三空间(Third Place)",即非正式的公共生活,是从居住的地方(第一空间)和花大量时间用于工作的地方(第二空间)两个场所之外分离的社会场景⑤。奥登伯格认为仅仅满足职场和住所之间的"两头跑"模式绝不是一种令人满意的"社会黏合方式","第三空间"应当是"联系着人与人之间的情感,是人们释放自我、自由交流的社交场所"⑥。在奥登伯格看来,如公共图书馆、咖啡店、博物馆、社区中心、书店、酒吧、理发店等场所,应当更为突出其作为"第三空间"的社交作用,更为显现其城市文化形象和城市精神内涵,更直观地体现其对现代都市的自由与开放的承载功能。奥登伯格的"三个空间"划分,较清晰地勾勒了住所、职场与社交场合之间的关系,使人

---

① 高迎刚,丛晓煜.城市文化品牌塑造原则与路径探析[J].艺术百家,2019(6):58-62.

② Henri Lefebvre. The Production of Space (English Version)[M]. Donald Nicholson-Smith translated. Wiley-Blackwell,1992.

③ 林叶.城市人类学再思:列斐伏尔空间理论的三元关系、空间视角与当下都市实践[J].江苏社会科学,2018(3):124-135.

④ 杜彬,李懋,覃信刚.文旅融合背景下旅游第三空间的建构[J].民族艺术研究,2020(3):152-160.

⑤ Ray Oldenburg. The Great Good Place[M]. Marlowe & Company,1999.

⑥ Ray Oldenburg. Celebrating the third place: Inspiring stories about the great good places at the heart of our communities[M]. Da Capo Press,2001.

类经验建构在联系、区别以及自治性的基础之上①。

由此可见,"第三空间"概念与生俱来就有着丰富的情感价值、社会价值和文化价值。"第三空间"作为一种文化传播的媒介,逐渐转向学习、生活、社交等文化传播服务。公共文化空间从传统意义的物理空间转变成被建构的"第三空间",正是基于人本主义,与公共文化场馆设施着力为全体人民提供公共服务的理念以及其作为城市公共空间的定位不谋而合②。

在我国,根据《中华人民共和国公共文化服务保障法》第五条规定,"国务院根据公民基本文化需求和经济社会发展水平,制定并调整国家基本公共文化服务指导标准"。其中,"基本公共文化服务"即公共文化设施应具备的基本功能和常态服务。在现阶段,经济社会发展快速推进,数字网络技术深入生产生活的全过程和各方面,人们文化需求、文化消费呈现出多元多变、选择性、个性化特征。在这一新的社会环境中,公共文化设施或"文化空间"的设定,应当更加有效地平衡政府诉求与公众选择之间的关系。然而长期以来,基层资源分布不均,尤其是乡镇、街镇、村、社区一级的公共文化基层服务设施,缺乏必要的资源保障,或结构性资源缺乏,或资源更新不及时,导致基层设施运行不畅、效能不高,这是具有普遍性的突出问题。因而在实际工作中,特别是在"常态"公共文化服务项目选择中,应在严格依法保障人民群众基本文化需求的同时,因地制宜、因时制宜,及时根据人民群众的实际需求及其变化,更为合理地确定公共文化服务"空间"的"常态"功能和服务,把文化服务供给建立在群众文化需求调研、群众文化意见征询、群众文化评价反馈的坚实基础上。

## 第三节 为何聚焦中部?

### 一、中部崛起

中部地区是我国人口和城镇最多、人均收入偏低、发展差异最大的地区,是解决我国区域发展不协调和城乡发展"不平衡不充分"问题的关键地区③。自2004年3月政府工作报告首次明确提出"促进中部地区崛起"以来,关于中部地

---

①② 崔玉珍.基于"第三空间"文化视域下的公共文化场馆实践研究——以档案馆和图书馆为例[J].山东档案,2019(6):23-26.

③ 姜永坤.以中部地区为内循环轴心 加速中部全面崛起[N].每日经济新闻,2020-10-27(8).

区崛起的顶层设计接连推出(表1)。2021年3月30日,中共中央政治局召开会议,审议了《关于新时代推动中部地区高质量发展的指导意见》[①](简称《意见》)。《意见》指出,"着力提升基本公共服务保障水平,推动中部地区加快崛起"。由于中部地区承东启西、连南接北,资源丰富,交通发达,产业基础较好,文化底蕴深厚,发展潜力巨大,空间枢纽作用显著,因此,中部地区的崛起、推动中部地区高质量发展,具有全局性意义。

表1 2004年至2021年中央关于"中部崛起"的相关政策/举措及重点内容[②]

| 时间 | 政策/举措 | 重点内容 |
| --- | --- | --- |
| 2004年3月 | 政府工作报告中首次明确提出"促进中部地区崛起" | 政府工作报告中首次明确提出"促进中部地区崛起" |
| 2006年4月 | 《关于促进中部地区崛起的若干意见》 | 中部崛起正式上升为国家战略 |
| 2007年1月 | 《关于中部六省比照实施振兴东北地区等老工业基地和西部大开发有关政策范围的通知》 | 明确了中部地区比照实施振兴东北地区等老工业基地和西部大开发有关政策的具体范围 |
| 2007年4月 | 国家发展改革委设立国家促进中部地区崛起工作办公室 | 国家发展改革委设立国家促进中部地区崛起工作办公室 |
| 2009年3月 | 《2009年促进中部地区崛起工作要点》 | 就中部地区应对国际金融危机冲击,保持经济平稳较快发展作出统一部署 |
| 2012年8月 | 《关于大力实施促进中部地区崛起战略的若干意见》 | 中部地区再获红利,在基础设施、信息平台、旅游开发、生态保护等重点领域开展合作 |
| 2016年12月 | 《促进中部地区崛起"十三五"规划》 | "十三五"时期指导中部地区经济社会发展的纲领性文件 |
| 2018年11月 | 《关于建立更加有效的区域协调发展新机制的意见》 | 建立更加有效的区域协调发展新机制,推动更高水平和更高质量的区域协调发展 |
| 2019年5月 | 习近平总书记主持召开推动中部地区崛起工作座谈会 | 强调要不断增强中部地区综合实力和竞争力,奋力开创中部地区崛起新局面 |
| 2021年3月 | 中共中央政治局会议审议《关于新时代推动中部地区高质量发展的指导意见》 | 推动中部地区高质量发展 |

从经济总量看,截至2020年,中部地区生产总值超22万亿元,占全国的比

---

① 中共中央政治局召开会议审议《关于新时代推动中部地区高质量发展的指导意见》 中共中央总书记习近平主持会议[N].人民日报,2021-03-31(1).
② 王彩娜.同题共答 中部地区演绎高质量发展竞合之道[N].中国经济时报,2021-04-16(4).

重由 2006 年的 18.6% 上升到 2020 年的 21.9%①。中部地区如今虽已实现局部突起，但是长期以来，在沿海地区率先发展战略的持续作用下，中部地区发展格局处于比较严重的非均衡状态，区域发展并不均衡，后发优势尚未充分发挥。从中部六省的人均 GDP、工业比重、城镇化率等指标分析，中部六省几乎处于相似的发展阶段。以人均 GDP 为例，2020 年除了湖北省人均 GDP 高于 7 万元和山西省人均 GDP 低于 5.5 万元之外，其他四省的人均 GDP 都在 5.5 万元到 6 万元之间②。中部地区的城市群和中心城市的发展能级明显要比粤港澳大湾区的广深城市群、长三角地区的长三角城市群低一个层次。比如中部地区 GDP 最高城市是武汉市，2020 年其 GDP 为 1.5 万亿元，相当于上海市 GDP 的 40%、深圳市 GDP 的 56%，城市群的发展差距明显③。

"十四五"规划和 2035 年远景目标纲要提出，发展壮大城市群和都市圈，分类引导大、中、小城市发展方向和建设重点，推动中部地区高质量发展。因此，未来如何培育世界级的城市群和中心城市，是推动中部地区高质量发展面临的重要任务之一。中部地区的高质量发展，不仅是中部崛起战略的升级版，更是在新形势下我国区域协调发展战略的一次全面升级④。

## 二、中部地区公共文化服务高质量发展的特殊性

随着"十三五"规划的有序推进，当前中国基本公共文化服务的水平已得到了一定的提高，但是基本公共文化服务均等化问题也日益凸显出来，基本公共文化服务不均等的态势依然存在，地区间、城乡间和群体间的不均等是当前基本公共文化服务不均等的主要表现。国家也陆续出台了法律、法规，如 2015 年中共中央办公厅、国务院办公厅印发了《国家基本公共文化服务指导标准（2015—2020 年）》，对"十三五"时期公共文化服务体系建设发挥了重要作用。《中华人民共和国公共文化服务保障法》（2017 年 3 月生效）和《中华人民共和国公共图书馆法》（2018 年 1 月生效）为公共文化服务提供了法律保障依据，特别是 2021 年 4 月《国家基本公共服务标准（2021 年版）》⑤的出台，与《国家基本公

---

①④ 王彩娜.同题共答 中部地区演绎高质量发展竞合之道[N].中国经济时报，2021-04-16(4).

②③ 蔡之兵.中部地区高质量发展难在哪儿怎么办[N].学习时报，2021-04-07(2).

⑤ 《国家基本公共服务标准（2021 年版）》涵盖幼有所育、学有所教、劳有所得、病有所医、老有所养、住有所居、弱有所扶"七有"，以及优军服务保障、文体服务保障"两个保障"，共 9 个方面、22 大类、80 个服务项目。每个项目均明确了服务对象、服务内容、服务标准、支出责任和牵头负责单位。

共文化服务指导标准(2015—2020年)》和《"十三五"国家基本公共服务清单》紧密衔接,进一步明确了目前阶段我国基本公共文化服务的主要范围,即公共文化设施免费开放、送戏曲下乡、收听广播、观看电视、观赏电影、读书看报、少数民族文化服务和残疾人文化体育服务八个方面的内容;同时明确了各个项目的服务对象、服务内容、服务标准、支出责任和牵头单位,为各级政府履职尽责和人民群众享有相应权利提供了重要依据①。

自改革开放以来,中国的文化建设从整体来说一直在快速发展,但对于不同地区而言,由于受到经济政策、地缘环境、产业基础以及其他各种因素的影响,文化发展一直处于一种不平衡的态势,有些地区的文化由于经济基础好、地缘优势明显等发展速度较快,而有些地区则发展缓慢,最直接的结果之一就是区域间公共文化在服务内容、产品、手段、方式、效能上差距较大。习近平总书记指出:"不平衡不充分的发展就是发展质量不高的表现。"以能够反映公共文化服务体系建设水平的"人均文化事业费"这一指标为例(图1)②,"十二五"和"十三五"期间,文化事业费的"人均水平"在中部省份发生了较为明显的"塌陷"情况。

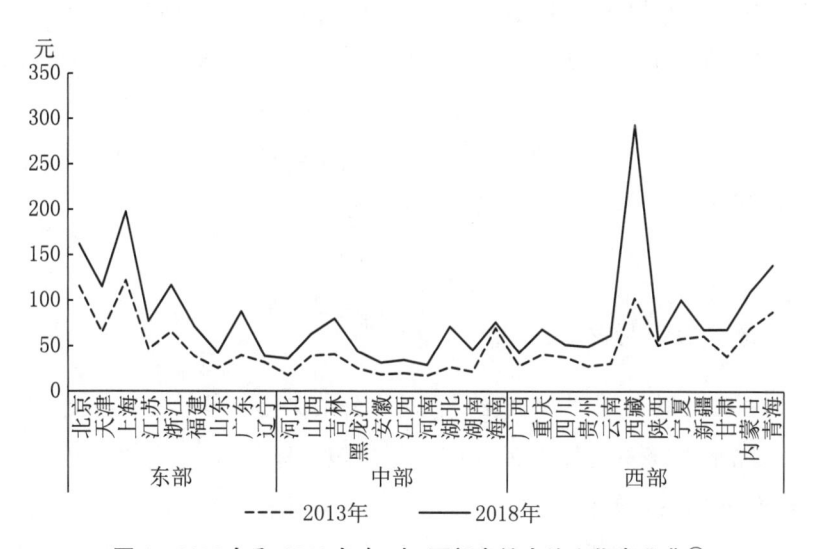

**图1 2013年和2018年东、中、西部省份人均文化事业费③**

---

① 文旅中国.《国家基本公共服务标准(2021年版)》出台 基本公共文化服务主要范围进一步明确[EB/OL].[2021-04-22]. https://baijiahao.baidu.com/s?id=1697712936035256564&wfr=spider&for=pc.
② 中华人民共和国文化部.中国文化文物统计年鉴2014[M].北京:国家图书馆出版社,2014.
③ 中华人民共和国文化和旅游部.中国文化和旅游统计年鉴2019[M].北京:国家图书馆出版社,2019.

## 第四节　公共文化特色化发展应处理好的四对关系

不同的城市都需要有其自身的文化特色,公共文化服务发展中的地方特色、个性魅力更需要基于区域文化资源的开发利用。正如费孝通所言:

> 生活在一定文化中的人对其文化有"自知之明",明白它的来历、形成过程、所具的特色和它发展的趋向……首先要认识自己的文化,理解所接触到的多种文化,才有条件在这个已经在形成中的多元文化的世界里确立自己的位置,经过自主的适应,和其他文化一起,取长补短,共同建立一个有共同认可的基本秩序和一套各种文化能和平共处、各抒所长、联手发展的共处守则。①

特色文化不只反映在地理环境和民族生活风俗上,还反映在文化的优良传统上,这些都是公共文化服务特色化必须面对的时代课题。公共文化服务本身也处在文化的演变中,它塑造可见或不可见的多元城市文化,影响人们的行为方式和道德准则,并为未来的生活打造新的生成空间②。因此,如何在公共文化服务中挖掘、保存和利用当地的特色文化,在当下城市公共文化服务建设中具有十分显著的现实意义。

### 一、常态服务与品质生活

进入新时代以来,作为常态化提供基本公共文化服务的各级各类公共文化设施,在对常态服务的选择方面,有了一个确定性标准,就是党的十九大提出的"人民对美好生活的向往""人民日益增长的美好生活需要"③。文化和旅游部、国家发展改革委、财政部于2021年3月联合发布的《关于推动公共文化服务高

---

① 费孝通.反思·对话·文化自觉[J].北京大学学报(哲学社会科学版),1997(3):15-22.
② 鲁肖荷.公共文化的新型实践:基于城市文化资本的视角[J].东岳论丛,2014(11):103-108.
③ 习近平.决胜全面建成小康社会 夺取新时代中国特色社会主义伟大胜利——在中国共产党第十九次全国代表大会上的报告[EB/OL].(2017-10-27)[2020-09-18]. http://www.gov.cn/zhuanti/2017-10/27/content_5234876.htm.

质量发展的意见》也进一步指明："立足城乡特点,打造有特色、有品位的公共文化空间,扩大公共文化服务覆盖面,增强实效性。"[1]因此,新时代的常态化公共文化服务更应当把握新发展阶段,贯彻新发展理念,构建新发展格局。人民美好的文化生活需要,意味着公共文化服务应当有利于并助力全社会追求文化生活品质的提高,应当顺应个人和大众对美好生活追求的新趋势,应当在引导人们走出过度物质化、金钱化、娱乐化、庸俗化社会生活怪圈过程中发挥突出的积极作用,还应当着力帮助人们增进文明素养、树立生活正念、提高文化认同,助力社会确立正向价值观,营造健康有序、快乐和谐的文化氛围。不能继续停留在短缺经济时代或温饱社会条件下一般意义的"打发闲暇时光""充实业余文化生活"水平上,更不能无所作为地掉在群众队伍后面,搞粗浅娱乐,搞低俗媚众的所谓"公共文化服务"。唯有如此,才是各级党委、政府坚持"以人民为中心",加大财政投入,完善城乡公共文化设施功能、提升公共文化服务效能的正确选择。

## 二、多元需求与社会供给

随着经济社会发展水平的提高,人民对美好生活的需要更加强烈,对更丰富、高品位文化生活的期盼日益高涨,这使得文化需求和供给之间的结构性矛盾更加突出,虽然"缺不缺、够不够"问题总体上得到解决,但"好不好、精不精"问题越来越凸显,高水平、高品质的公共文化供给相对还比较缺乏[2]。短缺经济社会,采取计划方式保障人们大致相同的基本文化需求,但在当今文化需求个性化、分众化、多变化的新形势下,过去那种普遍适合的基本文化需求正在逐步淡出人们的视野。恰如"世上没有两片完全相同的树叶",在如今开放社会中,每个人、每个群体的个性喜好、社交选择、行为特征不尽相同,每个人、每个群体在不同时期的需求也不尽相同。公共文化服务若是以原有的、固化的功能和服务,去适应人们千姿百态、千差万别、千变万化的社会文化需求,则方式必定是方枘圆凿,效果必定如杯水车薪,最终事与愿违。

---

[1] 文化和旅游部,国家发展改革委,财政部.关于推动公共文化服务高质量发展的意见(文旅公共发〔2021〕21号)[EB/OL].(2021-03-08)[2021-05-02].http://zwgk.mct.gov.cn/zfxxgkml/ggfw/202103/t20210323_923230.html.

[2] 贯彻新发展理念,推动公共文化服务高质量发展——文化和旅游部公共服务司负责同志就《关于推动公共文化服务高质量发展的意见》答记者问[EB/OL].(2021-03-23)[2021-05-02]. http://zwgk.mct.gov.cn/zfxxgkml/zcfg/zcjd/202103/t20210323_923234.html.

党的十八届三中全会明确提出："引入竞争机制，推动公共文化服务社会化发展。鼓励社会力量、社会资本参与公共文化服务体系建设，培育文化非营利组织。"[1]文化和旅游部、国家发展改革委、财政部三部委联合印发的《关于推动公共文化服务高质量发展的意见》，更是在"创新拓展城乡公共文化空间""促进公共文化服务提质增效"等方面强调要进一步强化社会参与，推动社会力量参与公共文化设施运营、活动项目打造、服务资源配送等，如"鼓励在都市商圈、文化园区等区域，引入社会力量，按照规模适当、布局科学、业态多元、特色鲜明的要求，创新打造一批融合图书阅读、艺术展览、文化沙龙、轻食餐饮等服务的'城市书房''文化驿站'等新型文化业态，营造小而美的公共阅读和艺术空间"，支持各级公共图书馆、文化馆（站）发挥平台作用，"通过与社会力量合作、公益众筹等方式，面向不同文化社群，开展形式多样的个性化差异化服务"。[2]可见，在公共文化服务坚持"政府主导"的前提下，与"多元需求"相适应的唯有"多元供给"，与"多元供给"相适应的唯有"多元主体"。

### 三、群众满意与引导需求

党的十八大以来，以习近平同志为核心的党中央高度重视公共文化服务体系建设，作出了一系列重要决策部署。习近平总书记指出："我们的人民热爱生活，期盼有更好的教育、更稳定的工作、更满意的收入、更可靠的社会保障、更高水平的医疗卫生服务、更舒适的居住条件、更优美的环境，期盼着孩子们能成长得更好、工作得更好、生活得更好。人民对美好生活的向往，就是我们的奋斗目标。"[3]2018年8月21日，习近平总书记在全国宣传思想工作会议上指出，要以高质量文化供给增强人们的文化获得感、幸福感；2020年9月22日，习近平总书记在教育文化卫生体育领域专家代表座谈会上强调，要着力提升公共文化服务水平，让人民享有更加充实、更为丰富、更高质量的精神文化生活[4]。在人民

---

[1] 中共中央关于全面深化改革若干重大问题的决定[EB/OL].(2013-12-12)[2020-12-20]. http://www.xinhuanet.com/politics/2013-11/15/c_118164294.htm.

[2] 文化和旅游部,国家发展改革委,财政部.关于推动公共文化服务高质量发展的意见(文旅公共发〔2021〕21号)[EB/OL].(2021-03-08)[2021-03-30].http://www.gov.cn/zhengce/zhengceku/2021-03-23/content_5595153.htm.

[3] 习近平:人民对美好生活的向往就是我们的奋斗目标[EB/OL].(2012-11-15)[2020-12-20]. http://politics.people.com.cn/n/2012/1115/c1024-19590525.html.

[4] 习近平:在教育文化卫生体育领域专家代表座谈会上的讲话[EB/OL].(2021-03-23)[2021-05-02]. http://www.gov.cn/xinwen/2020-09/22/content_5546157.htm.

群众全部需求之中,公共文化服务需要满足"美好生活向往""向上向善""符合人民群众根本利益"的文化需求。

为此,公共文化服务应追求高尚、讲究品质、引人向善,要以壮士断腕的决心,减除和抛弃那些有可能诱人向下、导致不良社会风气的服务项目和内容,要把公共文化服务全部资源和服务集聚到有利于人民群众树立正念、确立正向、找到正途的领域上来。公共文化功能和服务提升不求以媚众方式获得少数群体的赞许,唯求以向上向善的服务赢得广大人民群众发自内心的口碑。在当前国内外、全社会思想文化领域交流、交融、交锋的错综复杂的环境中,处理好群众满意与引导需求之间的关系日趋重要。

### 四、公共文化与助力发展

自2018年3月国家文化和旅游部正式设立起,从中央到地方全面推进了文化和旅游融合发展。国家这一重大体制性调整释放出十分明确的信号,标志着过去文化与旅游及经济社会相互孤立发展的进程告一段落,融合发展成为当今时代的重要风向标,文化作为整个经济社会发展的重要组成部分,必须更好发挥助力经济社会发展的新动能。其中,公共文化服务也不能例外,更应当积极担当作为、深入挖掘潜力,为经济社会发展提供来自公共文化服务的助力。

从国际惯例看,主干性公共文化设施其实同时就应是重要的旅游设施,客观上,公共文化服务与旅游服务是一体化附着于这些设施的不同服务侧面,特色鲜明的公共文化服务更是深度旅游、夜间经济的良好载体。目前中国公共文化要实现与旅游的融合,所要加强的是两个方面:一是把有条件的公共文化设施同步打造成有吸引力的旅游景点;二是增强公共文化产品的旅游服务利用,深化这些服务内容,促进文化和旅游公共服务融合。

## 第五节 国外城市公益性文化特色化发展经验参考

### 一、日本公民馆以提升公民素养为导向

公民馆是日本于第二次世界大战之后创办的社会教育设施,在日本的经济社会发展特别是社会教育中长期发挥重要作用。1946年,日本文部省发布《公民馆的设置和运营》,标志着公民馆正式起步;1947年,日本颁布《教育基本法》,

明确公民馆社会教育的目的;1949年,日本颁布《社会教育法》,又进一步加强对公民馆任务、目的、经费来源等方面的制度保障。

日本公民馆主要服务市、镇、村等本地区域居民,致力于以适应当地居民生活特点的文化和教育活动,提升居民素养,增进居民健康,培养居民情操,提高居民文化生活质量。1963年,日本文部省发布《社会发展与公民馆的运营》,确定公民馆四项基本定位:一是居民学习和文化活动的中心,二是协助人们解决日常生活问题的机构,三是帮助居民联结相关专门机构和设施的纽带,四是增进社区居民人际关系的场所。为此,公民馆定期举办讲座、谈论会、讲习会、讲演会、展示会,并增加图书资料等,为居民学习提供方便;同时,公民馆加强与各种团体、机构等的联系,为居民的体育、娱乐活动及集会等提供方便。

综合日本学者的相关研究①,公民馆发展大致经历了五个阶段:一是初期公民馆,二是现代公民馆,三是居民参加型公民馆,四是终身学习型公民馆,五是地域创造型公民馆。目前日本各地已普遍处于第四、第五阶段。值得一提的是,在20世纪70年代左右,日本经历了快速的城市化过程,大量来自乡村的人口进入城市。在当时,公民馆发挥了针对外来人口适应城市化生产生活,特别是进入特定地域、特定产业领域开展社会文化教育的突出功能。这种具有实用价值的社会文化教育,客观上在日本城市化转型期起到了支撑性作用。

二、韩国复合型社区中心以文化服务带动文化旅游业

进入21世纪以来,韩国围绕建设幸福城市,实行"市+社区"管理体制,"围绕社区构建城市",把社区作为市民享受幸福城市并吸引其参与建设的基本单元。韩国的城市社区人口规模一般为2万—3万人,城市围绕社区中心建设高效便捷的服务市民的社区生活圈,近年来陆续建有复合功能的社区中心。复合型社区中心包括社区行政服务(行政服务办公室、社区健康中心分支机构、警察部门、消防部门等)、教育设施(幼儿园、小学、中学、高中等)、社区商业设施(超市、邻里商业区等)、社区福利设施(儿童照料处、社区儿童中心、儿童图书馆、老年中心、老年学校等)、社区文化体育设施(文化室、图书馆、剧院、游泳池、健身房、社区公园等)。

---

① 小林文人.これからの公民館の展望をどうえがくか——第五世代の公民館論,問題提起として[J].月刊社会教育,1996:6-10.

韩国一般将文化、体育等便民设施集中于一栋建筑，建成"一站式"社区文体中心，为居民参加各种文化、体育休闲活动，开展交流提供便利。文体设施主要包括图书馆（专门开辟儿童阅览区，适合各年龄段居民读书学习）、社区剧院（一般容纳600人左右，鼓励社区居民自我组织、自我策划、自我表演）、艺术设施（舞蹈房、音乐室等）、健身设施（包括游泳馆、健身房、棋牌室等）。邻近配备咖啡馆、茶水间、简餐厅等休闲设施。

由于韩国以集成方式对各类与民众日常生活相关的服务设施进行一体化建设，人们习惯于将这一设施作为开展本地游的重要场所。其中，行政办事属于非经常性活动，而文体活动逐步成为区域民众参与的经常性活动。文体活动一般以免费或明显低于市场价格的方式提供，人们通常参与其中休闲、观剧、购物等消费性活动。如此，这一区域实质上可被视为以文体服务为主入口，以常态化带动本地游的综合服务区域。

### 三、新加坡民众联络所以文化助力"文艺复兴城市计划"

"文艺复兴城市计划"对于新加坡文化艺术发展起到了重要的推进作用，对于提升城市文化艺术的整体活跃度、扩大民众艺术普及参与范围、确立新加坡作为国际艺术中心城市地位的作用显著。据统计，新加坡共有官方设立的民众联络所106个（除此之外，还有不少社会力量建设和管理的社区中心），平均每个社区中心的服务能力约为1.5万个家庭，每5—6平方千米或每5万人口（包括公民、永久居民和持留学或工作签证居留人员）就有1处社区中心[①]。在"文艺复兴城市计划"实施的15年中，新加坡民众联络所提供了多样的艺术教育课程、丰富的文化艺术精品节目；同时，政府还资助了诸多民众自发开展的文化艺术活动和项目，致力于在社区层面满足民众不断提升的文化艺术需求和欣赏水平，极大激发了民众参与文化艺术的积极性。

新加坡民众联络所不仅发挥了在提供文化艺术设施、资源和提升民众文化素养方面的优势，还在"文艺复兴城市计划"的推动下提升了自身的文化服务能力。对此，新加坡国家艺术委员会认为："2025年新加坡'文艺复兴城市计划'三大愿景，即'文化艺术人人可及''文化艺术无所不在''增进文化艺术能力、攀登

---

① Community Clubs[EB/OL]. (2018-06-19)[2020-06-01]. https://www.pa.gov.sg/our-network/community-clubs.

新艺术高峰'的实现,离不开民众联络所对市民群体的艺术普及以及为艺术从业人员提供更多的平台和支持。"①在"文艺复兴城市计划"的推动下,在文化和城市之间正向的互动中,民众的自信心和对国家的自豪感得以不断提升,新加坡"全球艺术之都"的建设在相互尊重、相互包容的城市文化语境中快速发展②。

### 四、欧洲城市文化特色带动城市转型发展

特色城市文化建设与文旅产业紧密联动、促进发展,推动了欧盟诸多城市发生显著变化,主要表现为特色城市文化建设与高附加值、高科技含量、低能耗、低污染第三产业以及整个城市的产业结构转型升级联动。如在世界"创意城市网络"中占较大比重的欧盟诸多城市,大力推进"文学之都""设计之都""音乐之都""电影之都""民间手工艺之都"等主题城市文化建设,其中"文学之都"重在"促进文学和加强文学产品市场化发展","设计之都"需要体现"带动设计行业和创意产业发展","音乐之都"必须有"基于本地特色发展音乐产业"的实践证明,"电影之都"则应有"带动电影拍摄、制作等相关产业发展"的实绩,"民间手工艺之都"聚焦于"积极组织民间手工艺交易活动,带动手工艺品市场发展"。

例如,法国北部城市里尔在世纪之交的前后10年间,高度重视城市特色文化建设,重视城市老区的艺术化利用和振兴,重视科技与艺术的交融发展,重视影视艺术及其产业发展。短短10多年,里尔建成欧洲科技中心、联合发展区、影像集群、纺织业复兴、未来艺术城等"公益+产业"的城市集群,一定意义上公益文化成为里尔及其都市圈快速发展的导火索,而文旅及相关产业则成为带动城市经济社会发展的主动力之一。根据国际第三方权威机构的评估,欧盟城市特色文化建设对城市文化旅游经济深刻的影响力主要表现为以下方面:"第一,城市文化及相关设施运行、活动组织、人才流动等方面所取得的直接经济回报;第二,城市艺术节、艺术项目、艺术活动的收入;第三,城市举办艺术节、艺术项目、艺术活动增加了人流、资金流、商品流而为城市带来的综合性收益。"③

---

① Our SG Arts Plan (2018-2022)[EB/OL].[2020-06-09]. https://www.nac.gov.sg/aboutus/Our-SG-Arts-Plan-2018-2022.html#.

② T. C. Chang, W. K. Lee. Renaissance City Singapore: A Study of Arts Spaces[J]. Area, 2003, 35(2):128-141.

③ Heaney Joo-Gim, Heaney Michael F. Using economic impact analysis for arts management: An empirical application music institute in USA[J]. International Journal of Nonprofit and Voluntary Sector Marketing, 2003(3):251.

又如,欧洲老工业城市德国鲁尔,可谓"倚老求新、推老出新、变老为新",在世界创意城市网络中成为利用工业遗产带动城市全面振兴的旗帜。鲁尔进入 21 世纪以来,推动老工业基地活化和振兴的力度明显增加,在加强老工业遗产保护的同时,扩大城市老工业遗产的开放开发,利用面向世界开放的市场机制,大量注入文化、创意、科技和旅游元素,以文化赋予内涵,以创意推陈出新,以科技焕发生机,以旅游实现价值。时下,鲁尔来自世界各地的文化、创意和旅游公司约 5 万家,从业人员逾 16 万人,形成城市经济中举足轻重的巨大产业群。

简言之,欧盟推进特色文化建设的城市,选择从城市公益文化切入,并在文旅产业及更为广阔的第三产业进一步开掘,逐步且强有力地带动城市经济社会发展。

# 第三章 公共文化资源供给的特色化：以红色文化为引领

红色文化狭义上是指在中国共产党领导中国人民进行革命、建设和改革开放过程中形成的，以马克思主义中国化为核心的红色文化遗存和红色革命精神；广义上可以涵括近代以来围绕拯救中华、复兴中华民族的民族民主革命斗争的人文遗存和精神基因凝聚。红色文化深深根植于中华民族优秀传统文化，是五千年中华民族优秀传统文化的精髓，是古往今来中华民族凝聚人心、团结奋斗、自强不息、鼓舞士气、不畏强暴、顽强拼搏、无私奉献、勇于牺牲之民族精神的高度凝结。在革命斗争年代，中国共产党人在马克思主义指导下，以无产阶级为领导，以工农联盟为基础，走上了农村包围城市、武装夺取政权的唯一正确道路，经过长期艰苦卓绝的奋斗，实现了新民主主义革命伟大胜利，完成了争取民族独立、人民解放的重任。在此过程中，因马克思主义与中国革命实践紧密结合而形成的红色理论成果、红色革命遗存、红色精神基因等先进文化，是我们所说的红色文化的基本内核。中国特色社会主义进入新时代以来，出于提升文化自信、实施文化强国战略、优化执政水平、开发红色资源的现实需要，社会对红色文化的创新性表达提出了新要求。

## 第一节 红色文化引领公共文化的理性思考

### 一、深刻领会习近平总书记关于传承红色文化重要指示精神

红色文化是中国共产党在革命、建设和改革中，创造形成、代代相传、持续丰富、永续发展的宝贵精神财富，是中国共产党人不畏强敌、英勇顽强、不断创新、敢于胜利的力量源泉，也是引导社会、教育人民、推动发展的思想和精神武库。红色文化中最核心的内涵是党领导人民创立的革命精神，具有鲜明的形象

性、时代性和强大的感召力,是党和国家的宝贵精神财富①。中华人民共和国成立以来,红色文化得到传承和弘扬,革命斗争时期红色文化之"革命精神",更为突出的表现为社会主义建设时期的"建设精神"和改革开放时期的"改革精神""创新精神",如雷锋精神、铁人精神、焦裕禄精神、孔繁森精神、老阿姨精神以及大庆精神、"两弹一星"精神、抗洪抢险和抗震救灾精神、奥运精神、航天精神等。

党的十八大以来,习近平总书记对传承和发扬红色文化发表了一系列重要论述,在安徽、江西、河南等地调研时,先后多次强调要把红色资源利用好、把红色传统发扬好、把红色基因传承好,让红色精神放射出新的时代光芒。特别是2019年3月4日,习近平总书记在看望参加政协会议的文艺界、社科界委员时说,"共和国是红色的,不能淡化这个颜色"②,深刻揭示了红色文化是民族精神和时代精神的生动体现。

当前,中国特色社会主义全面进入新时代,红色文化更体现出以中国化马克思主义为灵魂,以中国特色社会主义共同理想为主题,以爱国主义的民族精神和改革创新为核心的时代含义。2016年7月1日,习近平总书记在庆祝中国共产党成立95周年大会上指出:"文明特别是思想文化是一个国家、一个民族的灵魂。无论哪一个国家、哪一个民族,如果不珍惜自己的思想文化,丢掉了思想文化这个灵魂,这个国家、这个民族是立不起来的。"③认真学习、深刻领会和全面贯彻习近平总书记关于红色文化的重要论述,把握其内在意蕴,对于挖掘和保护红色文化资源、传承和弘扬红色精神、引领经济社会和文化沿着正确方向发展具有深远意义。传承和弘扬红色文化有利于增强文化自信、践行社会主义核心价值观和彰显时代价值,也有利于红色文化在新的建设和斗争实践中不断丰富和创新发展。因此,在中部地区推进经济社会发展的实践中,在新时代中部崛起的进程中,不仅经济社会发展要再上新台阶,红色文化、革命精神和优秀传统也要发扬光大④。

---

① 王均伟.充分发挥红色文化的引领作用[EB/OL].(2020-11-03)[2020-12-23]. https://baijiahao.baidu.com/s?id=1682329484270031426&wfr=spider&for=pc.

② 王璟煜.共和国是红色的,不能淡化这个颜色[EB/OL].(2019-03-19)[2020-12-01]. http://sc.china.com.cn/2019/nanchong_recommend_0319/312276.html.

③ 习近平在庆祝中国共产党成立95周年大会上的讲话[EB/OL].(2016-07-02)[2020-12-01]. http://cpc.people.com.cn/n1/2016/0702/c64093-28517655.html.

④ 习近平部署推动中部地区崛起工作:做好我们自己的事情"最重要"[EB/OL].(2019-05-23)[2020-12-01].http://theory.people.com.cn/n1/2019/0523/c40531-31099821.html.

## 二、红色是"文化小康"的底色

"文化小康"的主要目标，大致可从文化的理念、价值、生产、服务、传承、产业、改革创新以及国际发展等多角度、多方面进行梳理分析。从理念角度看，文化领域全面深入贯彻习近平总书记系列重要讲话精神，始终坚持以人民为中心的原则，牢固确立创新、协调、绿色、开放、共享新发展理念，确保"文化小康"建设始终沿着正确方向前行。

从全面建成小康社会的整体看，"文化小康"是指作为全面小康社会重要组成部分，与全面建成小康社会总体进程相同步，与全面小康社会对文化发展的水平、质量和要求相适应，与全面小康社会各领域、各要素相协调的在全面小康社会中起到积极作用的文化发展形态。

从价值看，应更加擦亮作为"文化小康"底色之红色，使社会主义核心价值观深入人心，全体人民拥有共同的思想基础，政界风清气正、舆论引导有力、社会凝成共识、民众向上向善，社会形成丰富而健康的一体化、多层次信仰体系。

从文化生产看，文化产品创作生产呈现出繁荣景象，主流文化艺术精品硕果累累，全社会关心、支持、参与文化创新、创造、创作的正能量和活力得以涌现。

从硬件条件看，各级各类文化基础设施建设水准大幅度提高，体系完善、网络健全、技术先进、服务高效，特别是区域之间、城乡之间、人群之间享受文化成果的差距明显缩小，基本形成均衡发展格局。

从保护传承看，中华优秀传统文化、红色革命文化、地方特色文化的保护、传承进入最佳时期，珍视历史遗存、爱惜名胜古迹、保护人文风貌、敬畏忠良圣贤、崇敬革命先烈、研读古籍经典、传习非遗技艺成为全社会自觉意识。

从产业发展看，文化市场产品丰富、消费旺盛、运营有序，文化产业布局科学、结构合理，重点产业领域保持健康稳定发展态势，文化企业、文化产品和文化品牌在国际上占有的市场份额明显提升。

从改革创新看，文化体制改革和机制创新进一步深入推进并取得新的进展，有利于文化长期持续创新发展的体制机制基本定型，全社会依法参与文化建设的运行环境宽松而有序。

从国际发展看，对外文化交流互鉴上升到新的台阶，与"一带一路"沿线各国的文化交流频繁开展，中国精神、中国价值、中国主张、中国故事、中国声音、中国力量、中国贡献在世界各地具有广泛的感召力、影响力。

三、红色是"文化强国"的底色

党的十七届六中全会明确提出了"建设社会主义文化强国"的奋斗目标,党的十八大进一步强调"扎实推进社会主义文化强国建设",党的十九大明确提出"要坚持中国特色社会主义文化发展道路,激发全民族文化创新创造活力,建设社会主义文化强国"。党的十九届五中全会站在党和国家事业发展全局高度,明确提出到2035年建成文化强国。这是党的十七届六中全会提出建设社会主义文化强国以来,党中央首次明确建成文化强国的具体时间表,标志着我们党对文化建设重要地位及其规律认识的深化。

建设社会主义文化强国必须以马克思主义为指导、以社会主义核心价值观为中心、以中华优秀传统文化为底蕴,建立具有时代特征、民族特色和社会主义先进性的文化体系。从某种意义上说,红色文化既是对民族历史和未来前途反思的自我革新,也是不断适应中国与世界关系变化的真实产物[①]。同时,作为中国价值观和软实力的重要组成部分,加强红色文化的建设并传播红色文化,有助于面向国际社会更好地树立中国共产党带领国家和人民进行奋斗的良好形象;更好地向世界讲好中国故事,传递中国声音并在国际社会不同利益主体林立的环境下,实现求同存异与和谐包容;更有效地提升中国的国际形象和国际社会对中国的认同感,推动构建人类命运共同体[②]。

红色文化树大根深、枝繁叶茂,其中团结、奋斗、奉献、牺牲、创新仍为赓续不变的内核。即便是在当今日益扩大开放的国际和社会环境中,红色文化仍是中华之基础性、主干性、引领性和标志性文化,仍是团结人民、教育社会、引领多元、推动发展的根本力量,仍是中国特色社会主义文化大发展大繁荣不可或缺之"魂"。所以,在新的历史条件下建设社会主义文化强国,必须大力弘扬红色文化,为我国文化建设强基固本、壮骨铸魂。这不仅由红色文化的本质属性所决定,更是新形势下文化强国建设的现实要求[③]。

在此之中,红色作为文化的底色始终不变,红色文化作为"文化强国"建设的主流始终不变,红色基因作为引导中华民族复兴大业顺利推进的精神力量始

---

[①②] 涂志明.弘扬红色文化 增强中国软实力[N].中国社会科学报,2020-10-27(4).
[③] 刘建平.弘扬红色文化 建设文化强国[EB/OL].(2020-12-28)[2021-04-30]. http://www.qstheory.cn/dukan/hqwg/2020-12/28/c_1126916907.htm.

终不变。

## 四、红色是新时代公共文化服务的题中之义

一是擦亮底色。以红色文化融入和引领公共文化服务,关键是把红色基因全面植入公共文化服务,让公共文化服务体系建设的全过程、各方面充分体现和传递红色精神,以公共文化服务的载体、渠道、方式、机制把红色精神传播给全体人民群众,从而在擦亮公共文化服务底色的基础上,擦亮全社会的底色。

二是彰显本色。公共文化服务是地方党委、政府面向全体人民群众主导提供的基本公共服务之一。作为党委、政府的分内之事或本职工作,必须坚定正确的政治方向,必须履行好引导社会、服务群众、教育人民、推动发展的基本职责,以红色文化引领公共文化,"使之像空气一样无处不在、无时不有,成为全体人民的共同价值追求,成为我们生而为中国人的独特精神支柱,成为百姓日用而不觉的行为准则"[①]。

三是突出特色。各级党委、政府主导提供的公共文化服务若要得到当地人民群众长期持续的认可、支持和参与,必须深深根植于当地的历史人文、特色文化,必须与当地人民群众时刻保持密切联系,必须与当地群众所拥有或期待提升的文化自信紧密结合。红色文化不仅是底色、本色,更是显著特色。

四是实现双赢。红色文化与公共文化,犹如鸟之两翼、车之两轮,两者融合、一体互动,可获双赢。红色文化融入和引领公共文化,不仅仅是外围叠加输入式地充实公共文化内容、健全城乡公共文化设施和服务网络,更重要的是使公共文化服务体系建设的方向更加明确,公共文化服务的人才队伍更有精气神,人民群众对于公共文化服务的投入绩效更有信心,对公共文化服务产品、活动的正向效应更有热情,对公共文化助力经济社会发展的动能更加期待。与此同时,以公共文化服务的方式传播红色文化、倡导红色精神、普及红色教育,夯实了红色文化的社会基础,拓宽了红色文化的传播渠道,丰富了红色文化学习、体验和践行的载体,红色文化因此更顺畅、更便利地走出单一保护状态,进入社会、深入民间、服务群众。红色文化与公共文化融为一体,在弘扬社会主义核心价值观,提升人民群众道德情操、人文素养,振奋人民群众奋斗精神方面殊途同

---

[①] "平语"近人——习近平谈社会主义核心价值观[EB/OL].(2016-12-08)[2020-12-20]. http://cache.baiducontent.com/.

归、实现双赢,最终融汇形成以红色为底色、本色和显著特色的新时代公共文化服务体系。

公共文化服务是各级党委、政府保障人民群众基本文化权益、不断满足人民群众美好生活需求的基本职责,正确的方向是所有公共文化产品和服务均应符合人民群众根本利益和长远利益,均应有利于引导社会形成和巩固向上向善的良好风气,均应把提高人民群众精神文化素养和就业、创业发展能力摆在重要位置。特别是《中华人民共和国公共文化服务保障法》第八条规定,"国家扶助革命老区、民族地区、边疆地区、贫困地区的公共文化服务,促进公共文化服务均衡协调发展"。革命老区大多基础条件相对薄弱,建设资金相对缺乏,人才队伍相对不足,但是拥有极为珍贵而丰富的红色文化资源,是开展公共文化服务的有利条件。红色资源作为一种特殊的精神及其物质载体的总和,要成为公共文化资源,为广大群众接受,就必须要通过一定形式加以转化,这是由红色资源自身决定的;红色文化资源所依赖历史的久远性,需要通过转化拉近与现实的距离;红色资源空间分布的零散性,需要通过转化达到"集聚"文化效应;红色资源文化价值的延拓性,需要通过转化使其价值得以充分发挥[①]。因此,盘活用好当地丰富的红色文化资源,把红色人文历史、红色文化艺术、红色革命精神全面融入公共文化服务,对于弘扬红色文化本色、擦亮老区文化建设底色、彰显老区公共文化特色有重要意义。

简言之,公共文化服务体系作为国家文化建设以及国家治理体系建设的重要组成部分,其内在理念与实践运行需要红色文化的精神引领与深层驱动,其实践进程也必然会深入促进红色文化的社会化、大众化。

## 第二节 红色文化对公共文化特色化发展的作用

### 一、有助于公共文化抵御"泛娱乐化"

2019年底,《人民日报》发表了一篇题为《"内容为王"永不过时》的文章,认为"作为人们印象中的传统形式,音频内容制作受青睐,印证着网络传播的价值

---

[①] 胡松,杨宇光,朱小理."红色资源"的界定及其转化的必然性[J].赣南师范学院学报,2009(5):73-76.

与潜力,也从一个侧面表明'内容为王'永不过时"。文中说:

> 企业和平台对接用户需求,供给优质内容,有助于在同用户的良性互动中建立有效的商业模式和盈利模式。在线音频平台的发展壮大以及知识付费行业的兴起,生动体现出"内容为王"这一理念的价值。只要内容质量上乘,在线音频和知识付费就能建立起良好的受众基础。所谓"内容为王",就是更注重用优质产品与服务获得合理营收,以品质论成败而不是以流量论成败。平台对于"内容"的建设不能放任自流,提供的产品和服务,直接关乎平台能否具有长期盈利能力。可以说,"内容为王"始终是吸引用户、扩大流量的硬道理。①

随着移动互联网的普及,手机等移动端已成为用户获取产品和服务的重要途径,用户为高质量产品服务付费的意愿和能力也在提升。作为消费市场的一个重要方面,互联网经济同样面临着创新产品和服务、更好满足消费者需求的现实课题。在当前日益扩大开放的国际环境中,国内文化领域存在着"泛娱乐化"现象。《人民日报》早就刊文指出:

> 表面看来,泛娱乐化打破了一本正经、打破了高高在上、打破了主流权威,给人一种众生平等、集体狂欢的美好感受,但实际上,泛娱乐化遮蔽了对重大问题的深入探究,破坏了对严肃问题的深刻思考,使整个社会在智识上和审美上都趋于浅薄与平庸。②

在一定意义上,泛娱乐化成为国际敌对势力解构中华优秀文化传统和中国主流意识形态、贬低甚至丑化革命英雄人物、瓦解主流文化内容和人民群众文化认同的工具。2019年4月,时任文化和旅游部部长雒树刚发表重要讲话,就文旅融合提出14个亟待解决的问题,"泛娱乐化"现象就是其中之一。

作为中国特色社会主义文化的重要组成部分,公共文化服务的出发点和着力点不仅仅是满足人民群众一般的(特别是中低端)文化需求,而应是致力于提

---

① 黄福特."内容为王"永不过时[N].人民日报,2019-12-26(9).
② 张贺."泛娱乐化"伤害了谁[N].人民日报,2013-06-20(17).

升全民思想文化素养,建设学习型社会,提高全民文化认同,高质量满足人民群众美好文化生活需求。但是,"大量'娱乐化'色彩较浓的文化产品和服务……顺应了社会持续蔓延、日趋泛滥的'泛娱乐化'倾向,个别地区由政府主导的公共文化服务,无意中成了'泛娱乐化'的推手,应当引导社会'向上向善'的政府行为,反而却向社会传递了不正确信号"[①]。

在新时代公共文化服务体系建设的进程中,更加应当正确区分产业领域的娱乐业与公共文化服务领域的寓教于乐。即便是在文化产业领域,所有娱乐产业也必须把社会效益摆在首位,那些诱人向下、引人作恶、低级趣味、贪图享乐的所谓"文化",在社会主义制度下应当没有存在和滋长的空间。作为各级党委、政府主导提供的公共文化产品和服务,倘若一味庸俗从众、低俗媚众,则丢掉了本色,丧失了底色。毫无特色的一般性歌舞娱乐产品进入公共文化服务,已是不合时宜,倘若进一步进入红色革命老区和公共文化服务领域魅惑群众,无形中引诱基层群众丧失就业、创业发展能力和欲望,使其逐步陷入好逸恶劳、游手好闲、想入非非、无所事事的泥潭之中,则实属有罪。

因此,作为党委、政府提供的公共文化服务,必须始终牢牢占领社会主义文化阵地,坚决反对"泛娱乐化"。从国家公共文化服务体系示范区长期实践和创建部署看,用红色文化引领公共文化服务体系建设,是公共文化革除"泛娱乐化"现象的有效措施。以红色文化引领公共文化服务,坚持在红色革命文化中坚定文化自信、增强文化自觉,正是基于公共文化必须始终"以文化人、以文育人",始终有利于以人民群众文化素养、精神品质、生产和生活能力提升为宗旨的深刻认识。社会主义意识形态阵地要筑牢,正确的价值观念要引领,红色文化是可贵的资源,必须在公共文化服务体系建设中发挥其引领作用。中部地区城市更应当大力弘扬红色文化,推动红色文化全面融入和引领公共文化服务,繁荣特色红色文化艺术公共文化产品创作生产,优化特色红色文化产品和服务供给方式。注重把红色文化基因特别是地方特色的红色基因,与人民群众现实需求相适应的公共阅读、艺术活动、群众文化、博览展示、科技普及、体育健身等文化设施、文化活动紧密结合起来,正确引导全民阅读、全民艺术普及、全民优秀传统文化传承、全民健身、全民普法和全民科普,营造社会向上向善、崇尚知

---

① 陈慰,巫志南.文旅融合背景下深化公共文化服务的"融合改革"分析[J].图书与情报,2019(4):36-43.

识、增添本领的学习氛围,培育人们传承红色基因、保持优秀本色、坚持艰苦奋斗精神,以及勤劳致富、敢于创新、有益他人、奉献社会、报效国家的正确价值追求。

## 二、有助于推动公共文化供给侧结构性改革

加快提升革命老区公共文化服务能力和水平,促进公共文化服务均衡协调发展,必须持续深化公共文化领域供给侧结构性改革,健全文化需求、生产和供给传导机制,鼓励和吸引全社会参与文化创造和文化供给。在中部地区第四批国家公共文化服务体系示范区城市的创建实践中发现,中部地区城市群众文化需求特点非常鲜明,一般性无特色的"大路货"公共文化产品在基层不受欢迎,观者寥寥、门可罗雀,常有"铁将军把门"的现象。群众有主见、敢创造,更愿意自主选择、亲力亲为。在城乡基层,除了读书、看报、听广播、看电视、看演出之外,尤以内容为红色革命文化的民间艺术最为热门,而这恰是自上而下供给方式难以实现的。

从公共文化设施条件看也有类似问题。一方面,特别是在经济基础薄弱的老区,基层公共文化场地设施建设运行资金、人员队伍保障资金捉襟见肘。国家公共文化服务体系示范区创建对基层公共文化设施建设要求较高,短期内大量斥资投入,对于老区来说的确有些勉为其难。但是另一方面,老区红色文化保护已延续多年,大量红色文化场地设施、文物资源得到修缮和良好保存。只需借深化公共文化供给侧结构改革之力,强化红色文化引领中部地区公共文化供给侧结构性改革,以引领方式通"堵点"、补"断点",将红色文物、红色场地、红色文艺、红色精神融入公共文化服务体系,则可以使中部地区现代公共文化服务体系建设在内容、方式、载体、渠道、机制等多方面同步跨上新台阶。

## 三、有助于引领公共文化始终保持正确方向

当下,中国公共文化服务体系建设正处于高质量发展的关键时期。中国中部地区城市公共文化建设,要以习近平总书记视察江西[①]为新起点,从更高层次贯彻落实习近平总书记视察江西重要讲话精神。目前特别需要思考的一个现

---

① 习近平总书记于2019年5月20日赴江西考察调研。

实问题是什么样的公共文化服务能够"引领中部"①。

一是城乡基层红色文化保护场地设施和资源与当地公共文化服务应当融合发展,使原先散落的红色文化内容、场地设施、保护点常态化融入基层公共文化服务。二是生产以红色文化为特色的公共文化产品,重点扶持以红色文化为主要内容,充分体现红色精神力量,具有当代意义,为全市人民群众所喜爱,能够以公共文化服务为载体,常读、常演、常展的图书、舞台艺术、美术、博物馆巡展、报告会、系列讲座等。三是孵化以红色文化为特色的文化志愿服务组织,重点扶持公共图书馆、文化馆、博物馆、红色革命历史纪念馆等公共文化机构,结合自身特点,创建以红色文化为特色的文化志愿者、文化志愿服务组织和文化志愿服务品牌。四是打造公共文化机构红色文化特色服务项目,重点支持公共文化机构结合自身特点,把红色文化服务纳入基本服务范畴,为人民群众提供具有红色文化特色的基本服务项目。五是提升公共文化服务机构红色旅游公共服务能力,深度挖掘特有的红色文化资源潜力,使之深度融入公共文化服务和旅游公共服务。

## 第三节　为什么是萍乡?

党的十八大以来,萍乡市委、市政府十分重视红色文化保护和弘扬,特别是2015年初中央《关于加快构建现代公共文化服务体系的意见》②出台以来,市委、市政府把构建现代公共文化服务体系摆在各级党委和政府各项工作的重要位置,全力推进市、县、乡、村四级公共文化设施建设,城乡公共文化设施和服务条件在数年内得到根本改善。在此过程中,市、县两级党委、政府对公共文化设施运行和服务提供提出明确要求,坚持积极发挥红色文化的引领作用,在公共设施、活动和日常服务中主动融入红色文化元素、传承红色基因,并于2020年出台了《萍乡市关于加强红色文化建设推进公共文化高质量发展的实施意见》(萍办发〔2020〕11号,附录E)。这一重要的导向性决策起到了十分关键的作用,在公共

---

① 梁永明,周文昂扬.李小豹调研督导项目建设时强调:千方百计提速度　奋力夺取"双胜利"[EB/OL].[2020-10-10].http://px.jxnews.com.cn/system/2020/05/28/018907300.shtml.

② 中办、国办印发《关于加快构建现代公共文化服务体系的意见》[EB/OL].(2015-01-14)[2020-10-10]. http://www.gov.cn/xinwen/2015-01/14/content_2804240.htm.

文化设施建设、公共文化产品生产、公共文化作品创作、特色文化教育以及诸多重要旅游景区公共服务等方面,红色文化融入取得了突破性的进展。

## 一、红色文化引领成为萍乡公共文化高质量发展的关键

萍乡本地红色文化具有资源品级高、弘扬责任重、发展定位高的特点,与当地群众生产生活息息相关,且当地群众以本地红色文化为豪,从本地红色文化入手,知晓度、关注度、认同度、参与度高的优势十分明显,更贴近群众、贴近生活、贴近实际。萍乡的代表性红色历史遗存和红色精神资源形态,梳理如下:

（一）红色历史遗存

1. 工人运动主题红色历史遗存

萍乡曾经发生过诸多波澜壮阔、可歌可泣的革命事迹,在中国工人运动史、中国共产党早期革命史上写下光辉的历史篇章[①]。工人运动主题红色历史遗存主要分布于安源镇、安源煤矿等地(表2):

表2　萍乡市工人运动主题红色历史遗存情况

| 序号 | 红色遗存 | 历 史 事 件 |
|---|---|---|
| 1 | 安源工人运动俱乐部 | 中国工人运动历史上最早、最大、最有特色的工人活动大厦。1924年5月1日成立,李立三、刘少奇、黄静源、萧劲光等人在此工作 |
| 2 | 总平巷 | 安源煤矿最早、最大的采掘区总称,建于1898年,是1922年9月14日安源工人大罢工爆发地。从1921年开始,毛泽东、刘少奇、李立三等多次下总平巷矿井考察。1930年9月,毛泽东率红一方面军来安源,再次下总平巷,到矿井深处向工人宣传革命道理 |
| 3 | 安源路矿工人补习学校 | 安源路矿工人学习文化的第一所学校。1922年1月,李立三主持创办,在此传播马克思列宁主义,为建党、建团和组织工人俱乐部创造了条件 |
| 4 | 安源路矿工人大罢工谈判处 | 1922年9月14日,安源工人大罢工,16日上午10时,工人代表刘少奇来到矿局总公事房与路矿当局及戒严司令进行谈判,迫使路矿当局在工人提出的十三条协议上签字。该处是工人斗争胜利的重要标志 |
| 5 | 工人消费合作社 | 1922年7月,由安源工人俱乐部集资百余元创办,李立三任总经理,工人认购股票,于1923年2月7日营业,易礼容、毛泽民先后任总经理 |

---

① 刘晶,胡涛.弘扬萍乡红色文化,打造党性教育品牌[J].文教资料,2019(25):50-51.

续表

| 序号 | 红色遗存 | 历 史 事 件 |
|---|---|---|
| 6 | 安源大罢工决策会议会址 | 1922年9月初,中共湘区委员会书记毛泽东来安源,在安源镇牛形岭山脚下一栋砖木结构平房里召开了党支部会议,在这里决定立即组织路矿两局全体工人举行大罢工。该平房就成了安源大罢工决策会议会址 |
| 7 | 毛泽东的安源居住地 | 1921年秋,中国共产党成立后不久,任中国劳动组合书记部湖南分部主任的毛泽东来安源考察,住在安源八方井44号,是一座四栋三间的砖木结构平房。1921年冬,毛泽东、李立三等人再次来安源,住在老后街一栋砖瓦结构的小平房,在这里毛泽东等人决定组织安源工人俱乐部,团结路矿两局工人共同奋斗 |
| 8 | 中共安源市委机关地 | 1922年冬,中共安源地委成立。1926年,地委机关设在安源八十间。1927年,成立中共安源市委,在毛泽东同志的亲自指导下,中共安源市委组建了中国第一支工农武装——中国工农革命军第一师第二团 |

2. 秋收起义主题红色历史遗存

秋收起义主题红色历史遗存主要分布于安源镇、芦溪县、莲花县等地(表3)。

表3 萍乡市秋收起义主题红色历史遗存情况

| 序号 | 红色遗存 | 历 史 事 件 |
|---|---|---|
| 1 | 安源军事会议会址 | 1927年9月初,毛泽东在安源张家湾召开军事会议,部署秋收起义工作,参加会议的有潘心源、蔡以忱、宁迪卿、王新亚、杨骏,会议成立了党的前敌委员会和行动委员会,决定将安源、修水、铜鼓部队合编为工农革命军第一军第一师,下辖三个团,还决定了起义日期、进军路线和口号。秋收起义军事会议是中国革命史上的重要会议,是中国工人运动与农民运动武装斗争紧密结合的标志,是中国工农革命武装诞生的标志 |
| 2 | 秋收起义部队第二团出发地 | 秋收起义爆发时以安源工人为主体组织起来的工农革命军第一军第一师第二团在安源镇张公祠集合出发,分三路进攻萍乡县城。张公祠是清光绪年间安源路矿当局为纪念萍乡煤矿第一任总办张赞宸而建造的,该建筑为德国风格 |
| 3 | 卢德铭烈士殉难地 | 卢德铭,1905年6月出生于四川省宜宾县双石铺狮子湾,1924年入黄埔军校二期学习,1927年八一南昌起义爆发后他率部响应,后在上级指示下参加毛泽东领导的秋收起义,任秋收起义总指挥。秋收起义部队向井冈山进军途中,遭遇国民党反动派朱培德部拦截,他为掩护部队突围不幸牺牲,年仅23岁 |

续表

| 序号 | 红色遗存 | 历 史 事 件 |
| --- | --- | --- |
| 4 | 莲花一枝枪纪念馆 | 原为"宾兴馆",因"莲花一枝枪"的历史而得名。1927年,蒋介石发动"四一二"政变,迫使各地工农武装力量缴枪。共产党员贺国庆冒着生命危险,将唯一的一支枪的枪身和枪机分别掩埋在不同地方,才使这支枪保存下来。1927年9月25日,毛泽东率秋收起义部队向井冈山进军,攻克莲花县城,师部和前委指挥部就设在宾兴馆。1968年,莲花县委、县政府修缮宾兴馆,将其命名为"毛主席领导莲花一枝枪纪念馆" |
| 5 | 秋收起义纪念碑和秋收起义广场 | 1998年,中央批准在萍乡建立秋收起义纪念碑。萍乡市委、市政府决定建设秋收起义广场,广场面积20万平方米,于次年建成。纪念碑高30.9米,由江泽民同志题写 |
| 6 | 高滩军事会议会址 | 1927年9月,毛泽东率秋收起义部队由芦溪进军莲花,9月24日,部队进入莲花的第一个村子是高洲乡高滩村,毛泽东在此主持召开了临时军事会议,研究攻克莲花县城的作战方案和进军路线 |

3. 井冈山革命斗争主题红色历史遗存

井冈山革命斗争沿着罗霄山脉展开,其革命旧址主要分布在莲花县境内,安源区、上栗县也有少量保存(表4)。

表4　萍乡市井冈山革命斗争主题红色历史遗存情况

| 序号 | 红色遗存 | 历 史 事 件 |
| --- | --- | --- |
| 1 | 莲花花塘官厅 | 莲花花塘官厅位于莲花县城南琴亭镇花塘村,是清末帝师朱益藩的老宅。1931年10月8—15日,中共湘赣省第一次党代会在此召开,正式成立湘赣省委。10月17—25日,湘赣省第一次工农兵代表大会也在这里召开,正式成立湘赣省苏维埃政府。以莲花地方武装为主改编而成的湘东独立师(红六军团前身)以及红十七师也曾在这里组编。莲花花塘官厅是莲花县革命活动的一个中心地 |
| 2 | 棋盘山游击战根据地 | 棋盘山游击战根据地位于神泉乡,距县城约5千米。1935年7月,原湘赣省苏维埃政府主席谭余保在棋盘山组建了湘赣临时省委、省军政委员会和湘赣游击支队司令部。三年游击战争中,棋盘山根据地保存了革命火种 |
| 3 | 红军医院、修械所、被服厂、硝盐厂 | 1928年,井冈山革命根据地为打破国民党经济封锁,由莲花地方党组织领导地方武装,在坊楼上沿江秘密建立了红军医院、修械所、被服厂和硝盐厂,为井冈山斗争提供支持 |
| 4 | 安源市苏维埃政府驻地 | 1930年9月,毛泽东、朱德、彭德怀率红军攻占萍乡安源,在安源成立了安源市苏维埃政府,这是中国第一个市级苏维埃政府。政府旧址在安源镇中心地,是一个由三座四栋三间的砖瓦房组成的四合院 |

续表

| 序号 | 红色遗存 | 历 史 事 件 |
|---|---|---|
| 5 | 斑竹山工农革命军根据地 | 1928年1月17日,中共安源市委组织武装起义,攻占了萍乡县靖卫队第一分队盘踞的上栗万寿宫,激战半个小时,缴枪50余支。起义胜利后,起义军开辟了斑竹山革命根据地,在此,工农革命武装组编为工农革命军直辖第二团 |
| 6 | 萍乡县苏维埃政府旧址 | 1930年10月,中共湘东特委、特别区苏维埃政府在麻田的大江边石屋老正式成立,王首道任书记,袁德生任主席。在此期间,麻田、大江边、沈子、石溪、杨溪、蔡家和熊岭七个乡成立了苏维埃政府。湘赣省苏维埃独立一师——湘东独立师也在此驻扎 |
| 7 | 大安山区红军战场遗址 | 1931年10月,国民党萍乡县保安团副团长叶炎奎率8个连90多人,分三路向萍东南苏区进发,在新泉设立三道工事。1931年1月下旬,中国工农红军湘赣独立一师第三团(即红三团)在谭家述、王震率领下,开赴萍乡,驻扎在十八湾、沈子等地。1932年2月1日凌晨,战斗打响,经过4小时激烈战斗,共歼敌人70多人,俘房20多人,缴获步枪50余支、机枪2挺,还有大量子弹、银圆、食盐及两架电话机。战场至今还有遗迹保存 |

4. 抗日战争主题红色历史遗存

在抗日战争期间,萍乡人民高举抗日大旗,英勇斗争,有许多可歌可泣的事迹,留下了许多革命遗迹、遗址(表5)。

表5 萍乡市抗日战争主题红色历史遗存情况

| 序号 | 红色遗存 | 历 史 事 件 |
|---|---|---|
| 1 | 莲花垄上村新四军组编及驻地 | 抗日战争爆发后,中国共产党发表了《中共中央为公布国共合作宣言》,决定将江西、广东、湖南、湖北、河南、安徽、浙江、福建等省红军游击队改编为新四军,1937年11月底,在湘赣边界坚持战斗三年多的红军游击队员300多人分别从武功山、九龙山、五里山、牛形山、柑子山、太平山等下山,向地处武功山的莲花垄上村集中,成为新四军部队。部队由延安派来的张秀等人负责培训、指导 |
| 2 | 案山关抗日战争战场 | 案山关在杨岐山关上村与关下村的交界处,因两山夹峙、中如平案而得名,1945年,在案山关曾有一场我军与日军的激战,这一仗打出了我军声威 |

## (二) 红色精神资源

### 1. 安源精神

安源①是中国共产党最初开展革命斗争的重点区域之一,是中国共产党领导的中国工人革命运动的摇篮,是湘赣边界秋收起义的策源地及主要爆发地之一,也是中国少年先锋队的诞生地。"安源精神"是中国共产党人领导和团结安源路矿工人开展革命运动的精神动力,也是长期引领安源及无数革命志士勇往直前的导航明灯。长期以来,"安源精神"在安源、萍乡广为认同、深入人心、代代相传。特别是安源路矿工人运动,是中国共产党人坚持马克思列宁主义普遍真理同中国革命具体实践相结合的典型代表。它不仅为中国革命锻炼和培养了一大批栋梁之材,也铸造和孕育了影响深远的"安源精神"——义无反顾、团结奋斗、勇于开拓、敢为人先。义无反顾,即为了国家独立、民族解放和人民翻身做主人,一切私利皆可抛弃;团结奋斗,即工人、农民以及天下劳苦大众必须拧成一股绳,坚持团结就是力量;勇于开拓,即朝着正确的方向,披荆斩棘、勇往直前;敢为人先,即坚定理想信念,敢想敢干、敢于斗争、敢于胜利,永远走在时代和人民的前列,创前人未曾创过的伟业。

表6 安源在中国近现代史特别是中国革命史上创造的"23个之最"②

| 序号 | 事 件 |
| --- | --- |
| 1 | 1922年5月,建立了全国人数最多、组织最严密的革命工会——安源路矿工人俱乐部 |
| 2 | 1922年9月,举行了安源路矿工人大罢工,它是全国第一次罢工高潮中最成功的范例 |
| 3 | 产生了中国最早的产业工人党支部 |
| 4 | 最早探索工人阶级政权建设雏形,在安源路矿工人大罢工中设立了自己的权力机构和各级代表制度,改造了个别资产阶级的暴力机构 |
| 5 | 中国共产党最早的党校诞生地 |
| 6 | 第一个中国少年儿童团组织——中国少年先锋队的前身安源儿童团(又称安源童子军)的诞生地 |
| 7 | 发行了中国共产党领导下最早的股票 |

---

① 安源是毛泽东亲自部署和指挥秋收起义的地方,以1300多名安源工人为主体组成的中国工农革命军第一军第一师第二团,在全国第一个举起了工农革命军旗帜,这个团在参加秋收起义三个团中,人数最多、战斗最激烈、战绩最大,他们打萍乡、攻醴陵、战浏阳……血战百里,创造了可歌可泣的革命战绩,是一支真正的铁军,在中国的革命历史上写下了光辉一页。

② 刘武明.安源工人在近现代史上创造的二十三个"全国之最"[EB/OL].(2019-03-06)[2020-11-03]. https://www.sohu.com/a/299384517_106330.

续表

| 序号 | 事件 |
| --- | --- |
| 8 | 中国共产党领导的革命运动中最早的工人储蓄和货币 |
| 9 | 最早举起"工农革命军"旗帜,最早探索新型人民军队建设 |
| 10 | 1921 年 12 月,成立了全国产业工人中最早的共青团组织——青年团安源支部 |
| 11 | 1922 年 9 月,成立了全国工人运动中最早的具有武装性质的工人侦探队 |
| 12 | 1922 年 7 月,创办了中国共产党领导下的最早经济事业组织——安源路矿工人消费合作社 |
| 13 | 1923 年 6 月,中共党史上最早的工人出身的中央委员朱少连 |
| 14 | 1924 年 5 月 1 日,全国最早由工人自己建造的规模最大、最具特色的工会大厦 |
| 15 | 1925 年 1 月,中共四大前夕全国最大的和产业工人成分最多的地方团 |
| 16 | 1925 年 1 月,青年团三大前夕全国最大的和产业工人成分最多的地方团 |
| 17 | 1924 年 11 月,中国共产党领导工人管理近代企业的最初尝试 |
| 18 | 1927 年 9 月,毛泽东最早组织和指挥革命军队的地方 |
| 19 | 1923 年 7 月,中国共产党最早开始反腐倡廉探索实践 |
| 20 | 1923 年,成立了安源裁判委员会,它是中国共产党领导的最早司法雏形 |
| 21 | 诞生了《毛主席去安源》,它是"世界上印数最多的一张油画" |
| 22 | 1906 年,安源工人积极参加孙中山领导的"同盟会"发动的萍浏醴起义,首开中国工人阶级大规模武装反抗的先河 |
| 23 | 早在 19 世纪末就引进了西方资金和先进技术采煤炼焦,后与汉阳铁厂、大冶铁矿合并成立的汉冶萍公司成为中国近代第一个跨地区、跨行业的企业集团,成为最早掌握近代先进工业技术、最早产生近代工人阶级、中国近代民族工业最早崛起的地区之一,是中国现代工业文明的摇篮 |

2. 秋收起义精神

1927 年 9 月,毛泽东等老一辈无产阶级革命家领导的秋收起义在湘赣边界全面爆发。这次起义点燃了井冈山的星星之火,开启了土地革命的新局面,为开辟"农村包围城市、武装夺取政权"的正确道路,为最终夺取革命胜利,奠定了坚实基础。

"秋收起义精神"的核心内涵,包括坚定理想信念、坚持党的领导、坚持实事求是、坚持群众路线。

坚定理想信念。理想信念是共产党人精神之"钙"。坚定的理想信念是共产党人立身之基、力量之源、胜利之本。以毛泽东同志为代表的革命先辈,之所以能在大革命失败之极端困难的情况下发动秋收起义,继而探索和开辟中国革命新道路,就是因为他们心中有着为人民解放、为民族自立而奋斗的崇高理想和坚定信念。

坚持党的领导。理解"秋收起义精神"的关键,是坚持党的领导不动摇。秋收起义第一次在武装斗争中打出共产党的旗帜,正是由于加强了党的领导,秋收起义部队改变了旧军队不良习气和作风,面貌焕然一新,战斗力空前提高,起义部队越挫越勇,革命火种得以保存和传播。"秋收起义精神"揭示出中国革命从小到大、从弱到强的深刻道理:党对军队绝对领导,是革命事业取得胜利的根本保证;同样,加强党对各项事业的领导,是各项改革、建设和发展工作顺利推进、取得成效的根本前提,唯有以党的旗帜为旗帜、以党的方向为方向、以党的意志为意志,同心同德、合力合拍,才能推动党和人民的事业走向胜利。

坚持实事求是。"秋收起义精神"是打破教条主义、官僚主义、本本主义,坚持实事求是、改革创新思想路线的典范。秋收起义遭遇挫折之时,毛泽东同志带领党和军队,正确分析敌强我弱斗争形势,及时对战略和策略进行重大调整,果断决定从进攻大城市转为向农村进军,走"农村包围城市、武装夺取政权"的正确道路,彰显了因时因势而变、主动改革创新的伟大力量。如今,"秋收起义精神"的改革创新,已经成为党的"全面深化改革"战略部署,只有不断打破思维定式、始终坚持改革创新,才能使全党和全体人民保持发展进步的生机活力,永远立于不败之地。

坚持群众路线。"秋收起义精神"还突出体现出党和人民军队的"群众路线"的成功法宝。从秋收起义一路走来,党的群众路线、为人民服务的基本宗旨、以人民为中心的基本原则,以及人民立场、人民至上的价值取向和执政主线,一以贯之、一脉相承。"秋收起义精神"充分表明,只有以人民利益为重,关心民生疾苦,站在人民立场,开展人民战争,才能不断汇聚、积蓄起革命和建设的磅礴力量,星星之火才能形成燎原之势。而今,只有始终和人民同呼吸、共命运、心连心,把以人民为中心作为一切工作的出发点和落脚点,才能给人民群众带来更多幸福感、获得感。

3. 井冈山精神

老一辈无产阶级革命家,在井冈山及周边地区艰苦卓绝的革命斗争中,历经大小战斗近百次,不断克服教条主义、盲动主义、冒险主义错误干扰,锤炼形成了影响深远的"井冈山精神"。

坚定信念、艰苦奋斗①。在大革命失败后,全国弥漫着极为浓重的白色恐怖,强敌环伺、物资匮乏、环境艰难的井冈山革命斗争,面临向何处去、"红旗到底能打多久"等一系列思想和现实问题。在此情形中,唯有坚定不移的崇高理想信念,才能保住革命火种,才能以井冈山斗争的星星之火,燃起工农武装割据的燎原之势。

实事求是、敢闯新路。井冈山斗争处于大革命低潮时期,革命力量十分薄弱,稍有不慎即会带来巨大牺牲甚或全军覆没。在这重要历史关键时刻,共产党人坚持把马克思主义基本原理同中国革命具体实践相结合,同现实革命斗争的形势与特点相结合,坚持实事求是、一切从实际出发,坚持革命斗争的原则性与灵活性,及时把革命斗争的战略方向从城市转向农村;同时根据敌强我弱的情况,创造出新的军事斗争策略②,开创了"农村包围城市、武装夺取政权"的独特中国革命道路,创造性地建立了"党指挥枪"的原则和制度。

依靠群众、勇于胜利。在井冈山革命斗争中,共产党人身先士卒、以身作则,带领井冈山军民克服种种困难艰险,打破重重包围封锁;党始终相信和依靠群众,关心和帮助群众,同广大人民群众结下了鱼水深情。正是因为我们党始终代表最广大人民的根本利益,与广大人民群众保持血肉联系,才赢得了广大人民群众的拥护和支持,从而使井冈山革命根据地得到巩固和扩大。

"井冈山精神"是积淀深厚、源远流长的中华民族五千年优秀传统文化在革命战争年代之彰显和弘扬,是开天辟地、星火燎原的中国共产党精神之链之伟大开端,也是历久弥新、永续发展的全党全体人民珍视、崇敬、继承和不断发扬光大之宝贵精神财富。

4. 老阿姨精神

2013 年 9 月 26 日下午 3 时许,习近平总书记在北京京西宾馆会议楼前厅,亲切会见全国道德模范及提名奖获得者,并发表重要讲话。讲话结束时,总书记把目光转向坐在第一排最右边的一位老人,饱含深情地说:

> 刚刚看到的这位老阿姨,就是我们的老将军甘祖昌的夫人。她今年已经 90 多岁了,我看到她以后,我心里就一阵感动。甘祖昌将军是我们的开

---

① 姜玮,黎康.井冈山精神的历史形成、基本内涵与时代价值[EB/OL].(2015-04-09)[2021-10-20]. http://news.12371.cn/2015/04/09/ARTI1428571085189303_3.shtml.

② 井冈山军事斗争策略:敌进我退,敌驻我扰,敌疲我打,敌退我追。

国将军,江西的老红军,新中国成立以后他当了将军,但是他回家当农民。我当小学生时候就有这篇课文,在语文课里,就是《将军当农民》,我们深受影响至今。现在半个世纪过去了,看到老阿姨和甘将军一起,艰苦奋斗过来,现在仍然在弘扬着这种精神,今天看到她又当选全国道德模范,出席我们今天的会议,我感到很欣慰。就是要把这样一种革命传统精神弘扬下去,不仅我们这一代人要传承,我们的下一代,也要一代一代传承下去。向老阿姨表示致敬![1]

坚定信念、矢志不渝。岁月沧桑、时代巨变,"老阿姨"龚全珍坚定信念永远不变,坚强党性矢志不渝。"老阿姨"以数十年如一日服务群众、一心为民的质朴情怀,始终践行党执政为民、忠于职守、服务群众的基本宗旨,充分体现了共产党人坚定理想信念、对党和人民的事业忠诚的优秀品质,向党递交了一份"作为一名共产党员,不是先进一阵子,应当先进一辈子"的优秀答卷。

淡泊名利、永葆本色。"老阿姨"龚全珍是开国将军甘祖昌的夫人,但她没有躺在功劳簿上,丝毫没有图安逸、讲地位、要待遇,而是始终保持勤俭节约、艰苦朴素的生活作风:每逢宣讲、报告,从不要任何报酬;每逢餐饮招待,她经常说的一句话是"不必破费,我带了馒头,我简单"。纯朴话语、简单细节,尽显共产党人政治本色和人格魅力。

扎根基层、服务群众。"老阿姨"龚全珍从山东到新疆,再到江西革命老区莲花县,追随革命信仰,辗转战场、农村、社区和学校,处处扎根基层、时时服务群众,融理想信念"天线"与基层群众"地气"于一身,恰如伟大领袖毛泽东同志所说的"一粒在人民中间生根开花的种子"[2]。古人云:感人心者,莫先乎情[3]。唯有根植人民,才能充满对人民群众的热爱之情;唯有不忘人民,才能知道人民群众的所需所想;唯有服务人民,才能赢得人民群众的衷心支持。"老阿姨精神"如同一面镜子,对于党员干部克服脱离群众危险,防范形式主义、官僚主义、享乐主义和奢靡之风,补上精神之"钙"意义重大。

---

[1] 李运球.中国"老阿姨"诞生记[EB/OL].(2014-10-23)[2020-11-01]. http://jx.people.com.cn/n/2014/1023/c360836-22699067.html.

[2] 1945年抗战胜利后,针对党的干部到各地开展工作,毛泽东提出:"我们共产党人好比种子,人民好比土地。我们到了一个地方,就要同那里的人民结合起来,在人民中间生根、开花。"毛泽东选集第四卷[M].北京:人民出版社,1991:1162.

[3] 语出自白居易《与元九书》。

## 二、萍乡红色精神引领公共文化服务理念提升,实现高质量发展

基于以上认识,萍乡市公共文化服务尤以社会主义核心价值观为引领,用"红色文化引领乡公共文化始终保持正确方向"。因为方向最为关键,方向错误,一定会南辕北辙、多做多错,只有方向正确且坚持不懈,才会实现正确目标。把红色革命文化、老一辈革命家崇高精神品质、"老阿姨精神"所展现的高风亮节落细、落小、落实,纳入公共文化各项日常服务项目和内容,以红色文化的底色性质和主导功能,扩大浸润、深化熏陶,形成全社会以中华优秀传统文化为根基、以红色文化为本色的中国特色社会主义现代公共文化服务体系。在这个意义上,红色精神是跨越时代、超越时空的永恒精神品质,可以为新时代公共文化服务提升理念、提高质量赋能。

### (一)利用红色文化设施开展公共文化服务

萍乡历史悠久、人文荟萃,在大革命年代经历过血与火的洗礼,到处流传着革命者英勇事迹,遍布红色遗址遗迹。在第四批国家公共文化服务体系示范区创建之前,大量历史人文遗址和红色文化保护地虽然得到有效保护,但当地群众对其仅仅处于保护或闲置状态并不满意。国家公共文化服务体系示范区创建以来,萍乡加大财政投入力度,在继续加强红色文化保护的同时,推动红色文化设施因地制宜地开展格调健康、向上向善的公共文化服务。近几年,萍乡市委、市政府重建了鳌洲书院①,新建了安源红领巾纪念馆②。同时,市、县党委、政府根据萍乡历史人文资源丰厚,特别是红色文化资源极为丰富的特点,注重广泛调动社会力量参与建设,鼓励社会组织、民间团体、企业和个人依托历史人文和红色文化保护地或设施,创办非国有博物馆、城市书房、乡村书屋等具有公益特征的城市文化空间。例如,在当地政府支持下,民营企业和个人建立了安源锦绣城、毛家湾文化村、安源矿山博物馆等。社会和民间力量加入,助力党委、政府弘扬红色文化,完善城乡基层公共文化服务体系。在较短的时间内,一批历史人文遗址、革命旧址、名人故居等成功转化为公共文化重要阵地。不仅

---

① 鳌洲书院是萍乡历史上最为著名的古代书院,系江西省四大书院之一。清乾隆年间,曾任萍乡知县的胥绳武这样形容鳌洲书院风貌,"阁以下为堂,堂远对晴峰,蕴藕可人;前有深院,春风小柳,秋日初芙,绿意红情,一叶一文心,一花一诗味"。

② 萍乡安源为中国"红领巾"发源地。2015年,原萍乡市委副书记、市长李小豹亲自部署推进安源红领巾纪念馆建设,该馆于2018年正式落成。

安源路矿工人运动纪念馆等 10 余处红色文化纪念设施得到修复提升，以及孔原故居等 20 余处革命先烈故居得到改造维修，而且带动有较高专业水准的社会力量成长，他们参与红色文化保护、传承和弘扬，为城乡基层群众提供优质和特色的公共文化服务。

市级"五馆"设立红色文化服务项目。萍乡市级图书馆、文化馆（含非遗中心）、博物馆、美术馆齐全。萍乡市图书馆为国家一级图书馆和国家重点古籍保护单位，多年来，市图书馆把红色文化文献资源收集、整理、研究、推广作为全馆特色建设项目。萍乡市文化馆为国家二级馆，馆内设有萍乡市非物质文化遗产保护中心，市文化馆始终坚持立足萍乡、传承红色、服务群众，坚持不懈地把具有萍乡特色的红色文艺创作作为立馆之本。萍乡市博物馆是萍乡对外宣传的窗口和城市建设的地标性建筑之一，馆内陈列大量与萍乡红色文化相关联的实物展品。萍乡市美术馆在长期美术创作实践中，已逐步形成一批聚焦萍乡特色红色文化题材的美术工作者，已积累一批艺术水准较高的红色文化题材美术作品，并定期举办红色美术作品展览活动。

县级"两馆"全面融入红色基因。萍乡市共有五个县级图书馆，其中莲花县图书馆为国家一级馆；共有五个县级文化馆，其中芦溪县和莲花县文化馆为国家一级馆，其余皆为国家二级馆（安源区、湘东区、上栗县）。根据萍乡市委、市政府统一要求，县级图书馆和文化馆均已把展陈、传播、弘扬红色文化纳入重要业务范畴，并根据各自特点推出特色红色文化服务项目。其中，莲花县文化馆组成红色文艺小分队，定期开展红色文艺下乡活动，把特色鲜明、群众喜闻乐见的红色文艺产品和演出服务送到乡村基层、田间地头，得到老区群众发自内心的称赞。莲花县图书馆把本地红色文献资源收集、整理、研究、传播作为馆内特色服务项目，组织专人开展工作，并把红色文献研究成果与红色人物、红色事件所在地的建设结合起来，有力推动了基层红色保护地、红色旅游地建设。

（二）实施红色公共文化服务工程

1. 甘祖昌干部学院[①]：开创"没有围墙"的公共文化服务

甘祖昌干部学院结合自身特点，面向前来培训的党员干部以及周边群众，开展富有独特内涵和特色的公共文化服务。主要表现在以下方面：

---

[①] 甘祖昌干部学院成立于 2016 年，是江西省被纳入中组部备案管理的五个党性教育基地之一，承担着面向全国党员干部开展党性教育的重要职责。

学院全域化。甘祖昌干部学院以弘扬井冈山精神、苏区精神、安源精神和甘祖昌精神为己任,以传承红色基因、坚定理想信念、涵养优良作风为培训目标,首创了"课堂在田野、吃住在农家、人人是教员、百姓齐参与"的红色文化培训模式。为了使全域学院顺畅运行,学院对周边群众进行了前期教育培训,确保人人是红色文化的代表者、传播者、践行者。此举起到了一般公共文化服务难以企及的教育效果。

研学体验化。甘祖昌干部学院构建了以韶山—安源—井冈山为主线的"两小时红色培训圈"和湘赣红色培训联合体,学习培训全程与当地群众无隔无碍、融为一体,不仅"没有围墙",也没有党群、干群之间的人际距离,甚至没有培训者与被培训者之间的距离。党员干部在与群众的交往中得到体验,群众也在与党员干部的接触中得到提升。

课程实景化。学院立足将军故里,深入挖掘甘祖昌、龚全珍先进事迹和萍乡市丰富的红色文化资源,整合形成了独具特色的"123"学习教育内容[①],并与新疆军区合作共建,建立了军代表驻院研发、讲授党课制度。甘祖昌干部学院的培训课程内容均为甘祖昌将军、龚全珍老阿姨与群众打成一片、惠及一方的事迹,学习收效最显著的方法,就是回到群众中间去体验将军和老阿姨的工作热情和方法。在这一过程中,当地深受将军和老阿姨熏陶、教育的群众成了课程内容的必要载体。

同时,在甘祖昌干部学院所在地沿背村,红色文化培训不仅面向党员干部,而且通过乡村综合文化服务中心面向普通民众。沿背村乡村综合文化服务中心与游客服务中心设在一起,每年来甘祖昌干部学院学习的党员干部或来沿背村参观的游客逾10万人次。游客在沿背村可以参观甘祖昌将军故居,观赏反映甘祖昌将军事迹的采茶戏,还可以旁听红色文化培训课程,预约现场群众生产生活的体验套餐。这些措施延伸了甘祖昌干部学院红色文化课堂,为普通民众提供了红色公共文化服务,共享了资源,提升了社会影响力。

2."红色文化引路人":发挥萍乡籍革命后人和主流名人感召引领作用

萍乡的红色革命名人众多,红色革命名人的后裔有的今天仍然在为家乡文化事业做贡献,如刘凤诰[②]的后人中有一个是农民藏书家,他经常捐献图书给家

---

① "123"学习教育内容即一套红色培训课程、两个现场体验套餐、三条红色教学线路。
② 刘凤诰(1761—1830),字丞牧,号金门,江西省萍乡市上栗县赤山镇观泉村人。1789 年(清乾隆五十四年)己酉科进士胡长龄榜第三人(文探花)。乾隆称刘凤诰为"江西大器",时人称他为"江西才子"。

乡。红色革命名人的后裔尽管大多数不能长期回乡担当乡贤角色,但通过各种形式为家乡的文化事业做贡献,这些人都是当地的"红色文化引路人"。此外,不少退休后返乡的老干部也自觉承担起了"红色文化引路人"的角色。其中比较典型的有芦溪县上埠镇涣山村肖而乾①老人、湘东区腊市镇明塘村陈步上②老人。肖而乾老人于1995年卸任芦溪县政协副主席后,回到家乡发挥余热。在村委会的支持下,肖而乾带领居住在村里的离退休老教师、老军人、老工人等20多人,自筹经费两万多元,把建于1840年的肖氏宗祠整修一番,建起了涣山村青少年革命教育学校、农民文化技术学校、老年活动中心。2014年,肖而乾自筹经费八万余元将祠堂修整一番,建起了留守儿童之家、红色书屋等多功能活动场所。陈步上老人退休后回到家乡,担任萍乡市湘东区明塘村老体协会长,关心下一代工作委员会常务副主任,第四党小组组长、网格长。他经常开展红色文化主题讲座,建立了村里的红色文化讲堂,受到群众欢迎和支持。萍乡红色文化底蕴深厚,推广实施"红色文化引路人"制度,不仅有人才保障,而且有良好的群众基础。

3. 增扩红色文化设施:优化城乡公共文化服务网络

近年来,萍乡在财政资金比较紧张的情况下,仍下决心拨付专项资金,实施红色文化设施建设和开放工程,累计修复了安源路矿工人运动纪念馆等10余处红色文化纪念设施,新建了雷锋文化博物馆、毛家湾文化村等红色文化场馆,以及近30个红色主题民俗文化馆。这些新建的红色文化场馆,与安源路矿工人运动纪念馆、安源红领巾纪念馆、卢德铭烈士纪念馆等已有红色场馆一起,成为萍乡红色公共文化服务的主阵地。

同时,随着近年来乡村旅游的发展,萍乡乡村民宿也蓬勃发展。为了体现地域文化特色,部分景区与文化部门联手,打造了一批红色主题的民宿文化馆,将公共文化服务的终端延伸到了民宿酒店,取得了较好效果。根据实际情况,在进一步总结提升的基础上,萍乡将此次尝试逐步推广到红色文化底蕴深厚的其他地方。

---

① 肖而乾,现年82岁,江西省萍乡市芦溪县上埠镇涣山村村老协主席、关工组副组长。1995年,肖而乾从芦溪县政协副主席的岗位退休时,立下"立足新起点、晚情献乡亲、永远跟党走"奋斗目标,回到老家上埠镇涣山村主动担任关工组副组长,依靠坚定的信念、真挚的感情、执着的精神,一干就是20年,被村民赞为"编外村长"。

② 陈步上,1947年生,湘东区腊市镇明塘村老支书,是一名有着48年党龄的老党员。2018年6月,入选"中国好人榜"。

4. 红色主题村史馆:提升乡村红色公共文化服务能力

近年来,萍乡新建、改建了近200个红色主题村史馆,弥补了乡村基层有红色资源而专项保护和服务场地不足的缺陷。红色主题村史馆为村民和游客提供了学习了解红色文化的窗口,是村民和游客体验当地特色公共文化服务的便利场所;同时,又自然融入其他功能,如图书室、活动室、培训室等。

5. 红色文化志愿服务:推动红色文化服务社会化发展

红色文化中蕴含着丰富的革命精神和厚重的历史文化内涵,红色文化也是新时代每个公民坚定信仰、努力奋斗不可缺少的精神力量。广泛传播红色文化,离不开文化志愿者。萍乡在全市招募"红色公共文化服务大使",他们在红色文化场馆、红色文化景区、红色文化小镇担任讲解员、导游、讲师,讲述红色文化故事、传播红色文化精神,丰富了萍乡公共文化服务形式,推动了红色文化更加深入人心。2018年以来,萍乡先后组织了安源精神红色文化志愿队、将军故里红色文化志愿队、武功山红色文化志愿队等,取得了良好的社会效果。红色文化志愿者积极参与红色文化传播和公共文化服务的过程,也是增长见识、提高认识和积累专业知识的过程。红色文化志愿者中不少是大专院校学生,他们是红色文化和公共文化服务重要的储备人才。

(三)红色文化进入公共文化供给侧,提高城乡公共文化品质

为了进一步丰富城乡基层群众公共文化产品和服务供给,萍乡着力推动红色文化进入公共文化产品创作生产环节,扩大了红色阅读、红色文艺、红色博览、红色美术、红色非遗在公共文化常态产品供给中的比重。近年来萍乡城乡基层文化活动总量大大增加,丰富性不断提升,活动的品质也随之提高,特别是有地方特色的艺术精品为群众所喜闻乐见。在此基础上,萍乡还以红色文艺精品创作、红色文艺活动开展、红色群众文化建设为工作抓手,进一步提高萍乡红色文化的地方特色,尤其是把红色文化内容以群众喜爱的艺术样式(如采茶戏)表达出来,既推动红色文化传播,又符合当地群众的需求特点。

在加快城乡公共文化设施建设的同时,萍乡持续多年大力推动健康丰富的文化融入群众生活,深入开展农村文化"三项工程",进一步加强农村文化阵地建设,着力培养一批农村文化队伍,积极组织乡镇自办文体活动,推动"送文化下乡"为"种文化在乡",使农民由"看客"变成农村文化舞台的"主角"。萍乡专门设立了文化下乡专项资金,由宣传、财政和文化部门共同监督资金专款专用,

提升文化下乡项目品质和服务质量。市、县(区)以群艺馆、文化广场、生活公园等为依托,组织开展各类群众文化活动和比赛,鼓励举办特色鲜明、群众喜闻乐见的群众文化活动,打造出"安源之夏"秋收起义广场、鹅湖公园"百姓大舞台"、"新安源新形象"等广场文艺活动、文体活动品牌。市、县宣传和文化部门积极实施文艺精品创作战略,根据群众文化消费需求,挖掘文化遗产,传承利用好萍乡采茶戏①、萍乡春锣②、萍乡傩舞等地方文化资源,着力推出人民群众喜闻乐见的地域特色鲜明的文化艺术精品。

红色公共文化产品要深入基层、感动观众、浸润人心,除了有积极健康的红色内容之外,还必须有与群众口味或偏好相适应的艺术表现形式和产品传播方式。在国家公共文化服务体系示范区创建期间,萍乡成功推出了一批内容丰富、风格独特、形式新颖、品质卓越的红色文化主题艺术作品,先后拍摄了《有这样一位将军》《黄海怀》《老阿姨》《初心》等多部影视作品③,并在中央、省、市电视台相关频道热播。

为了提升红色公共文化产品的供给效果,市文化馆、市采茶歌舞剧团、安源大剧院等文化单位,跨界联合、抱团创新、聚焦目标、重点突破,创造性地将红色文化内容与当地民俗文化艺术形式结合,与当代群众偏好的数字网络特别是移动方式结合,以厅堂版、实景版、网络版、收集图片版、手机短视频版同步的方式,推出了红色大戏系列、红色采茶戏系列、红色非遗系列等新型公共文化服务产品,深受群众喜爱。如红色文化与当地特色的采茶戏、萍乡春锣结合,体现的是萍乡城乡基层群众对于归属本土、富含本色的红色文化产品的喜爱。人们在寓教于乐的过程中得到净化和提升。

此外,红色文化鲜活感人的大量素材和内容还进入传统地方特色非遗之

---

① 萍乡采茶戏被誉为江西省的"评弹",代表剧目《榨油坊风情》被写入中国戏曲学院教材,获中宣部"五个一工程"奖、文化部"文华奖"、中国文联戏曲表演"梅花奖"等奖项。采茶戏《有事找老杨》于2014年获第五届江西艺术节玉茗花大奖,并在北京长安大戏院演出;采茶戏《将军还乡》作为江西省唯一剧目入选文化部2017年全国地方戏曲南方会演参演剧目;采茶戏剧本《将军归田记》入选文化和旅游部艺术司2018年度剧本扶持工程项目。

② 萍乡春锣已入选国家级非物质文化遗产名录,曾作为江西省的代表曲种三次进北京参加全国曲艺节,并唱进了中南海。代表作《养老歌》于2013年参加第16届"群星奖"复赛;《将军回乡》于2018年参加全国非遗曲艺周演出活动;萍乡渔鼓《身边老阿姨》于2016年入围第17届"群星奖"决赛,是江西省唯一入选曲艺节目。

③ 电视剧《初心》获第29届"中国电视金鹰奖"优秀电视剧奖,电影《老阿姨》获华表奖优秀故事片奖,戏曲剧本《将军归田记》入选文化和旅游部艺术司2018年度剧本扶持工程项目,莲花采茶戏《将军还乡》参加"茶香中国"首届全国采茶戏会演。

中,使非遗焕发了沉寂已久的活力,引起了萍乡城乡基层群众对地方非遗样式的关注,红色非遗逐渐成为萍乡基层群众共有共享的当代记忆。事实说明,红色文化与特色艺术形式结合,是加强公共文化服务体系建设的重要途径,有广阔的拓展空间。

(四)红色文化底蕴引导公共文化牢固树立文化自信

从萍乡的实践中可以真切感觉到,城乡基层群众的文化自信,一个十分普遍而重要的来源是对本地特有的深厚底蕴红色文化的自豪感,自豪感又引发群众对本地及周边红色文化的关注、对身边红色文化资源的珍视和保护、对当地红色文化活动的参与以及对优秀红色文艺作品的喜爱,这或许是萍乡特有的城乡文化现象。对于老区人民深入骨子里的深厚红色情感,萍乡市各级党委、政府应因势利导、循循善诱、扶持鼓励、积极作为。

党的十八大以来,萍乡坚持把安源精神、秋收起义精神、井冈山精神传承好、发扬好,使红色基因代代相传。红色文化传承的当代榜样老阿姨精神目前在萍乡既是各级党政干部思想、作风和行为的一面镜子,也是群众引以为荣的重要精神文化品牌。据统计,2013年至今,萍乡已设立多个"龚全珍工作室",其中较大比例进入城乡基层公共文化服务场所,累计为群众代办各类事务9 000余件,调解各类纠纷2 900余起,现场解决或转交转办群众诉求8 400余件[①]。老阿姨精神的当代性、本土性、民本性和质朴性,为城乡基层群众广泛认同,成为当下萍乡基层群众文化自信的重要来源、显著代表和成长动力。老阿姨工作室事实上已成为萍乡公共文化服务的一块"金字招牌",老阿姨精神及老阿姨工作室的融入和引领,大大提升了人民群众对公共文化服务的知晓度、认同度、参与度和满意度。

(五)红色文化引领公共文化助力文化自强

文化自信最重要的来源是对理想信念的坚定不移,这也是萍乡市丰富红色文化资源中最基本、最突出、最重要的特征。萍乡市区别于其他城市文化的文化自信也在于此。从中国共产党老一辈革命家创造的红色文化,到萍乡城市的文化自信,再到萍乡人民的文化自强,其中一以贯之、一脉相承的正是理想信念以及随之而来的奋斗和奉献精神。正是红色文化强大的正向、正念和正能量,

---

① 江西萍乡市:近300个"龚全珍工作室"帮扶基层群众[EB/OL].[2021-02-20]. http://www.people.com.cn/24hour/n/2014/0309/c25408-24579875.html.

为萍乡市经济社会发展源源不断地注入力量,也持续激励着萍乡老区人民奋斗、创业。自强是自立的基础,其精髓就是努力拼搏。自强的精神核心就是有理想有目标,并且能够坚持不懈。理想是自强的力量之源,只有目标明确才能在遇到困难时不屈不挠、自强不息。当自强不息成为人民群众共同的品格和信念时,社会发展、人民幸福的目标必然能够实现。以公共文化服务为载体,倡导和弘扬红色文化,帮助人们树立正确的理想信念,激励人们在奋斗创业中发现人生价值,在生产生活中践行人生价值,在敬业奉献中实现人生价值,在自强不息和矢志不渝的追求中成就价值理想。

公共文化服务脱离经济社会发展,脱离城乡人民群众生产生活、创业就业,是一种根深蒂固、由来已久、遗患无穷的误读。这一误读导致公共文化服务理论偏离正确的研究方向,也直接影响到城乡基层公共文化服务实践的实际效能,这也是公共文化一度盛行"泛娱乐化"的思想和理论根源。作为中国特色社会主义事业重要组成部分的公共文化服务,须臾不能脱离经济社会发展,不能脱离人民群众生产生活实践。公共文化服务"扶志",激发人民群众参与奋斗和创造的激情、谋求创新和发展的勇气,应为第一要务,必须将那种消磨人们奋斗精神和生活意志的"泛娱乐"排除于党委领导、政府主导的公共文化服务之外。公共文化服务"扶智",帮助城乡群众乐于学习、善于学习、开阔视野、掌握新知,苦练技能、增长才干,应为分内本职,那种让人游手好闲、无所事事的所谓"服务",与党委领导、政府主导的公共文化服务南辕北辙。公共文化助力经济社会发展的潜在功能,在当前疫情防控常态化和国际经济贸易形势复杂的背景中尤为重要。在此背景中,公共文化尤应积极发挥鼓舞斗志、普及知识、培育技能、孵化产业、促进就业的基本功能,因地制宜推进公共文化与旅游公共服务深度融合,助力红色研学、非遗、城乡文旅服务等经济或产业发展,为经济社会发展提供来自公共文化服务的有效配合和巧妙助力。

(六)红色文化助力公共文化集体主义、精神家园和道德境界建设

在公共文化服务之中传承和弘扬红色文化,倡导敬业精神,是要重塑全社会崇尚集体主义的氛围。爱国、奉献、勤劳、敬业作为最基本的道德观念,对于整个社会的良好道德风气的养成有着极其重要的作用。敬业精神不仅代表正能量,也是促进人生努力奋斗的基本要件。人,只有富有敬业精神,才能做出更大的业绩。依托公共文化服务,加强红色文化传承、传播和弘扬,倡导奉献精

神,有助于提升公共文化道德境界,形成风清气正的社会氛围。诗云:"落红不是无情物,化作春泥更护花。"①从道德评价来说,一个人的道德水平在很大程度上取决于其献身精神。市场经济条件下,一些人追求物质利益无可厚非,但是,人生的意义和价值在于奉献。萍乡全体市民将在红色文化熔铸的公共文化服务常态化影响和熏陶下,逐步养成奉献精神,从而找到人生的意义和价值。

### (七) 红色文化融入学校公共文化服务

《中华人民共和国公共文化服务保障法》第十条规定,"国家鼓励和支持公共文化服务与学校教育相结合,充分发挥公共文化服务的社会教育功能,提高青少年思想道德和科学文化素质"。第三十八条规定,"地方各级人民政府应当加强面向在校学生的公共文化服务,支持学校开展适合在校学生特点的文化体育活动,促进德智体美教育"。

萍乡大力推进和丰富各级各类学校的公共文化服务,要求把红色文化以公共文化服务进校园的方式融入在校学生的思想文化教育。一是在教育领域的乡土教材编写中,把红色文化特别是当地的红色文化作为重要内容;二是把红色公共文化服务场地设施、服务点作为当地中小学研学旅行的重要参访点;三是把重要红色文化展览展演活动作为当地中小学观赏体验的重要活动项目。自 2016 年起,把安源路矿工人运动纪念馆等 16 个单位列为"萍乡市首批中小学生研学旅行实践教育基地",面向全市中小学校开展"寻走安源红研学之旅"活动,有计划地组织中小学生参观红色旅游系列景点。

萍乡学校教育领域的红色公共文化研学实践主题选择和线路安排尤为注重"内容为王",侧重以萍乡辉煌灿烂的红色革命文化为纲,兼顾丰厚的历史文化、特色鲜明的民俗文化和近现代工业农业文化,为开展中小学生研学实践提供了得天独厚的资源。萍乡市文化广电新闻出版旅游局和教育局以红色(红色基因)为纲,兼顾绿色(生态文明)和古色(优秀传统文化)文化教育,结合市情、校情、生情,依托自然和文化遗产资源、红色教育资源与综合实践基地、校外活动场所、知名院校、工矿企业、乡村小镇、科研机构等,遴选建设了一批安全适宜的中小学生研学实践基地,实行动态管理,建立退出机制,形成了以红色革命文

---

① 语出自龚自珍《己亥杂诗》第五首,原诗为:浩荡离愁白日斜,吟鞭东指即天涯。落红不是无情物,化作春泥更护花。

化为重点,兼顾自然生态、历史文化、国防科工、国情教育等不同维度的研学实践体系,打造出一批示范性研学实践精品线路,逐步形成布局合理、互联互通、各具特色的研学实践萍乡教育领域公共文化服务地图。目前,萍乡市已遴选公布两批共计45个市级中小学生研学实践教育基地,成功申报4个省级中小学生研学实践教育基地和1个全国中小学生研学实践教育基地①。红色文化与在校学生公共文化服务融合,文化部门与教育部门结合,在萍乡作出了成功探索。

（八）红色文化丰富旅游公共服务

2018年,中共中央办公厅、国务院办公厅印发了《关于实施革命文物保护利用工程(2018—2022年)的意见》,提出主要任务是"打造红色旅游品牌,推出一批研学旅行和体验旅游精品线路,促进革命老区振兴发展"②。红色文化旅游融合发展是新发展理念的必然要求,为经济社会发展的大势所趋,而红色文化旅游高质量发展是其中的重要内容。尤其是在当下复杂的国际大背景中,大力促进红色文化旅游的高质量发展,对于扩大国内文化旅游消费,畅通国内大循环,形成以国内大循环为主体、国内国际双循环相互促进的新发展格局,有着十分重要的意义③。在后疫情时代,如何以红色文化旅游高质量发展促进产业结构调整、实现经济转型发展,是十分值得研究的重要理论问题和现实问题。

文化旅游景区的公共服务如何创新,萍乡市积累了丰富的经验:除了常态的参观、培训、体验等方式外,关键是把具有地方特色、景区特色的红色文化挖掘、整理和展示出来,用于丰富和满足游客较为深度的体验需求。萍乡红色旅游景区数量颇多,安源景区、沿背红色培训小镇、凯丰纪念园是国内外、省内外知名的红色文化旅游景区。萍乡坚持不懈地深度推进红色文化与生态文化协调发展,在大山深处、高山草甸、林间溪旁,融入红色革命文化遗址遗迹、英雄故事,再辅之以文化旅游志愿服务的导引和讲解,品质优良的生态环境、禀赋极高的红色文化与循循善诱、贴心温馨的旅游公共服务叠加,更加凸显萍乡文化旅

---

① 关于公布萍乡市第二批"中小学生研学旅行实践教育基地"的通知[EB/OL].(2018-10-26)[2021-02-20]. http://www.jszg.jx.cn/show-18-9810-1.html?PageSpeed=noscript.
② 刘小花.文旅融合背景下红色纪念馆如何成为"旅游打卡地"?[N].中国文物报,2020-10-23(5).
③ 王雄青,胡长生.文旅融合背景下红色文化旅游高质量发展路径研究——基于江西的视角[J].企业经济,2020(11):100-107.

游的显著特征。如萍乡积极推广"沿背样板"①,鼓励和支持各地深入挖掘本地的红色文化资源,开展具有本地特点的红色文化传承和传播,以现身说法、现地说法、现景说法的方式,面向游客讲好红色文化的"萍乡故事""沿背故事""杨岐山故事"等。萍乡推进红色文化与旅游公共服务融合的工作也逐步深入,如沿背村等一批红色文旅小镇、特色村正在涌现,城乡基层红色文化旅游公共服务水准大为提升,红色文艺展演活动吸引力大为提升,红色培训或研学效果大为提升。同时,萍乡还开发了红色文化旅游线路,整合推出湘赣秋收起义重走之旅、赣西南革命摇篮之旅等兼有内容高度、体验深度、旅游广度的红色文旅系列产品。

---

① 开国将军甘祖昌于1957年辞去新疆军区后勤部部长的职务,带着家人回到萍乡市莲花县沿背村投身家乡建设,修水库、建电站、架桥梁、改造冬水田,把贫穷落后的沿背村建成远近闻名的富裕村。甘祖昌、龚全珍所体现的党的高级干部好作风,正是沿背鲜活的红色文化资源,是沿背值得代代相传、不断发扬光大的传村宝。全国脱贫攻坚战打响以来,莲花县委、县政府及全体沿背村民,重拾甘祖昌将军优良作风和宝贵精神,全面传承和弘扬红色基因,把激发村民的奋斗精神作为优先事项,鼓励人们大胆尝试、创业就业,终于走出一条独具特色的脱贫路,人称红色文化扶贫脱贫不返贫的"沿背样板"。在如今的沿背,各地络绎不绝的研学人潮,均从甘祖昌事迹、老阿姨精神和"沿背样板"中获得深刻启示。

# 第四章　公共文化服务供给的特色化：全面深化全民阅读

全民阅读是事关全体人民群众美好生活的大事，是现阶段解决公共文化服务不平衡不充分矛盾的重要方面，是弘扬社会主义核心价值观、提高人民群众精神文化素养的重要抓手，也是新时代公共文化服务体系高质量建设和发展的一项长期任务。保障人民群众基本文化服务权益，积极营造向上向善社会氛围，大力建设学习型城市，全面提升人民群众精神文化素养，引导、支持和帮助全体市民多读书、读好书、善读书，使全面深化全民阅读服务在现代公共文化服务体系建设的各项工作中占有重要位置。

## 第一节　公共文化聚焦全民阅读的重要意义

### 一、全民阅读是对习近平总书记重要指示精神的认真学习贯彻

2009年5月13日，习近平总书记在中央党校专题研讨班开学典礼上指出："读书的好处很多，如可以获取信息、增长知识、开阔视野，可以陶冶性情、培养和提升思维能力。"[1]2013年5月4日，习近平总书记同各界优秀青年代表座谈时说道："插队时，上山放羊，我揣着书，把羊圈在山坡上，就开始看书。锄地到田头，开始休息一会儿时，我就拿出《新华字典》记一个字的多种含义，一点一滴积累。我并不觉得农村七年时光被荒废了，很多知识的基础是那时候打下来的。现在条件这么好，大家更要把学习、把自身的本领搞好。"[2]2014年2月7日，习

---

[1] 向总书记学习用典[EB/OL].(2018-07-17)[2020-11-01]. http://dangshi.people.com.cn/n1/2018/0717/c85037-30151215.html.

[2] 习近平用经历激励青年：插队放羊时坚持看书[EB/OL].(2013-05-06)[2020-11-01]. http://opinion.people.com.cn/n/2013/0507/c1003-21393214.html.

近平总书记接受俄罗斯电视台专访时说:"现在,我经常能做到的是读书,读书已成了我的一种生活方式。"①2019年8月21日,习近平在甘肃《读者》编辑部考察时指出,"要提倡多读书,建设书香社会,不断提升人民思想境界、增强人民精神力量,中华民族的精神世界就能更加厚重深邃"②。在十九届五中全会召开前夕,中央宣传部印发《关于促进全民阅读工作的意见》③(简称《意见》)。《意见》指出,阅读是获取知识、增长智慧的重要方式,是传承文明、提高国民素质的重要途径,深入推进全民阅读,对加强社会主义精神文明建设、促进社会进步具有重要意义。《意见》指出,要以习近平新时代中国特色社会主义思想为指导,以满足人民精神文化生活新期待为出发点和落脚点,在全社会大力营造多读书、读好书、善读书的良好氛围,引导人民群众提升阅读兴趣、养成阅读习惯、提高阅读能力,不断增强思想道德素质和科学文化素质,为实现"两个一百年"奋斗目标和中华民族伟大复兴的中国梦提供强大精神动力和智力支持。《意见》明确,到2025年,通过大力推动全民阅读工作,基本形成覆盖城乡的全民阅读推广服务体系,全民阅读理念更加深入人心,活动更加丰富多样,氛围更加浓厚,成效更加凸显,优质阅读内容供给能力显著增强,基础设施建设更加完善,工作体制机制更加健全,法治化建设取得重要进展,国民综合阅读率显著提升。

围绕学习型城市、"书香城市"建设,适度减少单纯以娱乐为目的的公共文化服务,继续鼓励以劝学助读为目的的有一定娱乐因素的公共文化服务,集中精力、凝神聚气,大力发展以营造城市学习氛围、淳化社会风尚、提升人民群众精神文化素养为目的的全民阅读类公共文化服务。

然而,出于图书生产供给和服务宏观体制安排原因,长期以来公共阅读与全民阅读之间存在鸿沟,公共阅读以公共图书馆为服务主体,全民阅读以图书生产和流通环节为主渠道,相互之间并未达到无缝对接、全面融合的程度,尤其是城市公共图书馆系统与乡村"农家书屋"系统长期双轨运行、互不相干,城乡之间公共阅读服务不平衡的矛盾十分突出。这一部门分割、渠道分流、资源分置、服务分散的体制性障碍,在实践中已显示出不利于全民阅读均等化发展,不

---

① 在俄罗斯,习近平主席讲述过的"那人那事"[EB/OL].(2019-06-04)[2020-11-01]. http://cpc.people.com.cn/n1/2019/0604/c164113-31118454.html.
② 社会主义核心价值观建设的重要路径[EB/OL].(2019-09-26)[2020-11-01]. http://opinion.people.com.cn/n1/2019/0926/c1003-31373411.html.
③ 中宣部印发《关于促进全民阅读工作的意见》[EB/OL].[2020-10-22]. http://www.gov.cn/xinwen/2020-10/22/content_5553414.htm.

利于有效解决城乡基层缺书少刊、资源陈旧、服务低下等问题的弊端。尤其是这两种轨道运行导致两种结果:政府促进阅读的政策效果仅仅局限于城市,乡村则因有政策、缺资源、无服务而只能转而选择一般娱乐活动,长期如此势必将城市公共阅读与乡村"唱唱跳跳"的模式固化。

## 二、全民阅读是现阶段公共文化服务高质量发展的核心任务

政府主导提供的公共文化服务,紧紧围绕党和政府中心工作,坚持守正创新,融入红色基因,应是题中之义。因此,能够长期保持人群黏着力的服务内容,需要满足"四个必须"的基本条件:一是服务内容必须是正向的。引导人们积极向上,才可能得到大多数群众的赞同和支持,那些让人靡费光阴、虚度年华、游手好闲的服务项目,虽风靡一时,但终究会遭到社会大众的排斥或鄙弃。二是服务内容必须是群众可信的。相当一段时期,人们对于公共文化服务的某些内容有距离感,过于亮丽的美化、过于高大全的包装,导致群众产生情感距离,进而形成对公共文化产品和服务的疏离。三是服务内容必须是与群众正向的文化需求密切相关的。群众的正向需求也不是一成不变的,党委、政府和公共文化服务主体需要与时俱进,予以管理和引导。四是服务内容必须是在群众监督下经筛选或过滤的。在当前的社会文化环境中,严肃的、正面的、引人向上的公共文化产品和服务,会持续频繁地遭遇到腐朽迷信的、诲淫诲盗的、泛娱乐化的、空洞虚浮的以及其他形形色色的负面文化冲击,它们消磨人们意志,瓦解人民群众文化认同。这些经过精心伪装的社会意识形态由于顺应了人们的负面情绪,总有一定可供贩卖的市场,这就需要建立以党委政府为主导、人民群众自觉参与和监督的公共文化服务内容筛选或过滤机制,以便为淳朴善良的城乡基层群众特别是广大涉世未深的青少年在公共文化领域筑起坚不可摧的"防火墙"。

在现代社会,阅读权利是公民的一种重要权利类型,也往往是公民享有或行使其他权利的基础。有学者将公民的阅读权利称为"阅读权",并从法理层面分析了公民阅读权的构造,认为包括阅读自由选择权、平等享有阅读机会权、阅读保障请求权以及阅读救济权等[①]。《中华人民共和国公共文化服务保障法》从法律高度将公共文化服务主要任务概括为"六个全民"(全民阅读、全民普法、全民健身、

---

① 谭小军,周安平.阅读权结构的法理思考[J].现代出版,2018(2):9.

全民科普、全民艺术普及、全民优秀传统文化传承），其中全民阅读位于首位①。

自20世纪末、21世纪初世界全面进入数字网络时代以来，人们一方面享受着信息的充分度和便利性，但另一方面，传统的阅读方式、习惯受到了巨大冲击，社会公众特别是广大青少年人手一机，时间、生活、知识一定程度上被移动网络传输的海量庞杂数字资源所"肢解"、碎片化，社会轻奢化、肤浅化、娱乐化、低俗化趋势十分明显，中国延续数千年崇文重教、诗书传家的优秀传统面临极大挑战。恢复、延续、弘扬中华民族优秀人文传统，切实做好公共文化服务，在当前有必要关注甚至聚焦全民阅读。

早在20世纪70年代，联合国教科文组织就积极倡导：人类要向着学习化社会前进。而在中国，引导社会朝着学习型方向发展，正是政府公共文化服务的基本责任。相对而言，以往的公共文化服务有一定的娱乐化倾向，应当肯定地说，让人们在音乐、舞蹈、戏曲中享受文化成果的确应是政府责任，但是中国优秀传统文化中所说的"乐"，是"寓教于乐"之"乐"，是为了引导人们关注、参与和喜爱教育、学习而做的方式性、渠道性设定，"乐"不是纯粹的娱乐，而是导向学习的入口、引人学习的方式，"乐"的目的不在娱乐而在学习。"乐"作为入口，只是比较适用于尚未形成良好学习习惯的幼年阶段，一旦能够体认到学中之"乐"，则并非需要以娱乐的方式来吸引或维持。正如古人所言，"善学者师逸而功倍，又从而庸之。不善学者师勤而功半，又从而怨之"②。养成良好的学习习惯，掌握科学的学习规律，就能达到习近平总书记所说的"善读书"境界。在这一境界，一般的"乐"可能已是于学习无利而有害的干扰因素。

## 第二节　全民阅读的现实困境

阅读权利是公民的一项常规性权利，既具有重大的私人利益性，也有着显著的公共利益性③。目前，全民阅读还存在战略强、策略弱，上头热、下面温，理

---

① 参见《中华人民共和国公共文化服务保障法》第二十七条，位于第三部分"公共文化服务提供"第一条。
② 语出自《礼记·学记》。
③ 朱茂磊，王子伦.公共应急时期的公民阅读权利及其保障研究[J].图书馆研究与工作，2020(12)：5-11.

念新、行动缓、口号响、推进慢的问题,需要分别剖析问题存在的原因,从而破解问题。

## 一、客观原因剖析

中部地区城市公共阅读长期投入不足,设施状况、馆藏资源、购书经费、队伍建设等多方面欠账过多、积贫积弱。随着国家对公共文化的重视,各地政府公共财力虽然持续超强投入,但是受到公共文化服务设施建设、资源建设、人才队伍建设的规律性制约,不可能在顷刻之间就形成与超强政策力度相匹配的强大服务能力,尤其是短期内超量购置公共图书资源的"焰火现象"[①],不仅有违行业规律和专业常识,也不利于全民阅读的长期、稳定、高效运行。

## 二、主观原因剖析

各级各类公共文化机构,特别是基层公共文化服务队伍,对于全民阅读的意图和要求的把握不够深刻、不够精准,导致思想认识不到位、工作干劲提不起,群众热情难持久、社会氛围出不来。主观方面的问题虽然出自基层,但症结主要存在于公共文化行政部门和公共文化服务专业机构:一是宏观战略思路和决策在具体领域宣传解释不够,未能用先进理念占领社会、把握群众;二是总体政策转化为操作举措的传导机制出现障碍,战略决策因缺乏必要的策略支撑无法快速而准确落地;三是公共文化主力机构面向社会特别是基层的服务方式、项目过于老套,缺乏适应新战略、贯彻新理念、打开新局面的有效工作抓手,群众无感觉、不领情。

## 三、客观问题破解

破解客观存在问题,需要尊重客观规律,不能急于求成。以破解"焰火现象"为例,一方面要清醒面对现实,以积极的态度发挥最大的主观能动性,尽量用好用足已有条件和资源。另一方面,应以合规律的方式积极创造更为有利的客观条件,在不影响馆藏质量的前提下,适度增加公共图书馆资源采购量,同时适当拉长时间长度,使优化馆藏资源结构与补足资源数量之间始终保持

---

① "焰火现象"用以描述在单位时间内,在公共财力和新出版物数量相对恒定的情况下,公共图书馆为弥补馆藏数量不足,短期内大量采购纸质图书资源,导致复本量急剧增长、馆藏资源质量递减、公共财力投入效能下降的弊端。

平衡状态。

### 四、主观问题破解

破解主观方面问题，一是加强学习、扩大宣传，尽力在全社会形成高度统一的认识，在各级领导、专业领域、基层干部形成高度统一的行动；二是在公共文化服务领域形成统一部署，按照既定工作主线，全面实施目标导向、目标管理，使整个领域汇聚成方向一致的磅礴力量；三是在专业领域需要把重大决策和行政工作部署转化为专业方式、渠道、载体、产品、服务、队伍的全面转型升级，需要与时俱进、结合实际、对接需求，把粗线条的行政工作要求细化为系列化的专业服务项目创新。

## 第三节 为什么是永州？

永州自古以来就是一座崇文重教、耕①读传家的城市。永州把公共阅读、全民阅读作为公共文化的特色摆在各项公共文化服务的突出位置，延续千年读书文脉，在新时代谋求更大进步，最大限度放大读书效应，引导人民群众多读书、读好书、善读书，高质量打造"书香永州"。

### 一、全民阅读的永州基础

中华民族自古以来把读书作为青少年人生第一要务，作为各类人才进阶之正道，古训所说的"万般皆下品，惟有读书高"，虽在今天看来有些过于绝对，但其中拳拳善意、殷殷之心仍然值得细细品味。《中华人民共和国公共文化服务保障法》第二十七条将全民阅读置于公共文化服务提供的六项主要任务之首要位置，这一法律安排绝非偶然。习近平总书记多次就读书工作发表讲话，谆谆告诫党员干部和全体人民要多读书、读好书、善读书。多读书，就需要人们亲近图书、经常读书，广为涉猎，拓宽知识和视野；读好书，就需要政府文化行政部门及以公共图书馆为主的公共文化单位为人民群众甄别伪劣、提供好书，切勿让青少年在人生起点就勿入歧途；善读书则是更高的读书境界，需要专业

---

① 在当今时代，"耕"的意义应得到与时俱进的阐释，更重要的是突出其中勤劳、耕耘、奋进的含义。

工作者积平生所学，向人们传授读书的本领或方法，特别是让青少年少走弯路。

永州立足于自身特点，发挥以柳宗元为代表、以"柳学"为根基的崇文重教、耕读传家的地方独特人文传统和资源优势，着力以全面深化全民阅读、大力推进书香城市建设为主题，深化永州市公共文化服务供给侧结构性改革，在全国树立起一面公共文化服务特色化的旗帜。

永州围绕学习性城市、"书香永州"建设和中央提高国民素质的目标和部署，逐步明确全民阅读是公共文化服务体系建设的一项需要长期坚持、不断提升的中心工作，是永州有历史文脉根基、符合城市发展特点、体现群众民意基础的合理选择，也是能够带动公共文化服务全局的工作主线。

永州在全民阅读方面增强统筹优势，建立在当地全民阅读形成共识的坚实基础上。形成的共识主要包括：一是永州市历史底蕴深厚、人文资源丰富、城市文脉清晰，全民阅读是社会崇文重教传统和规律的延续；二是永州市经济基础薄弱，公共财力负担能力有限，需要在推进中更加注重量力而行、尽力而为、节俭办事，政府多采用成本低、投入少、效果大的杠杆撬动机制、政策激励机制；三是全民阅读是全社会的大事，需由全社会参与，永州社会力量意愿强、热情高、潜力大、参与广、办法多，政府因势利导扩大领域开放、消除准入门槛、优化运营环境；四是全民阅读在永州有深厚的民间基础，民间素有崇文重教、捐资助学传统，政府要察民情、顺民意，想方设法调动民间力量，用好民间资源，鼓励群众自主参与、自我服务。

永州围绕全民阅读高度协同、形成合力。在市级层面，与全民阅读相关的图书供应和服务链比之省、国家相对简洁，流通领域和服务部门之间不存在难以化解的利益矛盾，目前主要在把分散的力量汇聚、整合到全民阅读主攻方向和重大项目方面发挥协同优势。

永州市政府财力相对不足本属弱项或短板，但永州市委、市政府善于调动汇聚各种社会和民间力量，善于鼓励和引进社会资本投入，善于把一些以往固化在政府和事业"脚下"的发展机会或空间合理释放、提供给社会或市场主体，善于激发人民群众爱读书、多读书的参与热情，就能够形成多元繁荣、多力聚合，"风生水起、草长莺飞"的生动局面（表7）。

表7　2019年永州公共文化服务重点数据及省内排名情况①

| 指　　标 | 数　　据 | 湖南省内排名 |
| --- | --- | --- |
| 平均每万人拥有公共文化设施面积 | 413.8平方米 | 1 |
| 平均每万人拥有公共图书馆面积② | 89.8平方米 | 4 |
| 人均文化事业费 | 72.18元 | 1 |
| 已建成24小时自助图书馆 | 40个 | 1 |

经初步比较，永州公共文化各方面水平虽然有超常规提高，但由于经济基础和公共财力相对薄弱，部分指标与东部城市相比仍有一定差距。然而，在2013年至2018年间，永州市在基础设施、资金投入等条件不足的情况下，综合阅读指数却多年保持全省第三的位置③。2018年4月24日，在"2018书香湖南"全民阅读活动启动仪式上公布的2017年湖南省14个市州城市阅读指数显示：湖南省城市居民的人均纸质图书阅读量为10.11本，其中长沙市阅读指数得分最高，为71.40分，其次为株洲市、永州市、张家界市、常德市、湘潭市，在以手机阅读为首选方式的数字阅读指数方面，永州市位列湖南省第二④。

永州上述经济社会发展特点表明：永州在打造公共文化服务特色化过程中，无法仿照东部地区及中部一些中心城市的做法，实施公共财政资金大规模注入、社会资本大规模投入、公共文化设施大规模建设、人员编制大规模增加的模式，必须实事求是、因地制宜、量力而行、尽力而为，采取适合永州经济社会发展特点的保基本、促均衡、抓重点、补短板的建设方式，特别是要找到能够有效发挥永州潜在优势，有利于举旗帜、聚民心、育新人、兴文化、展形象，具有鲜明新时代特点的创新发展方式。永州所拥有的历史人文资源多为中华优秀传统文化中不可多得的瑰宝，多为代代传承、人人敬仰、历久弥新的优质资源。只有把文化建设根植于如此深厚隽永的历史人文资源之中，才可重塑昔日辉煌，重振人文高地，在新时代公共文化服务高质量发展进程中创出新的高峰。

---

①　数据来源：全面小康，文化不缺位——湖南永州走在国家示范区成功创建之路上［EB/OL］.（2020-06-22）［2021-01-20］. https://www.sohu.com/a/403494809_120120968?_trans_=000019_hao123_pc.
②　注：不含在建的宁远、江永图书馆新馆和整合资源建设的江华、道县图书馆新馆。
③　该阅读指数由湖南省新闻出版广电局、湖南省统计局联合发布。
④　2017年14市州城市阅读指数公布：长沙株洲永州排前三［EB/OL］.（2018-04-24）［2020-12-15］. https://www.sohu.com/a/229266664_119717.

## 二、永州全民阅读政策举措创新设计

永州全民阅读工作,在定位准确、思路清晰、领导有力、政策到位的前提下,在中观、微观层面的方式、服务和细节上实现创新,做到与宏观思路和政策环境相配套,实现了上下一致、凝心聚力、同向而行。

### (一)推进全民阅读地方立法

2016年以来,我国针对公共文化服务相继出台了多部法规政策,将全民阅读纳入法制轨道。2017年3月正式施行的《中华人民共和国公共文化服务保障法》和2018年1月正式施行的《中华人民共和国公共图书馆法》都把全民阅读纳入立法保护、支持范围。这两项法律的施行为全民阅读工作的法制化、规范化、常态化开展提供了重要保证[1]。

2016年,永州拥有地方立法权[2]以来,已紧锣密鼓制定出台了《永州市公园广场管理条例》《永州市城市市容和环境卫生管理条例》《永州市人民代表大会及其常务委员会立法条例》等三部地方性法规,立法进度走在全国前列[3]。通过地方立法,永州把市情、民意融入立法工作,使法律更有城市特点,更接发展地气。

为了突出永州市历史人文特点,继承和弘扬崇文重教、耕读传家优秀传统,永州市以"法治永州"强力推动"文化永州"建设,以"文化永州"为"法治永州"夯实文化根基,把永州市全民阅读地方法规建设列入市人大立法计划,以《中华人民共和国公共文化服务保障法》《中华人民共和国公共图书馆法》为依据,紧密结合永州全民阅读实际,于2020年12月出台了《永州市全民阅读促进办法》(永政办发〔2020〕23号,附录F)。《永州市全民阅读促进办法》进一步明确了各

---

[1] 聂震宁.全民阅读:奠定基础并将深入推进——我国"十三五"时期全民阅读的回顾与展望[J].中国出版,2020(23):5-12.

[2] 2015年3月15日,第十二届全国人民代表大会第三次会议决定对《中华人民共和国立法法》做出修改,地方立法权扩至所有设区的市。《中华人民共和国立法法》第七十二条规定:"省、自治区、直辖市的人民代表大会及其常务委员会根据本行政区域的具体情况和实际需要,在不同宪法、法律、行政法规相抵触的前提下,可以制定地方性法规。"《中华人民共和国立法法》于2000年3月15日在第九届全国人民代表大会第三次会议上获得通过,2015年3月15日,第十二届全国人民代表大会第三次会议对其进行修改。

[3] 截至2020年1月,我国已有13个省、市针对全民阅读制定了专门的地方法规及规章(含草案),其余省、市也已处于全民阅读立法工作的提案和调研阶段。目前,我国文明城市建设工作已经将全民阅读纳入测评体系,已有相当数量的县一级以上人民政府将全民阅读列入本级发展规划和年度财政预算。

级政府、公共图书馆及其他公共文化单位、相关部门及相关服务机构、社会组织、企业和个人等各类主体的权利和责任,为永州全民阅读长期、健康、稳定发展奠定坚实的法律基础。

同时,《永州市全民阅读促进办法》规定了市、区县政府主要负责人担任"第一推广人"。连续多年来,李克强总理高度重视全民阅读,承担了全民阅读"第一推广人"的重要职责。2014年,李克强把倡导全民阅读①列入政府工作报告,作为政府公共文化服务的重要事项。2015年,全民阅读继续写入政府工作报告,会后李克强在接受人民网记者采访时说:"我希望全民阅读能够形成一种氛围,无处不在。我们国家全民的阅读量能够逐年增加,这也是我们社会进步、文明程度提高的十分重要的标志。"②2017年4月19日,李克强在国务院常务会议上说:"一个国家养成全民阅读习惯非常重要,而这与公共图书馆普及密不可分。"③李克强总理作为全民阅读"第一推广人",在全国产生了巨大影响力。

永州在加强全民阅读地方立法工作中,将"第一推广人"作为重要条款,写入《永州市全民阅读促进办法》,规定全民阅读"第一推广人"由市、区县政府主要负责人担任。古人云:"上有所好,下必甚焉。"自古以来,中国百姓对"官"存在信任和景仰,尤其是为民造福之"官"更得到百姓拥戴。选择全民阅读这一主题,善用由来已久的社会心理,可使官民之间同向同为、密切合作,可将具有中部地区特色的全民阅读"永州样板"提升至新境界。

(二)市、区县公共图书馆建成全民阅读地区文献资源保障中心

永州市、区县公共图书馆,全部布局于市、区县中心地段,随着城市规模扩大、人口增多,公共图书馆与服务人群的距离随城市规模的扩大而逐渐拉大。公共图书馆场地设施与读者之间的服务关系,与距离成反比关系,距离越大,服务越弱。虽然如东部地区现代城市公共交通改善与城市规模扩大基本同步,但毕竟常态化利用城市交通获取阅读资源,需要耗费公民大量的时间和经济成本(大多数市民不愿意为了读书而花费1小时以上、6元往返成本,乘坐公共交通获取图书资源)。这一事实或许反映了一些城市公共图书馆设施越建越好、读

---

① 李克强做政府工作报告 首次提到倡导全民阅读[EB/OL].(2014-03-05)[2020-12-15]. http://culture.people.com.cn/n/2014/0305/c87423-24536148.html.

② 李克强:阅读是一种享受 希望全民阅读能够形成一种氛围[EB/OL].(2015-03-15)[2020-12-15].http://www.gov.cn/zhuanti/2015-03/15/content_2834273.htm.

③ 李克强:一个国家养成全民阅读习惯非常重要[EB/OL].(2017-04-22)[2020-12-15]. http://www.gov.cn/xinwen/2017-04/22/content_5188228.htm.

者越来越少,长期陷于"门前冷落鞍马稀"①尴尬境地的真实原因。其中,与公众需求及行为特征紧密相关的表象上的距离、实质性的便利以及经济的成本考虑,是问题的关键。

倡导、扶持、奖励民众读书,这是自古以来深入骨子里的中华民族优秀传统。上古至先秦时代,就近距离在百姓身边设读书学习场所,"夏曰校,殷曰序,周曰庠"②;至孟子时代,就有"谨庠序之教"③"设庠序以化于邑"④。在现代社会,的确无法回到古代的城市或人际尺度,特别是有限的土地资源和公共财政能力,使政府无法到处建设公共图书馆。但是其中必须明确一个道理:无论是客观城市规模扩大,还是土地资源和财力不足,均不能借以淡化社会倡导阅读的热情,均不可成为中断中华重"庠序之教"优秀传统的理由。当下,永州如何延续中华优秀传统,继续表达古已有之、根深蒂固的社会"劝读"善意?其实仍需从解决距离问题入手。

公共图书馆或阅读服务与读者及公众的距离,与古代有相似之"表",有不同之"里"。表象上,古代"庠序之教"主要服务于贵族或"自由人",一般农民或奴隶无权享有,这种距离本质存在于阶层之间。当今中国已是现代自由平等社会,古代读书特权已了无痕迹,今天的距离表现为三个方面:一是客观的时空距离,表现为到达存在一定困难;二是主观的心理距离,公众心理上存在"有必要吗""与我何益""其他渠道也能"等心理认知;三是主客观综合性的资源距离,文献资源陈旧、一般、无特色,若以高成本的方式储藏了大量无价值的资源,自然无法引起公众的关注和热情。

这里需要关注一个深层次问题,即古今之间从昔日阶层"特权"到当今区域和人群"不均等",距离仍在演变、延续或放大。当今公共图书馆位于城市中心地段,公共图书馆周边地价、房价持续保持高位运行,高价位在一定时间长度内对居民成分有自动调整效应,高收入群体成为公共图书馆周边主要居住群体。高收入群体近距离享有公共图书馆优越的环境有可能成为现代社会的文化景观,这些群体可能在知晓或优先利用公共图书馆资源方面有明显优势。无形之中,现代社会及其公共阅读服务,有可能仍然潜藏着古代的距离阴影,这种来自远古的距离因子,以看似合理方式在现代社会得到长期延续,并随着城市规模

---

① 语出自白居易《琵琶行》。
②④ 语出自《孟子·滕文公上》。
③ 语出自《孟子·梁惠王上》。

的扩大而进一步增加。

尽可能消除公共图书馆、阅读服务与民众距离的办法,可借鉴德国"街头书架"、美国"阅读地图"、中国苏州"网借投递"等数种方式。此外,还可借鉴英国和新加坡由政府多设中小型、社区化公共图书馆方式,瑞士、瑞典远程借阅邮政送达方式等。只有彻底消除来自远古的现代"特权"及各种不均等导致的阅读距离,才能推动传统公共图书馆真正与时俱进,转变为适应现代社会及其变化的现代公共图书馆。

从人民群众公平享有全民阅读基本文化权益的角度看,政府主导并通过公共图书馆履行全民阅读职能。应当把公共图书馆面向公众服务环节尽可能贴近城乡基层群众,公共图书馆作为一座建筑,其内部直接用于公众阅读服务的场地设施可作为示范场地,除此之外还应当把与馆内示范场地服务方式类似、质量基本一致的服务场地均衡布局于城乡基层。

考虑到政府财力、扩大社会生长空间、扶持社会主体等诸多原因,政府可以采取优惠提供资源、扩大政府购买服务、支持合理运营等政策,在办好公共图书馆场内示范性阅读服务场所的同时,大力鼓励和扶持社会力量参照公共图书馆场内阅读服务场所,参与城乡基层、公众身边的阅读服务场所建设和运营。

这样,原先只拥有场内阅读服务场所的公共图书馆,就因为全民阅读转型为拥有城乡服务网点的地区性中心图书馆。公共图书馆场内阅读服务场所,虽然仍处于地区全民阅读示范场所地位,但因为只是诸多网点之一,对于全馆建设的重要性会有所降低。与此同时,馆内原先仅仅服务于场内阅读服务场所的资源保障部门任务扩大、功能提升、职责加重,为诸多网点合理配置资源,定期更换资源,原先单体运行的公共图书馆,就顺势而为转型为全民阅读地区性资源保障中心。

因此,将市、区县公共图书馆建成全民阅读地区文献资源保障中心,有利于永州全民阅读大数据的采集、分析和利用,有利于全市公共阅读资源建设、归集、整理和配置,也有利于降低甚至消除社会力量参与全民阅读服务的资源门槛,提高各类服务终端的资源配置质量,从而夯实和提高永州全民阅读的资源基础和保障能力。

此外,永州出台了《永州市关于实施全市城乡全民阅读资源常态化配置的实施办法》(简称《办法》),以期实现城乡全民阅读资源的常态化配置。《办法》要求市、区县两级公共图书馆具体负责分渠道统筹整合公共图书馆资源、各部门相关资源、社会组织自建资源和民间捐赠资源等,不求资源性质整齐划一,但求所有资源统筹使用。同时,《办法》重点保障了线上远程借阅和线下各种类型城市书房、乡村书屋资源的配置与更新。确保辖区内图书馆乡镇分馆资源保有量不低于2万册图书,图书馆村支馆及城市书房和乡村书屋资源保有量不低于1万册图书,所有分、支馆及书房阅读资源每3个月更新一次,每次更新量不低于1/3,每次更新的图书保持1/3以上是5年内新书。

(三)围绕全民阅读创新提升"中心馆+总分馆"制

永州按照原文化部等五部委《关于推进县级文化馆图书馆总分馆制建设的指导意见》[1],及时以区县为单元分别建立了县域公共图书馆总分馆制,并以此为基础,进一步发挥好永州市图书馆中心馆的作用,把全民阅读作为贯穿总分馆制实施全过程、各方面的工作主线。永州鼓励各区县图书馆总分馆结合实际进行深入研究探索,形成有体制机制创新意义并且得到实践经验支撑的富有永州特色的总分馆服务体系。

1. 永州市图书馆建成中心馆

总体上看,除个别情况较好的区县外,永州市级、区县、乡镇,在财力上有逐层弱化趋势,与全民阅读相关的场地设施、资源供给、服务能力以及社会力量参与情况,也有逐层下降趋势。如果每个行政层级仅局限于服务自身,则市县之间、城乡之间的不均等会更加严重。因而迫切需要改变过去于社会事业领域简单地适应财政"分灶吃饭"体制,以至市级公共图书馆仅仅服务市区的陈旧做法,立足于全市及区县全民阅读大局。关于地市级公共图书馆建成中心馆,在东部国家公共文化服务体系示范区城市中已出现了嘉兴、苏州、佛山等优秀案例,永州市图书馆结合实际、取长补短,敢于再创新再探索,力求后来居上。

一是总分馆制实行之后,公共图书馆服务的体系化、全域化、基层化[2]更为突出,永州市图书馆在制度建设上对此进行了加强。市图书馆作为中心馆,牵头带领各区县总分馆以统筹安排、分工协作的方式开展制度建设,拿出有永州特色的"中心馆+总分馆"制度成果。重点包括:永州市公共图书馆"中心馆+

---

[1] 文化部、新闻出版广电总局、体育总局、发展改革委、财政部《关于印发〈关于推进县级文化馆图书馆总分馆制建设的指导意见〉的通知》(文公共发〔2016〕38号)。

[2] 《关于推进县级文化馆图书馆总分馆制建设的指导意见》明确要求,"发挥县级总馆在县域公共文化建设中的中枢作用,通过分馆把优质公共文化服务延伸到基层农村"。

总分馆"服务规范、永州市公共图书馆"中心馆＋总分馆"资源建设联席会议制度、永州市公共图书馆"中心馆＋总分馆"社会分馆建设办法准则、永州市公共图书馆"中心馆＋总分馆"全民阅读推广活动协调机制、永州市公共图书馆"中心馆＋总分馆"特色服务创新评选规则、永州市公共图书馆"中心馆＋总分馆"运行绩效评估办法等。

二是发挥了行业指导作用。永州市公共图书馆也是永州市图书馆行业的龙头单位,虽与业内其他组织没有隶属关系,但作为行业龙头义不容辞地承担起行业组织指导职责,主要包括:行业重大活动的组织策划,行业规范的制定与执行,行业自律的倡导及表率,行业研究、创新及学术交流的推动,行业品牌建设及交流推广,国内外业界动态的研究与行业分享,行业与外界交流的组织与推动。

三是起到了项目实施的功能。作为永州市全民阅读和"书香永州"建设的重要载体,永州市图书馆作为中心馆需要直接承担或带领全行业共同承担全市全民阅读重大工程项目。为使相关全民阅读重大工程项目得以顺利实施,永州市图书馆注重加强项目提出、承接以及组织实施的能力建设。

2. 试点县域公共图书馆总分馆在"全域统筹、政社合作"上再创新

县域总分馆制的关键,最终要体现、落实在人财物统一管理上。国家财政原分为中央、省(自治区、直辖市)、地级市、县(市)、乡(镇)五级。2008年,中央出台《关于地方政府机构改革的意见》,要求推进省直管县财政管理方式改革。[①] 2009年7月9日,财政部《关于推进省直接管理县财政改革的意见》提出,"2012年底前,力争全国除民族自治地区外全面推进省直接管理县财政改革"[②]。经过近几年财政体制改革,县域财政压缩层级扁平化效果十分明显。浙江省、江苏省在城乡一体化试点中推进"省管县"的同时试行县域财政统筹,已然把原来五级财政压缩为三级。湖南省"省管县"也得到全面实施。这些改革举措对于夯实县域财政、增强县域改革发展的统筹能力十分有利。

县域公共图书馆总分馆制改革,与县域财政体制改革紧密结合、无缝对接。永州市各县域公共图书馆以全民阅读和"书香永州"建设为契机,围绕深化县域全民阅读服务"人财物"统筹机制改革,以新型县域财政体制为依托,对往届国

---

① 中共中央、国务院《关于地方政府机构改革的意见》(中发〔2008〕12号)。
② 财政部《关于推进省直接管理县财政改革的意见》(财预〔2009〕78号)。

家公共文化服务体系示范区创造的"多级投入、集中管理"①经验进行大胆超越，创造县域全民阅读"全域统筹、政社合作"新鲜经验。重点探索如何以县域统一财政为基本手段，以县域全民阅读一体化设施网络建设为基本依托，以县域全民阅读资源统筹供给为基本保障，以县域全民阅读人才队伍统筹建设为基本纽带，以县域全民阅读基本服务项目和服务质量标准化为基本要求，以县域社会力量参与全民阅读和"书香永州"建设为重要补充，逐步建成新时代县域全民阅读服务城乡、高效运行的新型体制机制。永州市各区县公共图书馆就此开展深入探索试点，为永州市"中心馆+总分馆"制建设及全国公共图书馆总分馆制建设探索路径。

### （四）数字阅读建设更加全面立体

永州在实现阅读网络全域覆盖的同时，注重服务内容的高质量供给，把"低成本、高效率、广覆盖、强引领"的数字阅读建设作为开展全民阅读的重要抓手。

搭建永州公共文旅云平台。永州公共文旅云大数据综合服务平台已顺利上线运行，该平台整合全民阅读、艺术普及、群文活动、文体服务、旅游服务、文创淘宝、文旅电商等功能，实现以城乡基层群众为主体的自主预约预定、菜单订单服务、线上线下一体的新型运行方式。其中重点突出全民阅读，充分利用云平台，开展生动活泼的阅读推广。"永州文旅云"会同永州市图书馆和各区县公共图书馆，开通"远程借阅定点投递"服务。

建设全民阅读数据库。由永州市图书馆统筹建设内容纯净、资源优质的永州市全民阅读数字资源库，为青少年和广大公众创设干净可靠的数字阅读和远程服务空间。永州采取一体化、分布式、特色化的建设方式，快速推进覆盖全域的全民阅读数字资源建设。市图书馆已建成四个特色阅读资源数据库，市群艺馆、博物馆分别建成三个以学习功能为主的地方特色资源数据库。各区县图书馆也同步推进所在地区学习和阅读特色资源库建设②。

实现数字阅读无线网络全覆盖。永州采取与移动通信服务商"网地合作"方式推进数字阅读。移动通信服务商负责搭建技术平台，政府发挥主导作用，平台以开放方式运行，鼓励和吸引公共图书馆和专业社会组织依托平台开发数

---

① "多级投入、集中管理"经验为第二批国家公共文化服务体系示范区嘉兴市提供的重要经验，曾在全国推广示范。在目前县域新型财政体制下，还可以以嘉兴经验为基础，继续探索创新，实现县域财政投入与公共图书馆总分馆制相适应的全面统筹。

② 至 2020 年 8 月，可提供数字阅读的资源总量逾 30TB。

字阅读服务项目,实现移动式数字阅读服务全域覆盖。

盘活用好存量数字网络资源。永州以全民阅读为主题,盘活用好已有 11 个文化信息资源共享工程支中心和 4 027 个乡村网点①的存量资源,综合运用组织管理、技术保障、专业推介、人员服务等手段,重点在末端大幅度增加面向城乡基层的数字阅读服务。

为城乡基层配备数字阅读设备。截至 2019 年底,永州结合公共图书馆总分馆服务体系建设,为市、区县图书馆及其分馆安装电子借阅机近 200 台,市及各区县文化馆也同步搭建了 11 个可与"永州文旅云"互联互通的数字系统应用平台。

新建 24 小时自助图书馆。在全民阅读推进过程中,永州市发现,全然按照行政化布局方法,一些新建社区、大型小区、工业园区、人流密集区域,还不足以达到便利、均衡的要求。为解决这一问题,永州把可以灵活布局的 24 小时自助图书馆作为"民生微实事"项目,加大投资力度。目前已建成开放 40 座 24 小时自助图书馆。这些自助图书馆无人值守,统一由中央管理平台实施数字化远程监控、周期性资源更新、现场清洁维护调度等管理。同时,城乡小区还分期分批安置专门用于借阅图书投递的"云柜"系统,方便城乡居民近距离获取图书。

时下手机阅读已渐成主流积极倡导、民众广为接受、传播蔓延迅疾的阅读方式,但是其中风险往往被资源丰富、获取便利、成本低廉的表象所掩盖。鱼龙混杂、泥沙俱下的数字阅读,一方面客观上过多占用了广大青少年比金钱成本更为珍贵的时间成本;另一方面,漫无边际、唯凭兴趣的碎片化阅读,也使心智尚未成熟的青少年主观上陷入"阅读迷途",久而不能自拔。所以,在解决数字阅读显在而普遍的风险之前,政府行政部门及其公共图书馆系统切忌盲目倡导和推广,所谓"工欲善其事,必先利其器",应把营造相对纯净的数字阅读空间作为先行事项,趋利避害、化害为利。

(五)政府相关政策向全民阅读倾斜

全民阅读和"书香城市"建设需要得到政策和制度长期稳定的支撑。永州在以全民阅读为特色构建现代公共文化服务体系形成共识的基础上,把这一共识以法律制度形式加以固化,并落实在城市建设、规划布局、组织建设、设施建

---

① 数字阅读可覆盖 90% 以上乡镇和村。

设、资源建设等公共政策的调整上。

在城市建设上，注重城市人文风貌、书香氛围、阅读元素的积聚和涵养，并将其具体落实到城区治理、建筑风格、城市雕塑、区域提升、老区改造、新区打造、标志系统等各方面。

在规划布局上，对史料和文学记载的区域予以重点规划布局，按照"修旧如故"的严格要求，加强历史文化遗产大范围保护，加快重要人文风貌、史迹、场景的复原。同时，永州高度聚焦柳宗元《永州八记》①城市历史文学遗产（史料、遗迹、人文场景、自然风光）的保护性、恢复性规划建设，注重不同区域、不同功能、不同建筑之间以"人文永州"为原则的相融与协调。

在组织建设上，永州市重视各种与全民阅读更为贴近的公共组织、社会组织、专业化组织、民间组织等组织建设。在公共组织机构中，除了公共图书馆以全民阅读为主营业务之外，文化馆、博物馆、美术馆、非遗中心等公共文化机构，均遵循公共文化服务的全民阅读主线，发挥主体意识，履行主体责任，主动结合自身特点，作出适应性或创新性调整。在更为广阔的社会层面，明确政策指引，大力鼓励和扶持参与全民阅读的社会化、专业化主体发展，重点推出了许多扎根永州的社会化、专业化全民阅读品牌组织，坚持强调人民群众的主体作用，鼓励和引导民间围绕全民阅读，开展自创自办、自我服务、自我管理，政府和公共文化机构加强关注和引导，使其沿着正确的方向发展。

在设施建设上，除了各级政府举办的公共图书馆之外，永州还广泛注意到了近几年风生水起、迅速蔓延的城市书房、乡村书屋。这种新型全民阅读设施可能更适合中部地区城市财力较为薄弱的实际情况。因此，永州进一步扩大了领域开放，以增加城市或社会资源提供和财政税收政策优惠的方式，吸引更多社会力量投资建设和参与管理运营城乡新型的阅读设施。

在资源建设上，根据文化和旅游部《2018年文化和旅游发展统计公报》，截至2018年末，全国人均图书藏量0.74册②。东部地区人均图书藏量较高的城市是苏州，按照苏州市的规划，2020年底全市公共图书馆人均藏书量要

---

① 《永州八记》为柳宗元山水游记代表作，是古代永州近郊的八景游历合记，分别为《始得西山宴游记》《钴鉧潭记》《钴鉧潭西小丘记》《至小丘西小石潭记》《袁家渴记》《石渠记》《石涧记》《小石城山记》。八记皆为作者亲历，自然描写精雕细刻，有一种幽深之美。宋代文学家汪藻评："先生之文载，凡瑰奇绝特之者，皆居零陵时所作。"

② 文化和旅游部.2018年文化和旅游发展统计公报[EB/OL].(2019-05-30)[2020-12-25]. http://www.ce.cn/culture/gd/201905/30/t20190530_32220256.shtml.

达到 1.8 册①。相比较而言，目前中部城市与东部城市还差距较大。上文说过，公共图书馆在公共财力支持下，短期内大量采购图书资源是不科学的，可能导致馆藏图书复本过多，资源质量下降。其中原因主要在于出版社少，14 亿人口大国，仅 565 家出版社，新出版图书的品种较少，选择面较窄。因而，永州根据目前实际，采取了以下措施来缩短与东部城市的差距：

一是保持财力强度。永州建立了近、中、长期永州市全民阅读公共财力投入相对稳定的保障制度，在相当长时期内公共财政投入适度保持持续增长。近期，2018—2020 年，保持超常规投入强度；中期，"十四五"期间，持续高于一般社会事业领域增长水平；较长期，至 2035 年，达到中部领先、接近东部的水平；远期，至 2049 年，达到世界同类城市先进水平。

二是适度扩大采购。在符合资源建设质量要求的前提下，适度扩大新出版图书资源的采购，尽量保持多品种、少复本，使品种与总量之比处于合理范围。

三是低价选择补购。对过去多年公共图书馆因资金紧缺想购而未购的图书资源，利用各类图书生产（出版社）和流通（新华书店）单位存在大量库存书、积压书迫切需要处理的情况，以低价方式从中精心选择购进。

四是存量"颗粒归仓"。永州对除公共图书馆之外的各类用于公益阅读服务的资源②进行梳理规整，"颗粒归仓"、纳入资源总量统计范畴。但是此类资源应与公共图书馆资源适当区别对待，特别是农家书屋资源因复本量过大，在此后一段时期内需要逐步精选和剔除。

五是引导社会参与。大规模拓宽社会资源建设渠道，以其他公共资源或城市资源激发社会力量参与资源建设的热情，如依据《中华人民共和国公共文化服务保障法》第十六条第二款规定，"新建、改建、扩建居民住宅区，应当按照有关规定、标准，规划和建设配套的公共文化设施"，及时出台政策，合理盘活居民小区空间设施资源，提供社会力量，用以购进资源、开办书房。

六是善用民间资源。借鉴德国"街头书架"做法，永州鼓励人民群众把闲置家中的图书资源交给社会使用。全民阅读工作指导组结合文化志愿服务积分制，督促各级公共图书馆建立市民闲置图书归集、整理、利用渠道，实行统一归集、统一整理、统一利用，同步做好捐书市民的统一记载、统一积分、统一激励工

---

① 苏州第二图书馆，一个来了还想再来的图书馆[EB/OL].(2020-01-07)[2020-12-25]. http://m.haiwainet.cn/middle/3543606/2020/0107/content_31695184_1.html.

② 具体包括农家书屋、工会职工书屋、共青团青年之家、妇联妇女活动图书资源等。

作,使之长期可持续。

(六)全民阅读人才队伍建设逐步完善

在相关人才队伍建设工作方面,通过打造"六支队伍"来建立健全永州构建现代公共文化服务体系的特色主线——全民阅读:

阅读专业指导队伍。依托永州市全民阅读指导组,吸收本地、省、国家业界高水准、有创见、接地气的专家组成全民阅读专家咨询组,配合指导组开展实地调研、项目研究、创新开发、专题辅导、质量督查等工作。

阅读推广标志性人物队伍。为了提高全民阅读社会推广力度,除了建立以市、区县行政主要领导为"第一推广人"机制之外,永州市图书馆广泛联系、精心甄选、逐步吸纳了一批学界大师、业界专家、知名作家、演艺名家等,以文化志愿服务方式参与各种阅读推广活动。

体制内专业服务队伍。市、区县公共图书馆作为所在地区全民阅读服务的龙头组织,市人社部门相关人才政策应适当倾斜,积极支持市、区县公共图书馆围绕全民阅读和"书香城市"建设目标,培育干才、招聘新才、广纳良才、诚聘英才,切实做强体制内公共文化服务专业人才队伍,打造全民阅读和"书香城市"建设人才高地。

社会化、专业化服务队伍。全民阅读是全社会的大事,从长远发展的观点看,不仅应当由全社会共同参与,还应当逐步提升全社会参与水准和服务质量。永州把大力培育社会化、专业化的全民阅读服务组织摆在推动全民阅读社会化发展的重要位置,注重在实践中,发现可以长期合作的对象;注重在发展中,树立社会化、专业化全民阅读组织品牌、服务品牌;注重在政府购买服务中,向以全民阅读为主营业务,有实力、有能力、有情怀、有绩效的社会化、专业化组织适当倾斜。

民间文化服务队伍。紧密结合城乡党建引领、新时代文明实践建设,鼓励和动员全体人民群众参与全民阅读建设,把以各种健康有益的方式参与全民阅读活动的群众组织、群众文化团队和个人纳入全民阅读文化志愿服务范畴,予以培育和扶持。一是广泛动员、多多益善,力争让所有城乡基层群众参与其中,在其中受益;二是组建团队、常态服务,鼓励对全民阅读认识清晰、兴趣相投的城乡基层群众,以乡村、小区为单元就近就便组成读书组织,常态化开展活动,使之成为各级政府和公共图书馆的基层服务团体对象;三是对组织稳定、常年活动、行为规范、水准较高的群众读书组织,进行定向扶持和培育,将其逐步提升为有推广价值和示范意义的群众读书组织,所在地区公共图书馆注重对其经验进行总结、提炼、推广,在更大范围发挥群众自身品牌的带动作用。

第三方评估队伍。具有一定专业水准的全民阅读评估队伍,目前仍是各地队伍建设环节的短板。基于本土化、低成本、常态性的原则,在永州市全民阅读指导组的框架下,以"要素式"组建了永州市全民阅读高质量发展第三方评估组:一是以政府文化行政部门人员、公共图书馆专业人员、业界专家、文化界人大代表、文化界政协委员、社会专业服务组织人员、基层群众代表等为"要素"组成评估组构成要素库;二是在需要开展评估工作时,在要素库中按"各要素不可缺少"的原则抽取名单组成评估组;三是在评估过程中注重评估结论等环节,注重采纳各"要素"从不同角度提出的意见和建议,从而确保评估立场的公允与结论的科学性。

(七)研学旅游促全民阅读

永州结合全民阅读和"书香永州"建设,力求突破传统阅读模式,打造"旅游+阅读"的沉浸式、体感式特色阅读方式,在做好以《永州八记》为代表的历史人文资源挖掘、整理、保护和合理利用工作的基础上,全面推进研学旅游。

创新文教结合机制。永州加强文化与教育部门的协同,联合出台《永州市关于中小学加强地方历史人文通识教育的方案》,将景点打造与红色文化、舜德文化、柳宗元《永州八记》、周敦颐濂溪理学和江华瑶族、江永女书等民族地方文化弘扬融合起来[①],并在中小学全面开展地方特色历史人文通识教育。

开展"跟着课本去研学"活动。依托柳宗元《永州八记》《捕蛇者说》等名篇持续收录于中学课本的有利条件,大力加强历史人文资源保护、历史场景和自然风光恢复工作,逐步在市内外、省内外、国内外开展跟着课本中《永州八记》等名篇到实地研学旅游的活动,以研学旅游带动永州文化旅游和经济社会发展。

开发九嶷山舜帝[②]尚德研学之旅。永州市全民阅读指导组会同永州市图书馆,组织力量开展专题研究,把舜帝与中华"德治"源头及九嶷山故事作为重要地方文献资料进行整理与研究。在研究的同时,引导开展相关典籍阅读活动和实地研学旅游活动。

---

[①] 截至2020年底,永州打造了13条精品旅游线路,1处全国爱国主义教育基地、6处省级爱国主义教育基地、12处市级爱国主义教育基地。

[②] 关于舜帝终于九嶷山的传说故事,可见《尚书》《史记》《楚辞》以及李白、李商隐等人的著名诗篇。

## （八）创设"永州全民阅读季"

严格来说，每年4月23日所谓"世界读书日"，其全称实为"世界图书与版权日"①，因而国际上亦有"世界图书日"之称谓。创立该纪念日的最初创意来自国际出版商协会第25届全球大会②，创立该纪念日的出发点和立足点也明显偏向图书出版与版权保护。1995年，联合国教科文组织第28届大会发表的关于宣布4月23日为"世界图书与版权日"宣言中，阐述了三点共识和一个原因。三点共识为：一是图书是传播和保存知识最有效的手段，二是促进图书传播有助于在全世界培养文化传统意识，三是设立图书日并在同一天组织书展等活动是促进图书传播的有效方法。一个原因是：4月23日也是米格尔·德·塞万提斯、威廉·莎士比亚和印卡·加西拉索·德拉维加逝世纪念日③。

事实上，上述三点共识主要出于图书这一作为知识载体或精神文化产品生产、保存特别是传播环节角度考虑，集中反映了国际出版商协会第25届全球大会与会出版商的诉求和意愿。图书这种产品存在两种属性：一是物质形态的物体或物质载体，二是特定精神文化内容的物质载体。这一物质载体的传播环节或行为，虽出于精神文化内容的原因，这种物质载体与使用环节有密切联系，但毕竟不能将物质载体的传播与精神文化内容的使用完全画等号。与物质载体的传播相比，精神文化产品作为物质产品使用价值和文化内容内在精神价值复合体，其双重价值经由阅读环节得以实现的方式，远要比物质形态产品的传播复杂很多。

---

① "世界图书与版权日"英文原名为"World Book & Copyright Day"。

② 1995年，国际出版商协会第25届全球大会提出创立"世界图书日"设想，并委托西班牙政府向联合国教科文组织提出建议方案。1995年，联合国教科文组织宣布4月23日为"世界读书日"，致力于向全世界推广阅读、出版和对知识产权的保护。

③ 1995年10月25日至11月16日，在巴黎召开的联合国教科文组织第28届会议发表的宣言原文为：Proclamation of 23 April "World Book and Copyright Day"; The General Conference. Considering that historically books have been the most powerful factor in the dissemination of knowledge and the most effective means of preserving it. Considering consequently that all moves to promote their dissemination will serve not only greatly to enlighten all those who have access to them, but also to develop fuller collective awareness of cultural traditions throughout the world and to inspire behavior based on understanding, tolerance and dialogue. Considering that one of the potentially most effective ways to promote and to disseminate books—as shown by the experience of several UNESCO Member States—is the establishment of a "Book Day" and the organization of events such as book fairs and exhibitions on the same day. Noting: Furthermore that this idea has not yet been adopted at international level. Adopts the above-mentioned idea and proclaims 23 April of every year "World Book and Copyright Day", as it was on that date in 1616 that Miguel de Cervantes, William Shakespeare and Inca Garcilaso de la Vega died.

从精神文化产品生产—流通—服务的角度，也能得出相同结论。图书出版—图书流通—版权保护与出版—图书流通—全民阅读，逐步分化为并行存在、各自有独立价值的两部分，这两部分在社会生产和消费领域分属不同部门，体现不同利益，进入不同轨道，实现不同价值。这或许是多年来每遇4月23日全球范围内图书出版及流通领域热情高涨，各地书市繁荣火爆，而全民阅读却不温不火、持续低迷的重要原因。

在中国计划经济体制时期，图书精神文化产品的生产、传播与使用之间的矛盾并不突出。中国文化体制改革相对滞后于经济体制改革，直至20世纪末和21世纪初的"十五"时期，精神文化产品的生产、流通、收藏、阅读基本仍属于同一事业领域，不存在部门之间、领域之间利益的明显区分。所以，2004年，有人出于善意把"世界图书与版权日"粗放、含糊地转译为"世界读书日"情有可原；在当时图书、阅读相关具体文化领域与世界交往尚少的社会条件下，全国范围内出现无人深究的情况也情有可原。

继1995年联合国教科文组织宣布4月23日为"世界图书与版权日"之后，1997年初，中宣部、文化部等九部委联合发出《关于在全国组织实施"知识工程"的通知》①，在全国组织实施以"倡导全民读书，建设阅读社会"为主题的"知识工程"。"知识工程"领导小组明确提出了1997—2010年四大目标：一是形成人们爱书、读书，利用图书馆的良好风尚，形成全社会的求知氛围，提高人民群众思想道德和科学文化素质；二是完善图书馆的布局及设施条件，使图书馆网点遍及城乡各地；三是提高各级各类图书馆的服务质量、水平与服务能力，发挥图书馆在"两个文明"建设中的作用；四是把知识送到农村，提高广大农民的素质，为科教兴农贡献力量。国家"知识工程"可视为中国全民阅读的序幕。

2000年，"知识工程"领导小组确定每年12月为"全民读书月"。2004年，"知识工程"领导小组委托中国图书馆学会承办"全民读书月"活动。中国图书馆学会为了进一步激发全民读书热情，加强与世界的联系与互动，把"全民读书月"时间调整为每年4月23日"世界图书与版权日"前后。2004年4月23日，中国图书馆学会联合国家图书馆等机构举办了"世界读书日"大型宣传活动，自此，"世界读书日"正式进入中国社会，成为周期性举办、吸引国人眼球的大型全

---

① 中宣部,文化部,国家教委,国家科委,广播影视部,新闻出版署,全国总工会,共青团中央,全国妇联.关于在全国组织实施"知识工程"的通知[EB/OL].(1997-01-02)[2020-12-20]. http://www.chinalawedu.com/falvfagui/fg22598/23329.shtml.

民阅读活动。此后的2006年,中宣部、文化部等十一部委联合发布《关于开展全民阅读活动的倡议书》,进一步倡导在全国范围内开展以"爱读书,读好书"为主题的全民阅读活动,但是,原来周期性"全民读书月"活动日渐淡出人们视野。

由"世界图书与版权日"转译而来的"世界读书日",是否属于因历史性误译形成社会误传,进而对全民阅读有一定程度上的误导,姑且搁置留待来日考证。但是侧重于突出出版和知识产权保护的"世界图书日",与侧重于面向公众加大阅读推广力度、吸引人们参与阅读、注重提升民众知识和素养的"世界读书日"之间,的确在推动主体、活动目的、战略方向、关注焦点、运行机制、服务侧重等方面存在一系列明显差异。这种认识的误区,会随着时日的推移逐步显现和放大实践层面的偏差:一是对可在中国率先设立的"中国读书日"形成必要性、名称、时段的挤占;二是对可以立足于中华优秀阅读文化传统、形成真正多元"世界读书日"之可能性进行了排除;三是以根源于出版商利益角度及较为单一的图书产品传播视野,对全民阅读主体、载体、渠道、方式、机制等要素创新形成了遮蔽。

中国进入市场经济以来,部门之间的利益一定程度上得到扩大和强化,不同领域之间的性质差异也有扩大趋势,跨产业与公益领域的图书生产—流通—服务链有松动、断裂的趋势。出版商为了经济利益可以借"世界读书日"公益服务的名义和公共投入的资源,举办物质形态图书产品推销的"盛宴",对于客观存在经济利益最大化冲动的出版企业,巧妙利用全民阅读各种公益渠道也确是缓解积压图书产品库存不可忽视的通道。

对于上述由来已久、盘根错节的全局性问题,永州作为地方所要做的便是"正本清源"。这里所说的"正本清源",是在不越位的前提下,发挥好作为地方的优势和永州特有的人文优势,力求在有限范围内实现合理化调整。在操作层面,一方面继续按照国家、省的常规要求,办好"世界读书日"各项活动;另一方面,因地制宜结合永州全民阅读推进实际,充分挖掘永州人民认同的代表性历史人文元素,正本清源、回归本位,大胆创设具有一定时间长度的"永州全民阅读季",在世界读书日、孔子诞辰日、周敦颐诞辰日等重要文化节庆日期间,打造"读书月""诵读周""十百千万"(共读十本书、平台推荐百种书目、建立千个阅读组织、组建万人阅读推广队伍、评选万名读书达人)等一批有特色、接地气、受欢迎的阅读品牌类活动和全民阅读推广活动。

# 第五章　公共文化社会效益的特色化：公共文化带动文化和旅游产业发展

2018年3月，第十三届全国人大一次会议表决通过了关于国务院机构改革方案的决定，批准设立中华人民共和国文化和旅游部。党和国家将文化部、国家旅游局的职责整合，组建文化和旅游部，目的是增强和彰显文化自信，统筹文化事业、文化产业发展和旅游资源开发，推动文化事业、文化产业和旅游业融合发展，提高国家文化软实力和中华文化影响力，为经济社会发展提供强大新动能。在此，有几个关键词是值得注意的：

一是深化改革。破除当前公共文化服务运行中出现的重设施、轻服务，重娱乐、轻引领，重享受、轻发展，重投入、轻产出的弊端，使公共文化全面服务于人民群众提素养、社会文明要进步、经济社会助发展的要求。二是全面融合。把公共文化全面融入经济社会发展大局，彻底改变过去孤岛化、浅主题、泛娱乐、小众性、中低端的旧格局，发挥公共文化引领社会、培育大众、激发创造、助力发展的显著功能，以公共文化带动文旅产业突破，夯实基础支撑，实施项目引领，为经济社会发展注入新动能。三是提高效能。在大力完善公共文化服务体系的基础上，切实把工作重心转移到提高体系运转效能、机构运营效能、产品服务效能、社会引领效能、综合带动效能方面，一方面以新型公共文化服务全面提升人民群众知晓度、便利度、满意度、幸福感和主体性、主动性、创造性；另一方面，以开放、优质、丰富并富有创造性的新型公共文化服务带动经济社会发展，促进创业、带动就业、壮大产业，助力文旅产业逐步成长为重要的战略性支柱产业。

## 第一节　公共文化带动文旅产业的理性思考

### 一、公共文化带动文旅产业的困境

文化和旅游深度融合，对城市发展既是重大利好，更是新的重大发展契机。公共文化服务属于公共服务型政府的基本职能，目的是保障人民群众的基本文化权益，满足人民群众的基本文化需求。党的十六大以来，中国公共文化服务体系建设快速推进，中国中部地区城市也逐步建立起覆盖全面、产品丰富、运行有效的公共文化服务体系，人民群众文化生活日益丰富，满意度和幸福感逐步提升。

但是也应当看到，与公共文化服务体系建设密切相关的基础研究明显滞后，理论、政策、制度等准备严重不足，特别是关于人民群众的基本文化权益以及基本文化需求的理解有一定偏差，这或许是公共文化服务体系建设和面向人民群众提供公共文化产品和服务实践中存在一定误区的直接原因。这些误区直接表现为在公共文化服务的实践中，过于强调享受文化成果，过于突出"文化乐民"，过于侧重用大量较低端的文化产品和服务去填补人民群众的闲暇时光，一定程度上导致几种带有消极影响的现象出现：

一是大量公共文化产品和服务"大水漫灌"式地向基层"派送"，有限的财政资金被部分耗费在中低端产品的生产和采购上，也习惯性地养成了基层群众"等、靠、要"的被动式接受或"享受"，淹没了基层群众文化的自觉意识，阻滞了基层群众自创自办、自我服务的文化主动性、积极性。同时，"媚众"式地提供中低端服务产品，也使得公共文化服务队伍本身处于低水平循环状态，降低了追求，消磨了意志，弱化了本领。二是提供给基层群众的文化服务产品还不能充分体现意识形态引领的重要作用，不能准确体现习近平总书记关于"以文化人、以文育人"，大力传承中华美德，培育和弘扬社会主义核心价值观的基本要求，一味"乐民"的娱乐化色彩比较浓厚，虽然也能大量填补基层群众的闲暇时光，但客观上顺应了社会不正常的"泛娱乐化"趋势，无意中成了娱乐化的推手。三是由于公共文化服务的主体队伍色彩不鲜明，提供的主流产品底色不鲜明，一方面，基层"阵地"的属性不能从提供的产品和服务中展现出来；另一方面，基层群众也难以从"三教九流"中，从纷繁芜杂的社会服务产品中分辨出孰优孰劣。

从宏观理论上说，人民群众基本文化权益，首先是经《中华人民共和国宪法》规定与赋予的权利。《中华人民共和国宪法》明确规定了中国特色社会主义理论、道路、制度和文化，人民群众文化权利应包含在中国特色社会主义文化的范畴之中。其次，由各级党委、政府保障的人民群众的文化权益，应当充分体现中国特色社会主义制度和文化的基本特点和基本要求，应当把培育和弘扬社会主义核心价值观摆在中心位置，应当有利于提高全体人民群众的思想文化素养（党的十九大报告指出"提高国民素质"），应当为经济社会发展提供正向动能。最后，人民群众在各级党委、政府主导下获得的文化产品和服务，必须符合人民群众自身长远利益，必须有利于群众自身的提升，而不是简单的一时之"乐"。为此，决不能以娱乐化冲击学习型社会建设，转移基层人民群众通过学习提高自身生产生活能力的注意力，冲淡或消解社会大力推进创意、创造、创新发展的意志力。

从微观操作上看，人民群众文化权益包括：获得文化信息、享受文化成果、参与文化活动、增进文化素养、提升文化能力、创造文化产品、提供文化服务。党的十八大确定了"以人民为中心"的工作原则，根据这一原则，必须更加明确人民群众的主体性质和地位。因而，为了确保人民群众以主体的方式实现自身文化权益，党委、政府以及各级各类公益性文化单位和参与公共文化提供的社会主体，必须把公共文化服务工作的重点，转移到为作为主体的人民群众提供文化信息的充分度、文化成果的高品质、文化服务的便利性、文化价值的引导力、文化评判的高标准。那种仅仅依赖中低端产品去诱惑或是顺应部分群众低端诉求的做法，均有违公共文化服务的本质。

当前正值文化和旅游深度融合发展的起步时期，是推进各地公共文化服务深化改革、守正创新的重大契机，文旅深度融合为解决上述公共文化服务诸多体制性、机制性以及操作性难题，提供了上佳切口。从文旅深度融合切入，既可以深入推进文化和旅游资源整合利用、推进公共文旅服务融合提升，也可以推进全社会文化和旅游需求的有效引导和管理，还可以通过带动文旅产业激发和形成有利于经济社会发展的新动能。

二、公共文化带动文旅产业的可能性

作为中国特色社会主义事业发展总体布局的重要组成部分，作为党为人民服务基本宗旨的重要体现，作为中国公共服务型政府基本公共服务职能之一，公共文化服务重在保障人民群众基本文化权益，满足人民群众基本文化需求，发挥"举旗帜、聚民心、育新人、兴文化、展形象""以文化人、以文育人"的重要作用。

孤立地看，公共文化与文旅产业似乎属于不同领域，两者并不直接相干，要求公共文化发挥出带动文旅产业的作用似乎文不对题、言过其实。然而，历史唯物主义和辩证唯物主义总是从历史的、联系的、系统的、发展的观点看问题。把公共文化从社会（或是从社会事业，或是从社会文化事业）整体中割裂出来的观点，是片面的、机械的，脱离了社会（社会事业、社会文化事业）整体的公共文化服务，犹如一件被凭空抛入未知空间的事物，该事物所产生的作用与影响一定是盲目的、随机的和偶然的。

在计划经济条件下，虽然文化事业也是经济社会发展的重要部分，但是，由于受制于经济社会发展基础条件，计划的出发点和立足点难以满足人民群众的需求，计划总是量入为出、自上而下、统一配置。在计划分配的格局下，文化事业必然成为一个相对独立的任务部门，该任务的实施无法兼顾其他部门，该任务实施中是否形成带动其他部门的衍生效应，自然也就不在考虑范围之内了，过多考虑部门之外的带动效应，似有"心有旁骛"、惹是生非之嫌。

曾经经历过的计划经济时代，以门类划分需求、以计划配置资源、以部门实施供给，在当时的社会条件下其实是正确的选择。辩证唯物论是条件论，采取计划的方式，与中国当时一穷二白、物质短缺、供不应求的实际相吻合。但在经历了改革开放 40 多年高速增长的当今时代，中国已经基本建立了较为完善的社会主义市场经济体制，已经基本实现了从温饱到小康的历史性大跨越。不仅如此，如今诸多重要的生产部门已经出现产能过剩的局面。在社会主义市场经济体制条件下，划分过细的计划、机械生硬的分配、单一部门的供给显得陈旧、老套而不合时宜。

中国特色社会主义的社会事业，其本质特征是基于人民群众基本权益、基本需求的体制化和系统化的产品和服务供给。由社会需求引导的社会供给必然反映到社会生产环节，必然对社会生产部类及其主体（企业或相关社会组织）提出需求和要求。也就是说，包括文化事业在内的社会事业本质上是以需求引导的方式，始终与社会生产、社会供给保持着十分紧密而且相互依存的联系，这种紧密程度其实是因其处于一个整体之内，是一个整体内不可分割的不同环节之间的关系。过去社会生产严重不足而导致社会供给匮乏，无法满足社会正常需求,这一特定时期实行的计划方式,应是中国经济社会发展中一个具有珍贵历史意义且成功应对艰难社会发展环境的特例。在正常发展的社会条件下,社会事业的整体性表现为社会需求向社会供给传导,最终引导社会生产,社会生产为社会供给源源不断提供社会产品,不断满足社会需求。在这一链式并且交互作用的整体之中,社会事业采用社会产业的方式,形成带动社会生产的新的动能,实属题中之义。

随着科技进步日益加快,互联网(尤其是移动互联网)快速进入社会生产的各个领域,也几乎深入社会生活的每一个细节,社会的常规性、整体性、关联性前所未有地呈现出来,这种常规性、整体性、关联性不断打破过去计划经济时代传统社会生产生活部门过于细致的划分,其中也必然包括对传统社会事业领域和社会产业领域边界的打破。数字技术、互联网和移动互联网技术,加快了社会需求向社会供给、社会生产即时传导的速率,极大地提高了社会需求—社会供给—社会生产链式传导、交互作用的整体效应。那种计划时代生产—供给—需求的片段式特征不复存在,当今时代越发显示出整体性、一体化的特征,以至仅仅在理论分析时才能略微清晰地观察到需求—供给—生产各环节之间的联系节点,在实践中这些节点并不十分明确,人们感觉到的是整体性和一体化。

在中国40多年社会变革中逐步形成并日益突显的社会事业与社会生产相互联系、相互作用的原理,应用或聚焦到文化领域,也就必然打破以往文化事业与文化产业、文旅产业之间的传统壁垒。亦即是说,社会事业可以采用社会产业的方式进行,社会事业能够在社会产业发展中发挥能动作用的原理,可以直接应用于或延伸为文化事业带动文化产业、文旅产业,在今天,它也同样可以顺势应用、延伸或转化为公共文化带动文旅产业,甚至带动人民群众就业和创业。

### 三、公共文化带动文旅产业的必要性

公共文化带动文旅产业的可能性源于社会事业与社会生产之间的关系,源于社会需求—社会供给—社会生产之间的链式传导和交互作用的整体性,但是当今时代为什么有必要对其在理论上加以强调和在实践中加以应用?其间的必要性、迫切性可以从以下五点加以阐明。

(一)文化发展有机成分的必然要求

中国改革开放以来所取得一切成绩和进步的根本原因,归结起来有四个方面:开辟了中国特色社会主义道路,形成了中国特色社会主义理论体系,确立了

中国特色社会主义制度,发展了中国特色社会主义文化。党的十九大报告明确要求,"全党要更加自觉地增强道路自信、理论自信、制度自信、文化自信"①。

中国特色社会主义的文化自信,主要有四大来源:一是中华薪火相传、绵延已久、生生不息的中华优秀传统文化,二是经过革命战争时期血与火考验的中国红色革命文化,三是40多年改革开放历程中经过实践检验的中国当代改革开放文化,四是分布广泛、形态生动、日新月异的各地优秀特色文化。作为中国特色社会主义文化发展的有机成分,中国公共文化的所有前提均建立在中国特色社会主义的坚实基础上,所有功能都应服务于中国特色社会主义文化建设的宗旨和方向,脱离了这一点,中国公共文化就成为无本之木、无源之水,不懂得这一点,就无法真正理解中国公共文化的本质及其特点。

中国特色社会主义文化,源自中华民族五千多年文明历史所孕育的中华优秀传统文化,熔铸于中国共产党领导人民在革命、建设、改革中创造的革命文化和社会主义先进文化,根植于中国特色社会主义伟大实践。"发展中国特色社会主义文化,就是以马克思主义为指导,坚守中华文化立场,立足当代中国现实,结合当今时代条件,发展面向现代化、面向世界、面向未来的,民族的、科学的、大众的社会主义文化,推动社会主义精神文明和物质文明协调发展。"②在实践层面,推动中国特色社会主义文化建设,关键要抓好五件大事:牢牢掌握意识形态工作的主导权,培育和践行社会主义核心价值观,加强思想道德建设,繁荣发展社会主义文艺,推动文化事业和文化产业发展③。

公共文化和文旅产业同属于中国特色社会主义文化建设范畴。作为整个中国特色社会主义文化事业有机成分之一的公共文化,既有其特殊性,也有服从于和服务于中国特色社会主义文化整体的基本要求,还有服务于中国特色社会主义文化其他各组成部分的必然要求。文化产业和文旅产业是重合面较大的交叉概念,从国家政策指引看,推动文化和旅游宜融则融、能融尽融,做大做强文旅产业④,为经济社会发展提供新动能,是深化文化和旅游融合发展的重要目的,也是文化领域盘活文旅资源、激发创新活力、做大产业增量、广域带动发展的重大举措。

公共文化具有带动艺术创作、图书出版、文化交流的突出作用,在经济领域

---

①②③ 习近平在中国共产党第十九次全国代表大会上的报告[EB/OL].(2017-10-28)[2020-12-20]. http://cpc.people.com.cn/n1/2017/1028/c64094-29613660.html.

④ 这里所指的"文旅产业",是文化与旅游广泛融合而形成的、产业门类极其丰富的大文旅产业。

迫切需要创新发展的现阶段,公共文化或许在带动文旅产业方面显得更为重要。这是因为,文化和旅游融合形成的大文旅产业,一方面是涵括极其广泛的产业族群,本身就具备战略性支柱产业的潜质;另一方面,大文旅产业是广域带动型产业,广泛带动城市建设、乡村振兴、交通运输、生态保护、环境改造等产业领域发展。换个角度看,公共文化带动文旅产业,也是公共文化本身创新发展所需,与公共文化紧密联系的相关文旅产业发展,不仅能够有效丰富公共文化产品供给,还能有效带动公共文化服务效能提升。

(二)涵育经济社会新动能的重要路径

深化文旅融合,大力促进文旅产业发展,形成推动经济社会创新发展的新动能,是党和国家对各级文化和旅游部门提出的现阶段重要任务。如何将新时代党的先进发展理念、国家政策指引转化为推动经济发展和产业创新的磅礴力量,就需要尽快完善深化文旅融合、促进文旅产业发展的工作机制,找到精准发力的工作抓手。

促进文旅产业发展方法和路径有多种,如宣传发动、投入驱动、项目带动、杠杆撬动等,区别于这些经典手段,公共文化带动文旅产业独辟蹊径,并不迷恋大投入、大改造、大开发,而是特别注重文化空间的新利用、文化资源的新组合、文化内涵的新挖掘、文化价值的新发现。这些之所以成为可能,一是因为公共文化与文化旅游在文化上有共同点,同样注重文化内涵,同样追求文化价值;二是因为公共文化服务与旅游服务形态相近、业态相融,无论在城市还是乡村,二者均可融为一体;三是因为公共文化重在丰富人民群众文化生活,提升人民群众的精神文化素养,而旅游需求即属于人们比较高端的需求,属于追求幸福的范畴,二者之间具有价值导向的内在一致性;四是因为公共文化侧重精神生活,提升人们向上向善的精神境界,提高城乡的精神生活品质,客观上起到优化精神环境的功效,而文化旅游同样指向过程中的精神体验和愉悦,同样追求精神环境的有序和健康,二者在精神环境治理方面的诉求是一致的。

公共文化促进文化旅游,集中体现在基础支撑和项目引领等方面。此处对基础支撑进行展开说明,所谓基础支撑,是指包括公共旅游服务在内的大公共文化服务,为旅游产业提供良好的发展环境①。具体表现在:

---

① 陈慰,巫志南.文旅融合背景下深化公共文化服务的"融合改革"分析[J].图书与情报,2019(4):36-43.

一是公共文化扩展和充实了文化旅游的设施基础。以往旅游设施常常专指旅游景区的设施,这种理念预设了一个比较狭窄的前提,即旅游的景观化、景区化。文化旅游大大拓展了原先单一景观旅游的设施空间,几乎所有文化设施均因此具备了新的旅游功能。在较短的时间内,文化旅游从博物馆游起步,逐步拓展至科技馆、美术馆、文化馆以至图书馆,上海市嘉定区图书馆、天津市滨海新区图书馆等已是闻名遐迩的具有旅游功能的"网红"图书馆。

二是公共文化丰富和增强了文化旅游的传播能力。传统旅游的游客中心,一般情况下仅具备门票销售、景点介绍、导游服务等简单功能;与公共文化融合的新型游客中心则需要更有文化内涵的项目配置,集当地的历史知识、人文掌故、文化风貌、民间习俗、名人故居、主要景点、旅游线路、宾馆民宿、特色产品、重要活动、独特非遗、休闲服务、旅游厕所等导览、展示、推介、体验等服务于一体。具有鲜明公共性的在地式文化传播服务,成为游客中心吸引、引导、留住游客的基本要素。除此之外,公共文化的云服务、App、小程序等在线式服务,又有效推动原有公共文化服务对象逐步转化为增量游客。

三是公共文化内涵式延展了文化旅游的时间。旅游产业本质上是时间经济,旅游效益与游客滞留的时间长度成正比。传统单一观赏风景的旅游,难以长时间留住游客,更难以在同一地点吸引游客多次、反复旅游,这是因为单纯的自然风光缺乏内涵和深度。优秀的或是富有创意的公共文化服务,总是把文化服务内容之根脉深深扎在当地的历史人文、优秀传统之中,总是汇聚和展示着当地丰富的人文资源和文化特色,总是在文艺创作、非遗传承或文化活动中蕴含着吸引人、感染人、教育人的独特魅力。那些内容贫乏的景观旅游或许可以通过公共文化转化为以人为本、富有温情、引人渐入佳境的文化旅游。

综上所述,公共文化作为重要助力之一,有助于推动文化旅游真正成为经济社会发展的新动能。

(三)双向推进高品质发展的正确选择

坚定不移地推进经济社会高质量发展,是我们所处新时代的显著特征。推进公共文化服务高品质发展,就公共文化服务本身而言,主要应从以下四个方面着力:一是坚定正确的政治方向,加强公共文化领域主流意识形态管理和引领,深入贯彻党的群众路线,牢固树立"以人民为中心"的工作原则,把弘扬社会主义核心价值观、满足人民群众美好生活需求、引导人民群众向上向善、加强和巩固党和政府基层文化阵地摆在各项工作的首位;二是深化改革、扩大开放,推动公共文化体制机制与中国特色社会主义市场经济体制相适应,引入竞争机制、扩大社会参与,实施政府购买公共文化服务,积极鼓励和引导社会力量参与公共文化服务,大力推动公共文化社会化发展;三是提高公共文化产品品质和服务质量,发挥好政府投入的杠杆效应,培育和扶持各类高品质公共文化产品生产和优质服务提供主体,完善行业优胜劣汰、不断提升的甄别遴选机制;四是强化公共文化行业管理和服务效能评价,依法依规实行全面化、全程化品质管理,建立健全基层群众参与的评价反馈机制,完善投入产出绩效评价,不断提高公共文化服务效能。

但是应当看到,"汝果欲学诗,工夫在诗外",推动公共文化高品质发展,仅从公共文化服务内部着力往往事倍功半,判断公共文化服务品质的高低,的确需要在更广阔的经济社会发展中考量。如果仅从公共文化内部出发,有可能继续维持静态的或内部的测评方法,采纳设施量、资源量、利用率或是服务对象的知晓度、参与度、满意度等作为主要测评指标。据实地考察,传统的量化测评指标,仅仅能简单地反映"量"的情况及其变化,几乎与服务品质毫不相干。以图书馆为例,传统测评四项核心指标(人均藏量、年流通册次、年人均新增册数、年人均到馆次数),仅能反映图书馆资源及其被使用的"量"的情况,至于馆藏图书资源的品质、读者阅读质量以及图书馆面向读者服务的质量,这些比"量"更为重要的"质"的指标则无从查考。如果大量低劣资源充斥公共图书馆,如果公共图书馆为了片面追求资源利用率而大力开展"泛娱乐化"阅读或引导读者泡沫化阅读,如果公共图书馆只是依赖豪华建筑、宽敞座席、明亮灯光、免费空调等纯物质化的条件提高读者的黏着度,那么这种"量"又有什么实质意义呢?

公共文化服务是面向人的服务,公共文化服务的目的是丰富人民群众的文化生活,提升人民群众的精神文化素养。公共文化服务以人为本,促进人的发展可以落实为哪些举措,意即公共文化以哪些可量化方式把人的知识增长、人格成长、素养提升作为价值追求,人民群众是否因公共文化的服务行为而增长了知识和才干(而不仅仅是填补了闲暇时光),获得了精神愉悦(而不仅仅是感官刺激),提升了精神品质(而不仅仅是在轻浅的娱乐中虚度了光阴),这些应当成为评判公共文化服务品质的核心指标。

公共文化服务"质"的可测评性,对于公共文化服务质量提升是决定性的。其中,外部效应的可测评性比之内部更具有决定意义。因为内部常常是微量的调整,实质上仍处于"量"的积累阶段,难以形成"质"的飞跃。外部则意味着打破、拓展或是跨越。公共文化对文化旅游的带动,导致公共文化服务区域的文化旅游发展变化,成为映照公共文化质量变化的一面镜子。我们所说的双向高品质发展,除了上述公共文化在带动文旅产业发展中有品质提升作用之外,文旅产业也因公共文化的介入和带动而同步提升发展品质,这一点已在上文公共文化涵育经济社会新动能中进行了较为深入的分析,这里不再赘述。

(四)公共文化服务提高效能"倒逼"改革的有力手段

2015年1月,中办、国办《关于加快构建现代公共文化服务体系的意见》的附件,提出了《国家基本公共文化服务指导标准(2015—2020年)》,其中公民基本公共文化项目主要包括"读书看报、收听广播、观看电视、观赏电影、送地方戏、设施开放、文体活动"等。

中国地域辽阔、人口众多,东、中、西发展还很不平衡,国家难以也不必要对各地人民群众所需的基本公共文化服务进行统一,所以《国家基本公共文化服务指导标准(2015—2020年)》仅是基于全国现代公共文化服务体系建设的普遍情况,对最普遍的服务项目提出指导意见,而并不机械地要求各地不能越雷池一步,所谓"基本""指导"的用词含义正在于此。

其实,各地均应在《国家基本公共文化服务指导标准(2015—2020年)》的基础上,紧密结合当地经济社会发展的实际和当地人民群众公共文化服务实际需求,在完成国家确定的最基本要求基础上,从提高公共文化服务实际效能出发,因地制宜、更有针对性和创造性地对公共文化服务项目实施进行必要调整、补充和创新。

(五)拓展公共文化服务空间的有效途径

文化和旅游融合,揭示出公共文化服务可以与旅游甚至更多的潜在领域形成交叉的潜质,可在"公共""文化"特质的基础上,建构新的服务形态。也就是说,文化和旅游融合折射出公共文化服务并非孤立存在,与公共教育和公共卫生服务边界相对清晰有所不同,公共文化的服务泛在性、广域交叉性、多元互动性以及服务形态的融合性由此而得到显现,其中隐含的公共文化服务的正确理念应为:开放交融、正向引导、软性支撑、多维助力[①]。

---

① 陈慰,巫志南.文化和旅游公共服务深度融合问题、战略及机制研究[J].文化艺术研究,2020(2):1-12.

从一般公共文化服务角度看,公共文化服务的空间主要体现为以传统方式丰富群众文化生活,满足公众基本文化需求,与之相适应的公共文化服务方式手段,在实践中常常表现出突出的娱乐特征。这一现象实质上是对公共文化服务的严重误读:似乎唯有娱乐才有效能,才能让群众满意。公共文化服务娱乐化泛滥久矣。

"若民,则无恒产,因无恒心"[1],虽然城市转型期特定人群的焦虑情绪需要以积极健康的娱乐方式加以缓解,但一味娱乐并不能根本解决问题,还有可能转移了正确视线,弱化了继续奋斗的精神,削减了正视现实、克服困难的勇气。从属性上讲,娱乐基本属于市场领域,由市场主体以市场方式面向娱乐消费者提供,政府所提供的公共服务则应侧重于市场"失灵"的领域,民众在娱乐中"刷存在感"这一现象,基本可交由市场或社会方式应对。相对而言,城市转型期群众最切身、最根本的利益,集中表现在掌握新知识、学习新本领、探索新领域、寻找新岗位、作出新贡献,在新的就业或创业中刷出新的存在感,政府公共文化服务若能在这些方面有所助力,则实属难能可贵。

## 第二节 公共文化服务带动文旅产业发展的动力机制分析

### 一、公共文化服务增进历史人文资源产品和服务转化力

文化作为经济价值和社会价值复合体,与旅游的融合可以加快旅游产业的产品升级、结构优化、效益提升,共同作用于社会效益和经济效益的同步提升[2]。而公共文化服务以保障人民群众基本文化权益、满足人民群众基本文化需求为出发点和立足点,特别是进入新时代以来,更加聚焦于满足人民群众美好文化生活需求。人民群众美好文化生活需求,具有方向性、综合性、整体性和立体化特点,其中必然包括对历史人文的接受和认知,必须知晓"我是谁""我从哪里来"等基本历史人文知识。因而,历史人文深度融入其实应是公共文化服务的优先事项。

当然,历史人文融入公共文化服务,并不意味着历史人文仅仅局限于公

---

[1] 语出自《孟子·梁惠王上》。
[2] 吴理财,郭璐.文旅融合的三重耦合性:价值、效能与路径[J].山西师大学报(社会科学版),2021(1):62-71.

文化服务。习近平总书记指出，"要系统梳理传统文化资源，让收藏在禁宫里的文物、陈列在广阔大地上的遗产、书写在古籍里的文字都活起来"①。这些历史人文资源具有极大的开发潜力，可以活在公共文化服务之中，也可以广泛应用于文化传播、国际文化交流以及文旅产业发展。

历史人文经由公共文化服务进入社会，以及进一步融入文旅产业发展，可以建构一条更为宽阔、快捷、顺畅的通道。这是因为公共文化服务是政府的基本职能，注重普遍性、均等性、无差别性和公益性，借助公共文化服务的渠道和载体，历史人文资源得以更便利地来到人们身边，更容易为人们接受、享有和认同，更快捷地形成有利于相关元素、符号、内容的社会环境，也就更有利于相关文旅产品开发和产业发展。

## 二、公共文化特色化发展激活地方特色文化生命力

常言道，文化的生命在于特色。公共文化服务虽属政府基本职能，但也必须强调特色，千篇一律的公共文化总是缺乏生命力的。这是因为特定时期、特定区域、特定群体的文化需求各有一定的特点，公共文化服务重在把适应特定群体的优秀文化资源挖掘出来，以产品和服务的方式加以提供。具有地方特色的公共文化服务，其特色的最终来源总是与当地优秀文化传统联结在一起，唯有优秀传统才能激发人们心中的文化自豪感，才能树立起满满的文化自信。

公共文化服务与其引导公众参与一般性用于打发空余时间的肤浅娱乐活动，还不如精心挖掘、整理和传播正能量的中华优秀文化、红色革命文化以及当地独特的非物质文化遗产和民间工艺，特别是把具有当地历史文脉的特色资源转化为产品和服务传递给基层群众，切实帮助群众提高精神文化艺术素养，接受历史文化底蕴的熏陶，学习和掌握具有当地特色的文化技能或民间技艺。地方特色文化传统和技能为群众真正接受和掌握之日，即是地方特色文化生命力真正激活之时。

## 三、公共文化服务提升非物质文化遗产创新性发展力

中国中部地区拥有十分丰富的有鲜明地方特色的非物质遗产，其中很多具

---

① 习近平：建设社会主义文化强国 着力提高国家文化软实力[EB/OL].(2013-12-31)[2020-12-20]. http://www.xinhuanet.com/politics/2013-12/31/c_118788013.htm.

有产品和服务开发潜力。此前一段时期,各地文化部门在整理和保护非物质遗产方面取得了卓越成绩,但是对这些非物质文化遗产需加以必要的甄别,以便挖掘其在公共文化服务及相关领域的产品化开发应用潜力。

根据联合国教科文组织《保护非物质文化遗产公约》中的定义,非物质文化遗产指被各群体、团体(有时为个人)视为文化遗产的各种实践、表演、表现形式、知识体系和技能及其有关的工具、实物、工艺品和文化场所。一般而言,遗产大多产生于既往时代,且至今仍为人们珍视。这种珍视,一定程度上是特定区域及群体的历史感、认同感的表征。

然而,必须指出的是,区域与群体并非一成不变,人们自然的、历史的、社会的关系总处在不断变化之中,所以这些代代相传的非物质文化遗产总是历久弥新,总是在现实社会生活中延续、提升和创新,从而不断促进文化的多样性发展,不断激发人们的创造力。

把非物质文化遗产纳入公共文化服务,在开放的公共平台上推动非物质文化遗产作为公共性、公益性的服务,开展知识普及、技能传授、场景再现、研究创新等活动,对丰富基层群众文化活动和提高人们文化认同都大有裨益。

非物质文化遗产大多适合在城乡基层以个人或中小团体的方式进行传承、习练或开发,这些技能或实践方式在现代社会条件下经由公共文化服务普及推广后,传承的社会范围会迅速扩大,与现代生活生产环境的结合度迅速提升,伴随而来的必然是创造性转化和创新性发展的概率大为提升。从这一点上看,纳入公共文化服务已是非物质文化遗产提升创新发展力的一种良好机制。

### 四、公共文化服务社会化、专业化激发新兴行业生长力

党的十八届三中全会指出:"引入竞争机制,推动公共文化服务社会化发展。"公共文化服务社会化发展,就是要打破原先政府公共文化服务职能全部由政府公共文化事业单位承担的垄断格局,形成政府购买、全社会提供公共文化服务的新格局,以便在开放竞争的环境中,广泛选择更优质、更适应人民群众实际文化需求的公共文化产品和服务,从而持续有效地提供公共文化服务效能,最终达到更好保障人民群众基本文化权益的目的。

公共文化服务具有一定的专业性,在推动公共文化服务社会发展的过程中,既不能以专业性固化原有公益性文化单位的垄断地位,也不能以社会化削弱公共文化服务内在必然的专业要求。在现实发展中如何处理这一对矛盾,正

是检验各级政府公共文化服务执政能力的试金石。

在现阶段，由于长期实行公共文化的事业体制，社会上有意愿参加并有能力承担公共文化具体服务任务的专业机构十分缺乏。为此，推动公共文化服务社会化当务之急需要政府明确政策、开放领域、开展试点，公益性文化单位需要秉持包容的心态，提供实实在在的支持，主动积极地面向社会和市场，培育和发展一批符合主流价值原则的专业公共文化服务机构。

政府和公益性文化单位，对社会专业公共文化服务机构的培育过程，实质上是促进社会公共文化服务专业领域发展的过程，也是社会公共文化服务行业、专业组织和企业以及相关产业发展的过程。公共文化服务社会化、专业化进程对于公共文化服务新兴行业生长力的刺激作用，尚待研究挖掘，对于中国中部地区城市而言，它不但是公共文化服务转变机制、提高效能的关键工作抓手，或许也是经济社会发展不可忽视的具有举一反三、广域带动作用的潜在"金矿"。

## 五、用公共文化服务数字化综合平台加强社会和市场多元带动力

数字化、网络化技术应用，虽然总体上属于技术理性范畴，但在特定时期，尤其是在技术进步成为全面影响经济社会发展的基本要素的当下，技术理性实在是至关重要的因素之一。在当今数字化、网络化时代，应用先进数字网络技术，与时俱进创新公共文化服务方式，是适应人民群众不断变化的美好生活需求之利器。

公共文化服务坚持普遍性、公益性原则，所谓地不分东西南北、人不分男女老幼，均应享有基本公共文化服务。普遍性即是以全民为对象，分布广泛、群体庞大，传播的潜在效应巨大。目前，各地采用数字网络技术相继推出不同类型的公共文化服务网站、智慧文化、云平台等。这些平台中大多数明显改善了原先单一场地设施服务所存在的弊端，均能以线上带动线下的方式，不同程度地弥补了以往近距离、面对面、小众式服务之不足。

不过，从更高的要求看，现今公共文化服务数字化平台较局限于自身领域，受众广、传播快、影响大的相关效应还未充分显现。即便是在国内较早利用数字网络技术开展公共文化服务的城市，也还存在内容、领域、效能较为单一的弊端，应百尺竿头，更进一步，依托现有基础，继续从公共文化服务切入，利用受众群体巨大的优势，向文化旅游、体育、乡村振兴等方面进一步拓展，变孤立型公

共文化服务为广域融入型公共文化服务,为旅游提供文化导引,为体育增添文化内涵,为乡镇振兴提供平台服务,努力实现公共文化服务数字化综合平台对社会和市场多元带动力的最大化、普遍化。

## 六、文化和旅游深度融合所涉及的国家战略及相关政策梳理

### (一)乡村振兴战略

2018年9月,中共中央、国务院印发《乡村振兴战略规划(2018—2022年)》(简称《规划》),提出了"产业兴旺、生态宜居、乡风文明、治理有效、生活富裕"的乡村振兴总要求。关于培育新产业、新业态,《规划》提到"实施休闲农业和乡村旅游精品工程,发展乡村共享经济等新业态,推动科技、人文等元素融入农业""引导企业家、文化工作者、退休人员、文化志愿者等投身乡村文化建设,丰富农村文化业态"。

关于发展乡村文旅产业,《规划》提到"建设一批特色鲜明、优势突出的农耕文化产业展示区,打造一批特色文化产业乡镇、文化产业特色村和文化产业群。大力推动农村地区实施传统工艺振兴计划,培育形成具有民族和地域特色的传统工艺产品,促进传统工艺提高品质、形成品牌、带动就业。积极开发传统节日文化用品和武术、戏曲、舞龙、舞狮、锣鼓等民间艺术、民俗表演项目,促进文化资源与现代消费需求有效对接。推动文化、旅游与其他产业深度融合、创新发展"。

### (二)文旅融合发展战略

多年来,全国及各地文化建设实行文物保护、公共文化服务、文化产业、旅游产业发展的四轮驱动模式,其正面效应表现为各自目标、任务分工、职责使命更明确,负面效应则表现为整体大目标不明确,各个局部的小目标之间衔接不顺畅的四者分置。

地方文物保护、公共文化服务更多依靠财政支持,更相信体制内主体,结果是社会和市场广泛支持、参与不足而缺乏活力和耐力,文物保护水平和公共文化发展质量与政府财政同步波动,特别是经济欠发达地区、三、四线城市,以及经济下滑时期,公共投入难以得到保证。与之相关的文化产业、旅游产业,由于缺少历史人文的滋养,没有丰富的文化资源作为深厚根基,许多地区流于追时风、抢概念层次,一些规模宏大、主题堂皇、时髦炫彩、无中生有、千篇一律的文化或旅游产业项目,在热度快速减退之后一片冷清,徒留下疮痍满目的土地、空

置烂尾的楼宇、凄凉萧索的园林，徒然浪费政策资源或占用大量财政资金和社会资本。

中央立足于新时代发展特点，从国家层面以融合创新方式，着力推动文化创新发展和旅游经济繁荣的重大战略举措。但是，文化与旅游两大领域在短期内难以打破在长期发展中各自形成的比较固化的部门逻辑与行业惯性。文化与旅游的表面融合通过体制性调整及机构合并即可实现，困难的是相互之间理念、政策、制度、机制、资源、行业、市场、队伍、产品、服务等多方面融合。尽管如此，文化和旅游融合符合社会主义市场经济规律，是体制改革、机制创新的生动实践，总体上有利于盘活存量、整合资源，有利于拓展领域、更新产业，也有利于创新服务、促进消费。

文化和旅游融合应与当今新生代旅游消费特点相适应。随着中国中产阶层逐步确立并不断扩大，中产阶层及其于 21 世纪前后出生的新生代消费群体成为旅游消费主力。与以往短缺经济时代老一辈"到此一游"传统方式不同，家庭游、亲子游、研学游、非遗游、文化活动游等，成为适应当今旅游主力群体的重要方式；具有文化广度、知识深度、体验精度的多样化、个性化、焦点式文化旅游，成为时代新宠。旅游过程从满足较为平面的感官刺激，转化为满足洗练精神、陶冶情操、增长阅历、丰富知识等方面需求，自然风光与人文内涵呈现出此消彼长的趋势。

（三）《中华人民共和国公共文化服务保障法》

《中华人民共和国公共文化服务保障法》第二十五条规定，"鼓励公民、法人和其他组织依法参与公共文化设施的运营和管理"。这一规定为培育和发展从事公共文化服务的专业化社会组织或企业建立了法律基础，对于公共文化服务相关行业及产业发展有重要意义。

《中华人民共和国公共文化服务保障法》第二十九条规定，"公益性文化单位应当完善服务项目、丰富服务内容，创造条件向公众提供免费或者优惠的文艺演出、陈列展览、电影放映、广播电视节目收听收看、阅读服务、艺术培训等，并为公众开展文化活动提供支持和帮助。国家鼓励经营性文化单位提供免费或者优惠的公共文化产品和文化活动"。这一规定一方面允许公益性文化单位以优惠方式提供公共文化产品和文化活动，为公益性文化单位打开增值服务空间；另一方面，经营性文化单位也可以采用优惠方式提供公共文化产品和文化活动，此举既扩大了公共文化产品和服务的来源，也拓展了与公共文化相关的企业经营空间。

《中华人民共和国公共文化服务保障法》第四十八条规定,"国家鼓励社会资本依法投入公共文化服务,拓宽公共文化服务资金来源渠道"。这一规定为社会资本参与政府公共文化服务PPP项目或承接政府委托开展的公共文化服务提供了法律支持。

《中华人民共和国公共文化服务保障法》第四十九条规定,"国家采取政府购买服务等措施,支持公民、法人和其他组织参与提供公共文化服务"。这一规定指明了社会组织、企业及个人参与公共文化服务的渠道,可经由政府购买服务,取得合法身份,获取合理回报,这对于鼓励和刺激相关产业发展意义重大。

《中华人民共和国公共文化服务保障法》第五十三条规定,"国家鼓励和支持公民、法人和其他组织依法成立公共文化服务领域的社会组织,推动公共文化服务社会化、专业化发展"。这一规定指出了公共文化服务社会化发展的方法和路径,有利于孵化公共文化社会化、专业化服务组织和企业,有利于形成连锁化、品牌化发展形态,有利于催生成熟的公共文化服务行业,还有利于发挥市场在配置公共文化资源中的决定作用。

(四)《中华人民共和国公共图书馆法》

《中华人民共和国公共图书馆法》第二十九条规定,"公共图书馆的设施设备场地不得用于与其服务无关的商业经营活动"。这一规定为公共图书馆的场地设施提供与公共阅读服务相关的配套服务保留了必要空间。

《中华人民共和国公共图书馆法》第四十五条规定,"国家采取政府购买服务等措施,对公民、法人和其他组织设立的公共图书馆提供服务给予扶持"。这一规定为非国有公共图书馆、城市书房、乡村书屋等的设立、运营提供了法律基础,可带动社会相关行业的发展。

(五)国务院办公厅《关于促进全域旅游发展的指导意见》

国务院办公厅《关于促进全域旅游发展的指导意见》(国办发〔2018〕15号)指出,"发展全域旅游,将一定区域作为完整旅游目的地,以旅游业为优势产业,统一规划布局、优化公共服务、推进产业融合、加强综合管理、实施系统营销,有利于不断提升旅游业现代化、集约化、品质化、国际化水平,更好满足旅游消费需求"。

全域旅游与传统景点旅游最大的差别在于文旅融合,因为吸引游客的全域性因素,必然归结到在旅游过程中追寻特定区域独特的历史人文底蕴,体验当地特有的文化内涵。只有把当地历史人文资源保护好、利用好,把当地特色文化建设好、表达好,才能体现真正的旅游价值。

《关于促进全域旅游发展的指导意见》第七条对深化文旅融合提出具体要求:一是"以弘扬社会主义核心价值观为主线发展红色旅游,积极开发爱国主义和革命传统教育、国情教育等研学旅游产品";二是"科学利用传统村落、文物遗迹及博物馆、纪念馆、美术馆、艺术馆、世界文化遗产、非物质文化遗产展示馆等文化场所开展文化、文物旅游,推动剧场、演艺、游乐、动漫等产业与旅游业融合开展文化体验旅游"。

《关于促进全域旅游发展的指导意见》第八条要求以文化内容提升旅游产品品质,"深入挖掘历史文化、地域特色文化、民族民俗文化、传统农耕文化等,实施中国传统工艺振兴计划,提升传统工艺产品品质和旅游产品文化含量"。

(六)国务院《关于鼓励和引导民间投资健康发展的若干意见》

在鼓励民间文化和旅游投资方面,国务院《关于鼓励和引导民间投资健康发展的若干意见》(国发〔2010〕13号)第十七条明确要求,"鼓励民间资本参与发展文化、旅游和体育产业。鼓励民间资本从事广告、印刷、演艺、娱乐、文化创意、文化会展、影视制作、网络文化、动漫游戏、出版物发行、文化产品数字制作与相关服务等活动,建设博物馆、图书馆、文化馆、电影院等文化设施。鼓励民间资本合理开发旅游资源,建设旅游设施,从事各种旅游休闲活动。鼓励民间资本投资生产体育用品,建设各类体育场馆及健身设施,从事体育健身、竞赛表演等活动"[①]。

扩大民间投资一方面可推动以往国资及政府财政单一投入渠道向多元化投资格局转变,纾资源枯竭型城市政府资金普遍不足之困;另一方面,扩大民间投资,鼓励创业、促进就业,活跃市场经济,丰富社会供给,既可为社会和市场主体提供广阔发展空间,又有利于不断满足人民群众美好生活的动态需求。

(七)文化和旅游部、财政部《关于在文化领域推广政府和社会资本合作模式的指导意见》

在文化领域采取政府与社会资本合作模式,有利于缓解短期内公共文化服

---

① 国务院.关于鼓励和引导民间投资健康发展的若干意见[EB/OL].(2010-05-13)[2020-12-20]. http://www.gov.cn/zwgk/2010-05/13/content_1605218.htm.

务基础设施投资需求较大、建设能力相对不足的情况,有利于为有意愿、有能力参与公共文化服务的社会资本或市场主体创设新的发展空间,也有利于深化公共文化服务供给侧改革,不断提高公共文化服务效能。

《关于在文化领域推广政府和社会资本合作模式的指导意见》[1]指出,要"深化对PPP模式的理解认识,加快观念转变。加大在文化领域推广运用PPP模式的力度,积极探索有利于解放和发展文化生产力的新举措、新途径,激发文化创新创造活力"。

《关于在文化领域推广政府和社会资本合作模式的指导意见》指明了实施路径,"重点包括但不限于具有一定收益性的文化产业集聚发展、特色文化传承创新、公共文化服务、非物质文化遗产保护传承以及促进文化和旅游、农业、科技、体育、健康等领域深度融合发展的文化项目"。

在设施运营方面,《关于在文化领域推广政府和社会资本合作模式的指导意见》提出了新的思路,"积极培育文化领域专业运营商,形成一批有实力的文化企业和上市公司。鼓励优秀企业通过参与文化PPP项目,带动项目所在地上下游企业发展,培育更多熟悉当地文化的项目管理运营企业"。

为了提高文化领域PPP模式的成功概率,《关于在文化领域推广政府和社会资本合作模式的指导意见》还实事求是地放宽了配套条件,指出"可依法依规为文化PPP项目配置经营性资源,为稳定投资回报、吸引社会投资创造条件。鼓励通过盘活存量资产、挖掘文化价值、开发性资源补偿等方式提高项目的可经营性",这就大大提高了实施可行性,降低了项目风险。

(八)文化和旅游部等部委《关于促进乡村旅游可持续发展的指导意见》

《关于促进乡村旅游可持续发展的指导意见》[2]明确要求,要"挖掘乡村传统文化和乡俗风情,加强乡村文物保护利用和文化遗产保护传承,吸收现代文明优秀成果,在保护传承基础上创造性转化、创新性发展,提升农村农民精神面

---

[1] 文化和旅游部,财政部.关于在文化领域推广政府和社会资本合作模式的指导意见(文旅产业发〔2018〕96号)[EB/OL].(2018-11-24)[2020-12-20]. http://www.gov.cn/xinwen/2018-11/24/content_5343003.htm.

[2] 文化和旅游部,国家发展改革委,工业和信息化部,财政部,人力资源社会保障部,自然资源部,生态环境部,住房城乡建设部,交通运输部,农业农村部,国家卫生健康委,中国人民银行,国家体育总局,中国银行保险监督管理委员会,国家林业和草原局,国家文物局,国务院扶贫办.关于印发《关于促进乡村旅游可持续发展的指导意见》的通知(文旅资源发〔2018〕98号)[EB/OL].(2018-11-15)[2020-12-20]. http://www.gov.cn/zhengce/zhengceku/2018-12/31/content_5439318.htm.

貌,丰富乡村旅游的人文内涵,推动乡村旅游精品化、品牌化发展"。

《关于促进乡村旅游可持续发展的指导意见》指出,"鼓励东北地区依托农业、林业、避暑、冰雪等优势,重点推进避暑旅游、冰雪旅游、森林旅游、康养旅游、民俗旅游等,探索开展乡村旅游边境跨境交流,打造乡村旅游新高地"。"结合乡村山地资源、森林资源、水域资源、地热冰雪资源等,发展森林观光、山地度假、水域休闲、冰雪娱乐、温泉养生等旅游产品。鼓励有条件地区,推进乡村旅游和中医药相结合,开发康养旅游产品。"

《关于促进乡村旅游可持续发展的指导意见》提到,"依托风景名胜区、历史文化名城名镇名村、特色景观旅游名镇、传统村落,探索名胜名城名镇名村'四名一体'全域旅游发展模式"。

《关于促进乡村旅游可持续发展的指导意见》指出,有效利用文物古迹、农业文化遗产、非物质文化遗产等,将其融入乡村旅游产品开发,推介文物领域研学旅行、体验旅游、休闲旅游项目和精品旅游线路,支持农村地区地域特色文化、民族民间文化、传统手工艺、优秀戏曲曲艺等创新表现形式。鼓励乡村与专业艺术院团合作,打造体现地方人文特色的文化旅游精品,鼓励开发具有地方特色的服饰、手工艺品、农副土特产品、旅游纪念品等旅游产品。

## 第三节 为什么是辽源?

### 一、辽源文旅融合发展的基础

(一)"绿水青山就是金山银山"

东北素来就是祖国的大粮仓,拥有富饶美丽的田园山河、森林湖泊,辽源山川秀丽、气候宜人、植被良好、物产丰富①。中华人民共和国成立以来,辽源优质的煤炭资源为国家和地方经济发展作出了巨大贡献②。进入21世纪以来,特别是党的十八大以来,在习近平总书记"绿水青山就是金山银山"("两山理论")新理念、新思想、新举措指引下,辽源生态环境得到迅速恢复,森林覆盖率、森林蓄

---

① 清朝,虽然这些自然生态资源得到尊崇,但也仅仅为极少数上层皇族所用。在日伪时期,国土沦陷,地下资源遭受掠夺性开采,地上森林资源也遭受掠夺性砍伐。
② 但是在相当长一段时期里,辽源比较注重地下矿产资源利用,一定程度上忽视了地面资源保护利用和合理开发。

积量、林地保有量等关键指标逐年提升,山青、水绿、天蓝、气清的生态辽源逐渐回到了人们生活之中。

辽源的绿水青山,为辽源的金山银山建设打下坚实基础。加快实现"绿水青山就是金山银山",优化公共文化服务是极为重要的切入点。比如,辽源把"两山理论"作为公共文化服务重要内容,以公共文化服务为传播途径和载体,增强人民群众"两山意识",自觉参与"功在当代、利在千秋"的生态文化建设。又如,依托公共文化服务,开展"两山知识"普及和"两山技能"培训,把浙江安吉、千岛湖、丽水以及全国各地依托绿水青山,成功推动生态制造、生态旅游、生态康养服务等产业发展的好经验、好做法教给当地群众,启发思考、推动实践,配合各级党委、政府扶持"双创"政策,引导社会各界大力发展生态经济。再如,加强当地非物质文化遗产、民间工艺、特色民俗资源开发,加快优质资源的产品和服务转化,使之成为提高旅游产业吸引力的关键要素。如此等等,不一而足。

(二) 激活自然和人文资源

辽源既有丰富多样、保护良好的自然资源,又有分布广、品种多、底蕴深、品级高的人文资源。但是长期以来,这些资源处于分置状态,自然资源大多在国土、城建、农林等部门,人文资源大多在文化部门,资源的合流十分困难。不仅自然资源与人文资源相互分置,即便是在自然资源与人文资源内部,也呈现出零散化、碎片化、孤岛化、小部门化状态。陈旧的体制机制客观上严重制约了这些资源的利用和市场化配置。

2018年12月18日,在庆祝改革开放40周年大会上,习近平总书记在阐述改革开放积累的宝贵经验时指出,"充分发挥市场在资源配置中的决定性作用,更好发挥政府作用,激发各类市场主体活力"[1]。辽源迫切需要打破自然资源、人文资源部门化、孤岛化格局,以政府为主导,坚持发挥市场在资源配置中的决定性作用这一原则,引导和鼓励市场主体参与综合性资源开发。特别是借助文化和旅游深度融合发展的东风,改变以往旅游对象自然山水,旅游内容观景看庙,旅游目的到此一游,旅游行为为打卡拍照,蜻蜓点水、浅尝辄止、疲于奔命的低端化运行状态,把深厚的历史资源、深刻的人文感悟、深度的民俗体验融入旅游

---

[1] 习近平在庆祝改革开放40周年大会上的讲话[EB/OL].(2018-12-18)[2020-12-20]. http://www.xinhuanet.com/politics/leaders/2018-12/18/c_1123872025.htm.

的全过程和各方面,全面推动辽源文化旅游高质量发展。

同时,辽源的文化资源禀赋高。辽源拥有十分罕见的人文和自然资源,其中"战俘营"旧址具有独特价值,大小寒葱顶也是国内及其稀缺的兼有人文和自然双重意义的旅游资源。辽源坐拥这些禀赋极高的资源"富矿",借国家公共文化服务体系示范区创建之契机,推动优质资源创造性转化、创新性发展,为经济社会发展注入新的力量。非遗和民间工艺起点高。无论是东丰农民画、显顺琵琶,还是一鸣草编,已在非遗的传承与弘扬及民间工艺的产业化方面,形成了一定的群体、产业规模。其中显顺琵琶已建立国内具有较高专业水准的规模化培训基地,东丰农民画在全国数百个农民画产业基地中以其东北乡土风格独树一帜。若能继续完善相关文化和旅游的公共服务,加强技术、信息、政策、资金、商务等平台支持,即能再上台阶。

(三)特色文化产业快速发展

高度重视文化产业发展,确立培育国民经济新的支柱产业战略目标。目前,文化产业增加值约占 GDP 比重3%。东丰农民画、显顺琵琶、一鸣草编、同创动漫等六个省级文化产业示范基地建设运行渐入佳境。其中,东丰农民画、显顺琵琶产业规模扩展较快,在带动城乡基层群众就业方面作出突出贡献。上网服务营业场所连锁化、规模化、专业化、品牌化建设进展较快。"农民画之乡""二人转之乡""琵琶之乡""满族剪纸之乡"等特色文化品牌基本建立,富有地方传统特色的农民画、沙氏木雕、韩秀梅泥塑、东辽县鱼骨画、葫芦画等民间工艺品实现由资源、工艺到产品、产业的转化,并融入现代设计元素、提高科技含量,具有更广泛的传播效果和更实在的市场效应。

总体上看,辽源是典型的东北老工业基地,属于煤炭资源枯竭型城市。进入 21 世纪以来,与全国其他地区保持长期高速增长不同,辽源经济社会发展相对缓慢。2018 年,"地区生产总值增长 1%,规模以上工业增加值增长 1%,地方级财政收入增长 2.6%,固定资产投资增长 3%,社会消费品零售总额增长 4%,外贸出口额增长 1.3%"[1]。这些数据说明,辽源经济社会发展正处于新旧动能转变的历史性关口,产业转型已经取得显著成就,新型产业发展势头良好,但老工业基地和资源枯竭型城市的基础薄、负担重、转型过程长等困难和问题仍然

---

[1] 辽源市人民政府工作报告(2018)[EB/OL].(2019-01-21)[2020-12-25]. http://sj.liaoyuan.gov.cn/xxgk/zwxxgkfl/gzbg/201901/t20190121_358120.html.

存在,单纯依赖大规模财政投入来推动公共文化服务体系示范区创建,受到地方财力制约,这几年压缩"政府债"也同步压缩了短期内大规模跨越式投资包括公共文化在内的各类社会事业的可能性。因而,辽源基本市情客观上要求新时代公共文化服务体系建设要从"单一投入需求型"转变为"投入与高效产出、广域带动复合型"。这并非缓解辽源地方财政压力的"权宜之计",也不是简单地为了营造公共文化的创建亮点而搞些形象工程或貌似创新的"噱头",而是要真正围绕辽源经济社会发展实际,贴近老工业基地和资源枯竭型城市特点,聚焦基础支撑和项目引领,从优化服务、提高效能、助力转型、带动发展角度,更好地把握文化和旅游深度融合的发展契机,切实把公共文化服务转化为促进经济社会发展、提升人民群众生产生活能力的新动能。

## 二、资源枯竭型城市公共文化带动文旅产业的迫切性

### (一)公共文化综合投入和领域开放水平较低

政府公共财政资金和社会投入不足,是制约公共文化服务总体水平和相关文旅产业发展的重要原因。受地域条件和财力的制约,辽源文化事业、文旅产业发展动力和政府购买服务的能力略显不足,随之而来的是对社会投入的撬动力度十分有限,主要表现在两个方面:一是总体上公共文化领域培育专业化社会或市场主体的工作相对滞后,导致相关主体生长、成熟以及品牌化过程十分缓慢,行业成长长期处于停滞状态。二是相关领域的关联、协调、统筹不力,人员、资源、资金、主体相互分置,各自为政、孤岛运行的格局一定程度上仍在延续,尚未形成整体、集成发展态势,市场配置资源的机制在公共文化和文旅产业领域尚未真正发挥决定作用。

### (二)振兴老工业基地时不我待

20世纪90年代以前,辽源乃至整个东北地区属于中国经济相对发达的地区,是中国重要的工业基地。但此后相当长一段时期,辽源与东部较发达地区相比,经济增速相对缓慢,差距逐步扩大。辽源坐拥世界级、国家级多项优质资源,但这些资源尚处于有效保护阶段,尚未有足够的实绩证明这些资源已经"活起来"。不仅如此,目前资源保护也大多处于"就事论事"层面,尚未全面开展历史人文、关联事件、人物故事、文化内涵、延伸开发等工作。有资源缺产品、有资源无产业是基本现状。

2003年10月，中共中央、国务院发布《关于实施东北地区等老工业基地振兴战略的若干意见》，明确了实施东北老工业基地振兴战略。东北老工业基地振兴战略实施以来，辽源经济增速有所加快，经济社会发展取得可喜进展。但是，应该清醒地看到，东北三省目前取得的成绩是阶段性的，与全国较发达地区相比差距仍然较大，经济总量仍呈下降趋势，产业结构调整任务仍十分艰巨。作为资源枯竭型城市的辽源，尤其表现出持续发展缺少新的动能，民生就业和社会保障压力大，人们思想观念转变缓慢等问题，全面实现振兴目标任重道远。在此艰难转型关键时期，片面要求加大公共文化投入显得不合时宜，而转变思路、创新机制，发挥公共文化在加快文旅融合发展中的独特作用，助力文旅产业跨越式发展，才是明智选择。

（三）调结构、稳增长、加快新旧动能转换迫在眉睫

辽源作为资源枯竭型城市，原有以煤炭资源采掘为依托的城市主导型产业体系走到尽头，旧的产业动能渐行渐弱，大量资源型国有企业关停并转，大批产业工人面临再就业。在产业结构调整转型形势严峻的现阶段，稳增长、促就业是辽源经济社会特别是民生发展的突出主题。稳增长、促就业、保民生的关键是寻找到新的能够再次带动城市发展的动能。与煤炭资源依赖型经济恰好相反，文化旅游不消耗城市资源，不以牺牲环境为代价，而是发现和利用城市自然和人文资源，并且在开发利用的同时使这种可持续的资源得到更为有效的保护。大力发展文化旅游产业，推动实现新旧动能加速转换，变煤炭资源枯竭型城市为生态人文资源增值型城市，是上上之策。其间，公共文化既是政府保民生的基本服务，又是以知识和技能培训促就业的渠道载体，还是助力文旅产业发展从而直接或间接作用于稳增长的工作抓手。

（四）文化和旅游融合发展需要抢抓机遇

2018年以来，全国各地文化和旅游融合发展迅速升温，人们逐渐意识到，在降低资源消耗、优化生态环境、创造就业岗位、形成新的具有一定规模的经济增长点，以及宽领域带动其他产业发展方面，具有显著综合作用的文化旅游，应当而且能够成为当地经济社会发展的重要新动能。

辽源发展文化旅游产业有得天独厚的自然、人文资源。根据上文辽源市情分析，辽源文化旅游资源大体可分为六类：

一是清朝人文。蜿蜒起伏、龙盘虎踞的大小寒葱顶，是具有神秘色彩、引人遐想的"清朝龙脉"；规模宏大、盛极一时的"皇家鹿苑"，以清朝上层贵族独享的

体育娱乐"盛京围猎"和古今中外声誉远播的辽源鹿茸贡品闻名。这些资源潜藏着创造性转化、创新性发展的巨大潜力。

二是国际文化。与国际重大事件直接相关的"战俘营",建立于第二次世界大战期间,侵华日军将太平洋战争初期在菲律宾、新加坡、荷属东印度、中国香港地区等战役中俘获的美国、英国、荷兰等国军人中的一部分高级将领、文官作为人质,秘密关押在辽源,作为与盟军谈判的最后筹码①。这一遗址成为第二次世界大战历史重要的见证之一,是开展重大历史事件和战争文化国际交流,联合世界正义力量推动人类命运共同体建设的珍贵资源。

三是抗战文化。辽源"矿工墓",俗称万人坑,位于辽源西北约8千米的煤炭老矿区②。如今,该遗址已建成"日伪统治时期辽源死难矿工纪念陵园",是中华民族抵抗外来入侵重要历史教育基地。

四是红色文化。在东北沦陷时期,杨靖宇将军曾经亲自到辽源西安煤矿特别支部③指导开展工人运动,在及其困难的条件下坚持同日本侵略者进行艰苦卓绝的斗争。当地的红色革命文物和人文历史,既是整个中华民族红色革命文化的重要组成部分,也是当地民众文化自信、文化自觉的力量源泉,应成为代代相传、永世珍视的宝贵财富。

五是产业文化。上文辽源市情分析中已经提到,随着东北老工业基地振兴的步伐,辽源支柱产业、特色产业成功转型,形成装备制造、农产品加工两大支柱和高精铝加工、纺织袜业、医药制造、蛋品加工、新能源5个特色优势产业,新的以制造业为主体的经济体系已然成型。其中梅花鹿养殖产业、纺织袜业与特色文化旅游产业发展紧密联系。在短短20年间获得如此成就,其中所蕴含的产业创新文化应当得到总结、提炼和弘扬。

六是生态文化。辽源自然生态文化在国内外存在一定的比较优势。大小寒葱顶为长白山自然生态文化旅游的精品地段,历史文化与自然生态文化叠加,在长白山旅游板块中独树一帜,清朝贵族对"龙脉"的尊崇,折射出对大自然

---

① "战俘营"所关押将领包括温莱特以及英国被俘最高级别将领、陆军中将阿瑟·帕西瓦尔、时任香港总督杨慕琦爵士等16位盟军高级军政官员,这批关押将领后被苏联红军所救。

② 当年,侵华日军为把辽源矿山变成"以战养战"的物资供应地和"以华治华"的集中营,在掠夺大量煤炭资源的同时,制造了6个万人坑、7处尸骨点和1个炼人炉。

③ 该特别支部为东北抗联输送了大量人员、弹药和物资,在中共党史和中国工运史上写下光辉的历史篇章。在辽源市龙山区西宁街道西宁社区升华宾馆后院,有中共东北局辽宁二地委旧址,这是解放战争时期由中国共产党组建的党政领导机构。中共西安煤矿特别支部纪念碑位于龙山区北寿街道。

的爱戴和保护,实在是一座自然生态文化的"富矿"。中国本土宗教道教,在辽源有悠久历史,可以说是先有道教后有城市。此外,后期陆续建设的龙山公园、鸳鸯湖梯田花海等,也体现出辽源市委、市政府对传统自然生态文化的传承和弘扬。

在当今全国各地加快推进文化与旅游融合,大力促进文旅产业发展的大背景下,辽源把握时代赋予的文旅融合十分难得的发展机遇,在全面梳理当地历史人文、国际文化、抗战文化、红色革命文化、产业创新文化、自然生态文化等各种资源的基础上,注重文化资源在公共文化服务中的应用,推动文化资源向文旅产业发展要素转化。同时,综观湖北省黄石市、宁夏回族自治区石嘴山市、新疆维吾尔自治区克拉玛依市、四川省攀枝花市、山西省朔州市以及吉林省辽源市等资源枯竭型城市,在城市经济社会转型期均面临诸多普遍性、现实性重大问题:国有资源型企业压缩规模、产业转型,大批资源型产业职工下岗,城市经济不断下滑,地方财政支付能力降低,社会保障压力逐年递增,再就业培训任务加重。面对这些问题,大多数资源枯竭型城市大体采用两种方式开展公共文化服务:一是营造乐观氛围、缓解焦虑情绪,服务方式以开展城市节庆活动和各种喜闻乐见的群众文化活动为主;二是围绕城市特定群体,大规模开展与城市转型同步的新知识、新技能培训活动。

## 三、辽源公共文化带动文旅产业发展的实践

就辽源而言,在振兴老工业基地的大前提下,一方面应当严格按照《国家基本公共文化服务指导标准(2015—2020年)》,为当地人民群众提供最基本的公共文化服务项目。平心而论,这些一般意义上的公共文化服务的确直接或间接产生了缓解转型情绪、转移公众视线、化解社会矛盾、营造乐观氛围、协助社会治理等突出作用;但是另一方面应当看到,仅仅提供这些最基本的公共文化服务是远远不够的,甚至是有所脱离辽源老工业基地振兴实际和转型期创新发展大局的,也不能精准有效助力辽源经济社会转型期全社会思想意识形态认同转型大局,人民群众技能本领适应转型就业,文化舆论环境服务转型创新。这种情况如果结合辽源转型期经济产业状况和财政支付能力考量,则更加难以得到党委、政府支持和全社会认同。

从辽源老工业基地振兴、资源枯竭型城市转型、经济发展新旧动能转换的市情出发,从辽源市委、市政府转型期更为突出的百姓焦虑情绪安抚、基本民生

保障、奋斗精神激发、民众技能更新、发展环境优化、经济动能转化、创新氛围营造等更为实际、更为迫切的工作要求出发,公共文化服务具有助力转型期社会教育、助力转型期新旧动能转换、助力相关产业尤其是带动或促进文旅产业发展的"功利性"一面,需要在辽源得到突出和强化。一言以蔽之,辽源公共文化服务需要从全国性"放之四海而皆准"的一般公共文化服务,向与人民群众根本利益更紧密相关的特殊公共文化服务转化,需要从公共文化服务的孤立事件向带动文旅产业及相关产业发展的创新实践转化,这实在是时势所趋、民心所向,倘若看不到这一点,继续简单化地流于一般任务式公共文化服务,在辽源则并不具备真正的效能,也无所谓"利民、惠民、育民"。

辽源紧密结合国家公共文化服务体系示范区创建,在当前和今后一段时期,作为全市战略选择和部署,把文化和旅游深度融合发展适度聚焦到以公共文化带动全市文旅产业发展上,在加快构建覆盖全面、运行高效、惠民育民的新时代公共文化服务体系的前提下,通盘考虑全市"大文旅"建设,盘活文旅资源、打通文旅服务、激活文旅潜能、做大文旅事业。这一战略选择十分符合辽源人口地域规模适中、人文旅游资源丰富、区位交通十分便捷、经济基础支撑有力、民众发展意愿强烈等特点。辽源出台了《辽源市文化和旅游公共服务一体化实施方案》(附录 G)、《辽源市关于公共文化服务促进文旅产业发展的实施办法》、《辽源市关于深入推进全民艺术普及带动相关产业及特色文化小镇建设的实施办法》等一系列文件,推动公共文化带动文化和旅游的发展[1]。

(一)培育主体:民众为主、专业引领,为文旅小镇开发提供支撑

在现代社会,随着城市化不断深入,特色小镇建设的意义逐步凸显。2016年7月,住建部、国家发改委、财政部联合发布通知,决定在全国范围开展特色小镇培育工作,提出到2020年培育1000个左右各具特色、富有活力的休闲旅游、商贸物流、现代制造、教育科技、传统文化、美丽宜居等特色小镇。

特色小镇概念一定程度上借鉴了国际经验[2]。每一个小镇均因独特优越的自然环境或深厚的历史人文或持久稳定的特色产业而历久弥新、难以复制。从国际国内特色小镇建设的历程和经验看,特色小镇建设的核心不在于小镇国土

---

[1] 隋二龙,赵蓓蓓.文化馨香溢辽源——写在辽源全力冲刺创建国家公共文化服务体系示范区之时[N].吉林日报,2020-09-24(7).

[2] 如瑞士的达沃斯小镇,美国的硅谷小镇,英国的格林威治小镇、剑桥小镇,德国的海德堡小镇,日本的美瑛町小镇、吉野小镇,韩国的甘川小镇等。

开发,不在于加快城镇化进程,甚至虽然特色小镇的确存在一定的旅游效应,但其本身的直接原因或指向并不是用来带动当地的旅游业,不能直接在特色小镇与旅游小镇之间画等号。

从实践经验看,特色小镇的核心应当是具有鲜明特色和长期可持续的产业发展。其基本逻辑线路是:有稳定的产业依托,具备良性"微循环"产业链,可培育或已形成一定规模的鲜明特色产业,在此基础上,因势利导明确小镇的特色定位,顺势而为衍生带动小镇的特色旅游业。

结合辽源市情,从公共文化服务入手,挖掘潜力、资源聚力、专业助力、赋能添力,加快建设一批文化类特色小镇,在辽源市国家公共文化服务体系示范区创建中占有重要位置,也应当是辽源市以公共文化服务带动文旅及相关产业发展值得优先选择的重要发展路径。辽源特有的与公共文化服务紧密相关的资源,可为建设四个文化类特色小镇提供坚实有力的现实基础,即东丰农民画小镇、梅花鹿非遗小镇、琵琶小镇和世界袜都小镇。培育这四个特色小镇,是为了在原有基础上进一步健全产业体系,推出更丰富的系列产品和服务,形成四个区域整体品牌,以便更有利地参与市场竞争,同时在产业发展中吸纳小镇及周边地区劳动力就业。

打造特色小镇不存在一种"放之四海而皆准"、一成不变、一招即灵的方式,在商品经济条件下,过于急功近利则很容易向资本圈地、外来企业承包、房地产开发、过度商业包装等短期行为和模式倾斜,导致竭泽而渔、不了了之。辽源市保持战略定力,做到了四个坚持:

一是坚持民众主体以及惠及民众。应以地方政府为主导,以带动当地人民群众创业、就业和发展为宗旨,以适合当地并能长期持续发展的特色产业为根基,使发展成果真正惠及当地群众。

二是坚持以公共文化服务为基础支撑。无论是东丰农民画小镇、梅花鹿非遗小镇,还是琵琶小镇和世界袜都小镇,均以国家公共文化服务体系示范区创建为重大发展契机,夯实文化、非遗和旅游的公共服务基础,持之以恒地"扶志""扶智",切实提高当地群众创业动能和就业意愿。

三是专业领域提供支撑。利用公共文化服务领域专业人才多、专业技能强,尤其是艺术、工艺、非遗等资源富集的优势,通过艺术普及、非遗传承、民间手工艺培训等实实在在的服务,为社会各类产业转型、自主创业和再就业群体提供精准的专业支撑。

四是运用市场机制配置文化资源。在全面梳理、汇总、整理、分类和保护基础上,辽源加快建立全域文化资源市场化配置机制,使各类文化资源的部门所有为全社会所用,在文化资源价值挖掘和合理利用的同时,实施"放水养鱼",适度向社会和市场主体倾斜,鼓励和支持社会和市场主体利用本地文化资源创业发展。

（二）延伸服务：公共文化深入景区景点

在第三批国家公共文化服务体系示范区中,江西省九江市在庐山等重要风景区增设以公共阅读为重点的综合性休闲服务设施,便利游客攀登游览途中短暂休息,这一经验得到业界高度肯定。近两年来,上海市浦东新区也在黄浦江东岸（浦东段）沿线,设立了20多座兼有公共阅读、雨伞借用、手机充电、免费茶水、零食售卖等功能,便于游客休闲休息的"望江驿"。这一设施与九江市风景区的阅读设施有异曲同工之妙。

辽源公共文化服务融入景区景点有两条路径：一是在当地市民经常性开展本地游的景区（如坐落于市中心繁华地带、市民到达十分便利的龙首山及福寿宫、魁星楼等重要景区景点）,设立兼有公共阅读、艺术鉴赏、旅游导览以及其他功能配套服务设施,顺民意、得人心,使用价值高。二是在以外地游客为主体,具有国内、国际影响力的重要景区（如战俘营、大小寒葱顶、皇家鹿苑、世界袜都等重要景区景点）,设立兼有文化和旅游公共服务及其他便利游客功能的服务设施,提高游客游览景点的舒适度、满意度,也有利于延长旅游时间,提高经济效益。

（三）文创开发：专业企业开发文旅商品

创意源于人们主体的创造性,而文化是创意的关键要素和不竭源泉。文化创意一方面导致企业作为主要载体,有利于引导社会创业;另一方面可形成琳琅满目的产品和千变万化的服务,从而丰富人们的生活,不断满足人们日益增长的美好生活需要。

近年来,文创开发已越来越成为文化旅游业的伙伴型产业,文化产品和服务成为文化旅游重要的收入来源。在这方面,辽源尚处于起步阶段,文创产品特色还不够鲜明,与文化旅游的结合还不够紧密,文化产品和服务的系列化、品牌化工作存在诸多不足,从积极的方面看,辽源文创开发的潜力和空间较大。

大力推进文创开发,首先需要政府开放领域,运用市场机制吸引社会和市场主体参与文化资源的创意开发应用,加速文化资源向文旅商品和服务转化。

其次,应注重培育具有专业水准的文创企业,支持以文创开发为主营业务的市场主体,推动这些企业规模经营、连锁发展、系列化拓展,不断推出文创新品、精品,形成能够集聚本地文化资源、传播本地文化元素、与本地文化旅游资源禀赋相适应的知名文创企业和品牌。

### (四)平台支撑:公共文化平台推介旅游产品

改革开放40多年来,经济发展较快地区大多有一个重要的成功经验,即配备面向社会和市场主体的集成服务,创设集成服务平台,形成信息、政策、资源、人才、资金、技术、品牌等一站式综合性支撑服务平台,避免零敲碎打、因人而异、变动不居,确保社会和市场主体有良好的营商环境和市场预期。

近期以来,全国各地公共文化领域掀起"云平台"建设热潮,辽源也不例外,辽源文化云平台已建成并投入使用。从全国的情况看,各级各类公共文化服务云平台有一个通病,即包容性不强,平台建设预设了一个过于狭窄的前提:公共文化服务主要就是传统的群众文化活动。其实,按照党的十九大关于"提高国民素质"的精神,一切与普遍提升人民群众精神文化素养相关的内容、方式、活动、载体、渠道、产品,一切有利于改善人民群众精神文化生活的服务,一切有利于增进人民群众生产生活能力并有利于经济社会发展的文化活动,均应为公共文化服务所包容。那种自设藩篱、自甘小众的公共文化服务是没有生命力的。

在当今以流量经济为特征的社会环境中,任何顽固拘泥于小众圈子的行为,都与"公共"二字的本质相违背。"自我小众"也是诸多公共文化服务云平台内容长期不更新、服务方式单一、受众群体十分狭小、运行效能难以提升的根本原因。辽源利用国家公共文化服务体系示范区创建机遇,本着移动互联网的大众化、普遍性、即时性的技术特征,打开公共文化服务原有狭小空间,利用云平台全面实施"公共文化+"的发展战略,制订了"三步走"计划:第一步,从加快文旅融合出发,把公共文化服务云平台作为文化和旅游公共服务融合的工作抓手;形成线上带动线下的文化和旅游公共服务统筹、合流;第二步,全面统筹推介全市文化旅游资源、景区景点、旅游线路、文创产品、农副特产、酒店民宿,把具有历史人文底蕴和地方特色的文化旅游摆在突出位置;第三步,发挥云平台在全市文化旅游产品和服务品牌推介,重大公益性文化旅游活动宣传,全社会文化旅游组织、消费激励等方面的关键作用。

### (五)盘活存量:利用文化资源开发研学旅游

辽源拥有或可协调使用的优质文化、非遗、工艺资源,数量较多、品种丰富,其中为数不少具备转化为产业、产品和服务的条件。盘活这些存量资源，一方面丰富了公共文化服务资源和产品供给，另一方面为特色文化旅游提供了支撑。公共文化设施开发研学旅游即是现实可操作的方式之一。

研学旅游是近年来比较热门的词汇，也是逐步升温的一项潜力巨大的服务产业。理论上说，研学旅游的对象适合各种年龄段人群，研学旅游的内容有普适性特点，但结合辽源文化资源情况看，研学人群应以在校学生为主。辽源至少有五项存量文化资源适合开展研学旅游：一是大小寒葱顶，风景秀丽、气候宜人，可作为各年龄段学生了解祖国历史人文和大好河山的研学旅游之地，为了深化研学旅游效果，应配合特定研学旅游时段，举行盛大而富有特色的民族活动。二是以梅花鹿生态化养殖为主的皇家鹿苑，适合中低年龄段学生，特别适合以亲子方式研学旅游，在研学过程中引导学生全面完整地了解与梅花鹿相关的动物学、生态学、医药学、养生学以及相关历史人文知识。三是显顺琵琶，适合国内外对琵琶艺术有兴趣的各类学生，到此感受琵琶培训的规模效应，体会琵琶技艺魅力，进而增强参与学习、掌握琵琶艺术的诉求。四是战俘营，适合国内外希望了解第二次世界大战的各类学生，特别适合开展国际青少年第二次世界大战专题研学交流活动，目前这一项目需要大量增加相关背景资料的搜集、研究与展陈工作，提高研学吸引力。五是东丰农民画，农民画的特点是进入门槛低、人人皆可学、深造无止境，农民画中蕴含的农民独特的观察视角、乡村淳朴的生活情趣、大巧若拙的表达技法是学院里难以学到的，这也是研学旅游的价值所在。可在东丰农民画之乡开展研学旅游，可让各类学生观察生活、体验情趣、习练技巧、尝试创作。

此外，辽源各级各类公共文化设施机构，也分别拥有可用于开展研学旅游的文化资源，公共图书馆、文化馆、博物馆可根据自身特点推出特色研学服务。

（六）艺术普及：营造地方文旅特色

艺术普及是《中华人民共和国公共文化服务保障法》规定的公共文化服务主要任务之一，也是各级文化馆站的主营业务之一，各级各类学校也将艺术普及作为美育教育的基本内容之一。艺术普及涵盖面很广，包括文学、音乐、舞蹈、书法、绘画、摄影、影视、戏曲、曲艺、非遗、民间工艺等主要类别，每个类别中又包含诸多小类，如音乐中的器乐、声乐等细分领域，具有十分宽广的发展空间。

艺术普及可以采取公益方式，由政府购买艺术普及服务并向社会提供；也可以采取市场化方式，由专业性社会组织和企业提供，其间的分别在于：公益性艺术普及重在保基本，平衡公共财力和社会艺术普及的基本需求，一般公益艺术普及主要面向大众，普及艺术常识，传授基本艺术知识和技能；专业社会或市场主体提供的艺术普及服务一方面经由政府采购程序可转化为公益性艺术普及服务，另一方面可直接以市场化方式向社会提供艺术培训、艺术教育等产品和服务。

辽源已经在琵琶艺术培训上树立起风靡国内外的一面旗帜，并在第四批国家公共文化服务体系示范区创建的基础上，进一步实现了多方面深入拓展。一是品牌拓展。依托琵琶艺术培训良好的产业基础，继续面向国内、国际，提供更为优质的服务，持续推出琵琶艺术培训知名品牌、行业大师和青少年优秀人才。二是产业链拓展。沿着琵琶艺术培训的产业线路，前端延伸至乐器研发、制造和经营，力求在技术上有所建树；中端深度细分市场，挖掘不同年龄段、不同国别或区域、不同层次的多元需求，大幅度提高市场的精准度；末端向产品和服务的细化提供拓展，按需培育国内外琵琶艺术领域市场所需的各类主体，包括个体、团队、志愿服务组织、品牌等。三是衍生拓展。立足于显顺琵琶艺术培训小镇建设的定位，在博览、会展、园林、剧场、艺术竞技、赛事以及特色宾馆、民宿等方面精心打造特色，谋求进一步发展。

（七）非遗转化：非遗"活起来"带动体验旅游

近年来，全国各地以非物质文化遗产"活起来"为工作抓手，深化文旅融合，培育和发展特色产业，带动文化扶贫攻坚[1]等，形成了不少好的经验：安徽省蚌埠市结合第三批国家公共文化服务体系示范项目创建，以花灯这一非遗的传承创新为切入点，普及知识和技能，组建各类花灯传承和表演团体，举办全域性的花灯节，扩大了非遗传承基础，丰富了基层群众文化生活，也带动特色文化旅游迅速升温。江苏省南京市依托首批国家级非物质文化遗产秦淮灯会[2]，在每年春节至元宵节期间举行集灯展、灯会和灯市于一体的大型活动，持续50多天，被誉为"天下第一灯会"，是中国持续时间最长、参与人数最多、规模最大的民俗灯会，也成为特色文化旅游的著名品牌。

辽源拥有梅花鹿养殖和利用（含特色生态养殖、鹿茸制作、鹿茸医药和保健

---

[1] 2018年7月，文化和旅游部、国务院扶贫办印发通知，确定了第一批10个"非遗+扶贫"重点支持地区，支持设立非遗扶贫就业工坊。

[2] 秦淮灯会又称金陵灯会、夫子庙灯会。

利用等技艺)、东丰农民画等多项有较大开掘空间的非遗项目,除了上述"非遗＋节庆"之外,还在广泛推进"非遗＋"工程、"活化"非遗的同时,促进相关体验式文化旅游产业发展。一是"非遗＋研学",以"梅花鹿非遗＋研学"为例,为青少年及社会大众设计推出亲身感知梅花鹿相关的丰富非遗文化的旅行,把梅花鹿养殖和利用基地同步转化为研学旅游小镇,设立研学旅游体验店、推介点,配备非遗传人或相关专家为研学旅游导师。二是"非遗＋民宿",以"东丰农民画＋民宿"为例,与农民画师、画室、画展结合开办特色民宿,增强入住旅客的农民画亲身体验,也为农民画作品打开新的活化路径。三是"非遗＋文创",辽源的"蛋壳艺术"已经形成技艺高超的民间工艺品,宜进一步增添文化内涵,开发系列化文创产品,使民间工艺具有更为深厚的文化内涵。此外,优秀的东丰农民画作品可以衍生开发艺术丝巾、茶具、文具、居家用品等。

(八)精品演出:以优质文艺演出服务延展旅游时间

丰富的文化旅游发展实践已然表明,演艺与文化旅游存在相互融合、增值的良好关系,来自本地历史人文素材的艺术创作,转化为山水实景演出或是歌舞类表演,与景区景点融为一体,形成表演艺术的再度创新应用,可为特色文化旅游增色,如江苏省昆山市在亭林公园连年上演园林版《牡丹亭》等,给游客留下深刻印象。

演艺对旅游的带动关系,最突出地表现为两点:一是为旅游景点创设人文艺术氛围,提高景区景点的吸引力;二是延展游客在景区景点游览时间。说到底,旅游是时间经济,游客游览时长与旅游经济效益成正比,具有一定时长的优质文艺演出,是提高旅游经济效益的重要因素。在极端的情况下,演艺本身可成为人们到特定地点旅游的主要原因之一,观赏美国纽约百老汇的音乐剧就是全球各地游客到纽约旅游的目的之一。

辽源大小寒葱顶、皇家鹿苑、世界袜都对富有特色的演艺产品均存在潜在需求。辽源将中华满族崛起的雄风、当年的历史人文故事,转为优秀的舞台艺术作品,这些作品在大小寒葱顶、皇家鹿苑等旅游景区景点常演不衰。世界袜都则针对性地借鉴了国际时尚舞台艺术表演的经验,走现代时尚路线,与当地袜业紧密联动,开发技能、展示产品魅力,不断发布新品、推出精品,形成了相对独特的时尚舞台艺术表演。

# 第六章 公共文化和旅游公共服务融合的特色化：乡村文旅服务中心

乡村公共文化服务如何才能方向正确、积极有效、群众满意？如何才能走出政府"大水漫灌"、群众"毫不领情"，中央不断加大政策强度、地方仍然"等、靠、要"的怪圈？以往各地乡村基层文化服务已有不少创新实践，其中为数不少如过眼烟云，缺乏持久的生命力和广泛学习借鉴的价值，一些所谓"经验"其实只是"器物"①层面的"花样翻新"，有些还流于"为创新而创新"的应付层面。关于文化和旅游融合发展背景下乡村文化和旅游公共服务的改革发展，一方面需要立足乡村实际，从乡村公共文化服务复合功能入手，在"理念、制度和器物"等多层次进行全面调整和深刻改革；另一方面，理论研究的务虚、制度的顶层设计，迫切需要实践探索的呼应，需要尽快得出实证性结论。

## 第一节 公共文化和旅游公共服务融合发展的维度

中央明确提出"加快构建现代公共文化服务体系"以来，公共文化服务的宗旨、目的、任务和要求已经十分明确，现代公共文化服务体系建设需遵循自身规律，简单地要求所有公共文化服务均需与旅游融合，所有公共文化服务单位及其服务行为均需拉动文旅产业则有违公共文化服务体系建设运行的内在规律。总体上说，公共文化带动文旅产业的主要方式是为文旅产业提供基础支撑，而不意味着去取代或将自身转化为文旅产业。

---

① 德国古典哲学家黑格尔曾在《小逻辑》里阐述认识事物的三层次：理念层次、制度层次和器物层次。所谓"器物层次"，是指暂时的、经验的、琐碎的、偶然的现象认识层面。

## 一、"以城带乡"或有盲区

按照"创新、协调、绿色、开放、共享"新的发展理念,不能将加快乡村发展简单地理解为经由"以城带乡"来实现"城乡一体",新时代的乡村并不是城市发展的包袱,一味将城市发展的套路拷贝到乡村,走单一城镇化发展道路,有悖于新时代乡村发展战略。城市经济与乡村经济有交集但并不完全相同,从中国中部地区城市的经济社会发展历程看,以往城市经济走的是资源依赖型和重化工业路线,这种城市经济与乡村的交集之处较多是无止境地吸引乡村人口进入煤炭、钢铁、水泥等重化工业大军,持续不断地蚕食稀缺的平原土地和农民珍视的乡村耕地。

## 二、乡村文旅经济的正向综合效应

唯有当城市走向科技创新、绿色发展、生态经济,才有可能与乡村形成真正的良性互动。相比较而言,较为适合城市环境的高科技产业、高端装备制造产业等,在乡村因为基础条件缺乏,发展难度较大。在国家大力推进乡村振兴、促进文化和旅游融合发展的当前和今后相当长时期内,能够较短时间、较快速度、较大规模与城市形成互动的乡村经济,非乡村文旅经济莫属。但需要注意的是,乡村文旅经济,并不简单地从属于城市经济,能够发挥依托乡土、繁荣乡村、惠及村民、反哺农业的相对独特的重要功用。乡村文旅经济不仅不破坏乡村风貌,反而有助于挖掘、发现、凝练、汇聚有利于增厚乡村人文内涵的相关资源,从而使原始乡村风貌具有更鲜明独特的品位。乡村文旅经济的发展一定程度上阻断了陈旧的城市发展路线所形成的城市对于乡村的"虹吸效应",反之,有可能以乡土独有的自然风光、清新气息和淳朴人文,吸引城市相关人才"倒流"至乡村,不断为乡村经济赋能。

## 三、乡村文旅经济潜在能量分析

文化和旅游融合及其新兴的乡村文旅经济潜藏着的能量究竟有多大?回答这一问题,需要从现代服务业说起。中国现代服务业比重近年来刚刚超过第一产业(农林牧渔)和第二产业(以制造业为主的工业)的总和,成为国内第一大产业。但是,中国现代服务业与发达国家相比还有巨大上升空间,现阶段,美、日、英、法等发达国家现代服务业约占 GDP 比重 80%,中国现代服务业约占

GDP 比重 52%①。2017 年,中美文化和旅游业合并对比来看,美国文化和旅游业产值 60 016 亿美元,占美国 GDP 比重 31%,约占世界文化和旅游业比重 43%;中国文化和旅游业产值 5 091 亿美元,占中国 GDP 比重 4.16%②,约占世界文化和旅游业比重 3.65%。

在中国的一线城市,文化和旅游发展较快。2006—2018 年"13 年间,北京市文化产业年均增长 16.1%,文化产业增加值占全市地区生产总值的比重为 9.6%,继续保持全国首位,比全国高 5.4 个百分点"③。上海市 2017 年文化产业实现增加值 2 081.42 亿元,占地区生产总值的比重为 6.80%④;2013—2017 年,上海旅游总收入年均增长 7.1%,旅游产业增加值占 GDP 比重始终保持在 6.2%以上的水平⑤。从中国与发达国家比较、中国国内一般情况与一线城市的比较中可以看出,国内二、三线文化、娱乐、旅游产业发展潜力巨大,完全可以将其作为未来长期可持续支柱产业加以重点培育。

### 四、乡村文旅经济模式屡遭质疑

自中国乡村发展议题得到高度重视以来,特别是国家乡村振兴战略发布以来,社会和市场各界抢占乡村发展先机的意识显著加强,资本、产业、技术、人才进入乡村的速度明显加快。近年来,乡村文旅经济及产业发展领域出现了不少虽然有一定效果却值得进一步反思的方式,概括起来主要有以下三类:

(一)地产开发型

从 20 世纪末至今,中国城乡建设中,地产开发是加快城乡发展重要的成熟商业模式之一。政府利用土地资源进行开发,地产商依托土地资源以投资建设

---

① 2018 年,美国服务业增加值 165 147.47 亿美元,约占 GDP 总量 80.6%。同期,中国服务业增加值约为 469 575 亿元,折合 70 960.6 亿美元,约占 GDP 总量的 52.16%,约为同期美国服务业增加值的 42.97%。中国、美国的三大产业对比:美国服务业占 GDP 的 80.6%,那中国呢? [EB/OL]. (2019-4-21) [2020-12-20]. https://www.sohu.com/a/309386315_100110525.

② 深度解析:美国 GDP 构成,中美 11 大核心产业对比[EB/OL]. (2019-01-10)[2020-12-20]. https://kuaibao.qq.com/s/20190110A0Z92X00?refer=spider.

③ 北京文化产业增加值占 GDP 比重居全国首位[EB/OL]. (2019-09-27)[2020-12-20]. https://baijiahao.baidu.com/s?id=1645785890206738904&wfr=spider&for=pc. 注:以上数据在 2019 年 9 月 27 日北京市政府庆祝中华人民共和国成立 70 周年系列新闻发布会文化建设专场会上,由北京市国有文化资产管理中心负责人董殿毅发布,当日《新京报》刊载了相关信息。

④ 上海市委宣传部发改办.2018 年上海文化产业发展报告[EB/OL]. (2019-03-14)[2020-12-20]. http://www.ce.cn/culture/gd/201903/14/t20190314_31681119.shtml.

⑤ 中商产业研究院.产业地图:上海旅游产业分析[EB/OL]. (2019-02-13)[2020-12-20]. http://finance.eastmoney.com/a/201902131042866486.html.

商业和居住设施的方式扩大资本和产业规模,经营者跟随资本的脚步承接具体投资项目,大众则以消费或投资房地产的方式力图实现增值。前一阶段,这一价值链运营闭环在特定时期几乎放之全国而皆准。这一被政府和地产开发商娴熟运用的商业模式,自然在第一时间抢先应用于乡村振兴。一段时期,宁静的乡村在短时间内崛起许多所谓新型城镇。中部某县的一个新型农村社区建设点,数十栋十多层高的住宅楼整齐排列,小区空空荡荡,墙边杂草丛生,垃圾随风飘扬,周围是农田和普通农房。"烂尾"的原因是农民在社区内没有稳定的经济来源,无法维持生存发展,当地一名基层干部坦言:"楼房盖得快,招商和项目没跟上,导致农民住进楼房没活干。"[1]

2018年5月,国家发展改革委会同国土部、环保部、住建部联合发布《关于规范推进特色小镇和特色小城镇建设的若干意见》,直接叫停一些房地产用地占比过高,产业发展模式不清晰、商业模式不成熟,缺乏持续盈利能力的所谓特色小镇,防止这些小镇形成新的房地产库存,给政府带来基础设施维护和社会治理的负担,甚至出现"空镇""鬼镇"[2]。《关于规范推进特色小镇和特色小城镇建设的若干意见》第十条指出,"各地区要综合考虑特色小镇和小城镇吸纳就业和常住人口规模,从严控制房地产开发,合理确定住宅用地比例,并结合所在市县商品住房库存消化周期确定供应时序。适度提高产业及商业用地比例,鼓励优先发展产业。科学论证企业创建特色小镇规划,对产业内容、盈利模式和后期运营方案进行重点把关,防范'假小镇真地产'项目"[3]。

(二)资本运营型

资本下乡对于长期缺乏资本青睐的乡村而言本是件好事,但资本是工具,也是双刃剑,应用不当仍然导致乡村建设偏离正确轨道。在城市大生产和供应链模式下,一般意义的资本已经基本摆脱了传统意义上资本总是与具体产业捆绑的格局,现代资本较多地从具体生产逐步转向生产条件,其中特别注重有生产意义的城市空间。而当城市空间成为资本增值的直接途径时,这些空间就被

---

[1] 侯文坤,林超,邵琨,宋晓东,刘良恒.乱规划、被规划:乡村振兴遭规划乱象"绊腿"[EB/OL].(2018-12-29)[2020-12-20]. https://baijiahao.baidu.com/s?id=1621192141529896288&wfr=spider&for=pc.

[2] 国家发改委特色小镇政策重大变化[EB/OL]. (2018-05-11)[2020-12-20]. https://baijiahao.baidu.com/s?id=1600162973747709846&wfr=spider&for=pc.

[3] 国家发展改革委,国土资源部,环境保护部,住房城乡建设部.关于规范推进特色小镇和特色小城镇建设的若干意见[EB/OL]. (2017-12-05)[2020-12-20]. https://www.ndrc.gov.cn/xwdt/ztzl/xxczhjs/ghzc/201712/t20171205_972181.html.

资本化了,空间要素就被纳入资本生产的逻辑。

市场经济中的特色小镇建设,为资本进入乡村进而将乡村空间资本化打开了新的出路。但是,现阶段中国多数乡村往往只具有与当地民众紧密相关的传统意义的生产生活,乡村空间本身只是劳作和生活的承载物而已。资本进入乡村若不能根本改变乡村这一传统特性,把乡村转化为新的空间资本,则资本难以获得快速增值,事实上资本与乡村传统这一对矛盾十分难解。

正确的路径应当是:在保持乡村优秀文化传统的基础上,高度重视乡村空间新的生产功能和增值效应的挖掘、发现与开发,在此进程中引入资本予以助力,原则是以乡为本、引资助力,兼顾当地居民参与和发展合作经济,兼顾当地居民长期收益和本地发展控制力,兼顾政府主导下扶持居民职业转型和各方利益合理分配,兼顾本土优秀传统文化保护和弘扬,最终使乡村振兴与资本增值同步实现。

与此相反,资本主导型特色小镇建设围绕资本增值,把乡村空间作为资本相关要素集聚的场所,资本在特色小镇建设中扮演决定者角色,对特色小镇空间进行了利于资本增值的规划和重组,乡村空间资本化进程在资本增值并成功退出后宣告结束,资本退出后乡村是否振兴已与资本无关。资本主导乡村振兴的套路链大约是——概念先行:提出主要有利于资本增值的策划方案。商业运营前置:资本圈地和乡村空间资本化—本土元素及居民外迁或隔离—全面概念化浮面包装—营销和资本增值—本土文化元素贴金及居民转为雇工—资本短期内获得增值并安全退出—乡村空间进入运营常态—风险由当地政府、经营商户和当地居民承担。

在市场经济的条件下,乡村振兴理应"充分发挥市场在资源配置中的决定性作用"[①]。不过,应在以政府为主导、以本地乡村群众为主体的前提下,善用资本力量助力特色小镇建设。以文化和旅游为特色的小镇或乡村,尤其应规避资本的短期行为,应着力将资本要素转化为长期、稳定、可持续的重要辅助力量,形成政府主导、当地民众自主和资本辅助等多方力量和利益的长期均衡。那种将"以人民为主体"的原则和当地群众的利益弃置一旁,以"政企联盟"之名行权力与资本结合之实,以权力助力资本短期高效逐利的乡村开发,导致有优良传

---

① 习近平在庆祝改革开放 40 周年大会讲话中指出:"充分发挥市场在资源配置中的决定性作用,更好发挥政府作用,激发各类市场主体活力。"

统和文化特色的乡村在短期内空间异质化的行为,应予以坚决反对。

(三)企业主导型

与上文地产开发型、资本运营型有交集但不完全相同,企业主导型是在政府支持下,引入某一家或多家企业进行乡村开发或特色小镇建设,在一定乡村区域内实施企业化生产经营。这种经营方式的好处是便利行政指导和管理、推进速度快、责任主体明确。弊端是企业与资本在本质上相通,均是以经济效益最大化为目标,总是把营利冲动摆在第一位,处处从企业发展考虑,易将政府的价值追求和当地群众利益置之脑后。

企业主导型一般有两种情况,其中一种是以政府下属的地方国资企业为主导,这类国资实质上是政府建设或者融资的平台,这类企业主导乡村振兴和小镇建设,有可能形成两种结果。一种结果是政府以城带乡、以经济发展成果和政府资金反哺乡村,加速乡村振兴进程;另一种是把特定乡村地区的土地转化为政府缓解财政紧张、取得预算外收入的筹码。即便是前者,也要防止政府拍脑袋、乱作为,打着"惠民"旗号,官僚主义地武断或强行自上而下推行某种概念化、形式化、政绩化乡村发展举措。而后者,则有可能更为恶劣地在短期内强行剥夺当地乡村群众赖以生存的土地、代代相传的传统生产方式和已经习惯成自然的生活方式。

归结起来,企业主导型之不可取,一方面在于政府主导的缺位、政府"以人民为主体"理念的缺失,以及过程中政府行政效能的必然缺损。另一方面,民众处于被动状态,企业变成了乡村群众的主人,乡村群众由自主生产者、自我管理者、自助服务者转变为企业雇员,乡村群众从依靠政府转为依靠企业,风险因素大大增加。

上述分析发现,现有乡村文化旅游开发建设的方式并不完备,虽有少数成功案例,但这些案例大多存在难以推广和复制的非乡村性特殊因素,或是以某种历代相传且知名度高的非遗或民间技艺为依托,或是以风景秀丽、交通便利、邻近都市等优越条件为依托,大多数缺乏这些特殊资源的乡村,即便有独特的人文传统和文化风貌,也无法引起政府的重视或资本及企业的关注。

五、文旅公共服务:乡村文旅经济直接切入点

(一)发展乡村文旅经济的基本前提

立足于普遍适用的角度,选择乡村旅游经济发展的切入点,需要满足三个

基本条件：

一是政府主导。在乡村振兴特别是乡村文旅经济发展中，需要政府切实履行公共服务责任，以扶志、扶智、扶能为抓手，真心实意帮助乡村群众提高认识、树立信心、增长知识、增添本领，政府主导切忌大包大揽、取而代之，要有授人以渔、搭台助力的心态和胸怀。

二是民众主体。乡村文旅经济应以所在乡村的民众为主体，所有外来元素的合理性应以服务当地民众、有利于当地的发展为前提，而不是借资本或企业之力剥夺群众赖以存在发展的生产生活资料，变乡村为资本的筹码，变群众为企业的雇工。

三是乡村主位。在乡村振兴特别是乡村文旅经济发展中，不能在乡村强行推进城镇化，不能强行变乡村为城市，不能立足于城市考量乡村的存在价值，应始终坚持乡村存在和发展的独特价值，始终围绕新时代乡村现代化展开各项工作。

### （二）文化和旅游公共服务融合的城市方式

#### 1. 公共文化服务与旅游服务融合

公共文化服务属政府基本公共服务职能范畴，旅游公共服务原属市场领域政府为发展旅游经济而提供的与优化旅游业营商环境、便利公众旅游消费相关的公共服务。自2018年3月国家正式实施文化和旅游融合、新设国家文化和旅游部以来，公共文化服务体系与旅游公共服务之间需要"宜融则融、能融尽融"。就城市的公共文化服务而言，其主要构成成分如公共阅读服务、群众性文化艺术服务、文物博览服务，及其所涉及的公共图书馆、文化馆、博物馆等公共文化机构，均具有较为完善的专业领域和服务边界，与旅游融合客观上受到较为严格的专业限制。城市公共文化服务原先就有巨大的包容性，宣传教育、党员学习、科普普法、体育健身、文化服务皆在其中，与旅游相关的自然人文历史知识普及、特色旅游景点线路信息咨询及相关产品和服务品牌宣传推介、与旅游业相关的文化艺术活动开展等也在其中。以公共图书馆为例，公共阅读服务与旅游服务融合大致有三个基本路径：

一是可以围绕大局，阶段性地突显公共阅读服务中原先就存在的相关功能，重点加强旅游相关知识、信息、资讯的普及、宣传、推介，以此深化公共阅读服务与旅游服务的融合。

二是可以发挥场地设施及其馆藏特色所具有的旅游效应，如以青少年群体为主、以亲子游为主要方式的本地游,以党员干部、大中学生为主要对象的专题研学游等。

三是可利用地方文献资源收集、整理、形成的服务产品,为党委、政府发展旅游经济提供决策咨询,也可为其他社会主体参与旅游业发展提供专业支撑。

但是应当指出,城市公共文化服务强化特定功能或形成一定服务增量,并不意味着打破了原有专业边界,也不意味着城市公共文化服务体系或具有一定规模和成熟度的专业公共文化单位就此转为文化和旅游兼而有之的体系或单位。概而言之,城市公共文化服务与旅游服务的融合,主要以交集面增加、原有局部功能的阶段性强化和放大、根据特定需求着力开发局部潜在资源等方式实现。

2. 旅游服务与公共文化服务融合

与上述情况同理,所谓的旅游公共服务,在现阶段大力发展文化旅游产业的特定时期,的确需要进一步提升和完善,使之与新时代文化旅游产业高质量发展的实际需求相适应。但是,未必需要根本改变过去政府以规划、指导、监管等行政方式主导,以市场化方式解决旅游公共服务的机制、载体和运行轨道问题。

由于公共应急医疗需要加大各级公共财政投资力度,而各地经济和财政收入不同程度遭受疫情冲击,客观条件已不允许把原先由市场方式提供的旅游公共服务,全面转为由政府公共财政包揽。从旅游产业发展本身看,大量的旅游公共服务设施,诸如城市旅游集散中心、游客接待中心、景区道路和标识设施、旅游厕所建设等,大多可以充分发挥市场机制,采用三种市场化方式解决:

一是采用公共服务与产业运营兼容的方式,继续在游客集散及接待设施中配套提供有商业模式支撑的各种导游、商品、文创等消费服务,政府行政管理部门加强指导和监督,平衡这些重要载体的公益服务与市场运营。

二是采用改善营商环境,制定或修订相关建设、管理和服务标准,同步配套优化财政、经济政策扶持的方式,鼓励和支持旅游企业大力加强旅游硬件设施建设,推行"厕所革命",广泛提升硬件设施配置、管理和服务水准。

三是在政府的指导下,继续用好市场机制完善和评估定级杠杆,全面建立和实施旅游设施建设、产品提供、服务运营"第三方评估"制度,使行业评估客观、公正、权威。如此,则不必使有较高市场化程度的旅游公共服务退回到政府包办的原点。

## （三）文化和旅游公共服务融合的乡村特点

文化和旅游公共服务融合的情形在乡村有所不同。文旅融合背景下，乡村公共文化产品内容有所扩展，服务群体扩大，除本地村民外，游客也将消费乡村公共文化产品，服务需求不断升级①。然而长期以来，乡村的旅游经济难以起步、徘徊不前，大多乡村的旅游业处于空白状态。乡村的公共文化服务也是整个公共文化服务体系的最短板，乡村公共文化服务普遍存在不专职、不专业、不专心的问题。俗话说"上面千条线，下面一根针"。乡村基层工作的总体性（难以仿照城市管理进行细分）、具体性（面对各种具体情况和事务）、复杂性（各种情况相互交叉、错综复杂）、多元性（为乡村小社会多元化构成所决定）、综合性（发展经济、乡村治理、维护稳定、环境整治、生态保护、文化建设、提升素养等融为一体）是显而易见的。

因而，原先乡村公共文化服务难以走上与城市相同的"正轨"是必然的，那种臆想中的由城市公共文化服务体系衍生而来的乡村公共文化服务其实是伪命题。乡村公共文化服务不必要也不可能从乡村经济、政治、文化、社会、生态"五位一体"发展中孤立出来，乡村现代治理过程中不必要也不可能按照纯粹理论推演，创设公共文化服务"乌有"空间。客观实情是乡村公共文化服务需要贯穿于乡村发展的始终，需要融汇于乡村经济发展、政治稳定、环境整治、生态保护之中，需要为新时代乡村改革发展提供一定的支撑和助力。

由此可见，乡村公共文化服务丝毫不能在乡村振兴诸多事项中完全丧失"自我"，特别是不能丧失公共文化服务应有的阵地建设、基础保障、价值引领、服务支撑的核心功能，不能把公共文化服务的地位和作用庸俗地降低至为利益搭台、为娱乐操劳、为低俗吆喝、为小众"圈粉"。其间所要准确把握的"度"，正在于结合实际，紧紧围绕乡村公共文化服务以丰富乡村群众文化生活为表、提升乡村群众精神文化素养和发展能力为里，以带动乡村特色文化建设、助力乡村经济（特别是因地制宜助力文旅经济）发展为体，着力为满足乡村群众不断增长的美好生活需求提供文化服务支撑。

在大力推进文化和旅游融合的现阶段，面向乡村推进文化和旅游融合，建设新时代乡村文旅服务体系，以文化和旅游公共服务为切入点，带动乡村文旅

---

① 潘颖,孙红蕾,郑建明.文旅融合背景下的乡村公共文化发展路径[J].图书馆论坛,2021(3):68-77.

经济发展，既符合国家重大战略和当前政策指引，又贴合乡村公共服务应当有所助力于乡村经济增长、产业开发、群众就业的特点，也是推动原先部分地区文化服务从隔靴搔痒、娱乐至死、庸俗媚众向教育群众、增长能力、助力发展正确方向转化的有力举措。

不过，在乡村推进文化和旅游公共服务实际操作上，不同的操作思路可能导致完全不同的结果。如果官僚主义、形式主义地为了文旅融合，"一刀切"地把文化和旅游公共服务强行向乡村推进，可能使为数不少暂时还不具备发展旅游经济条件的乡村受到新的冲击，原有已为民众认同和接受的公共文化服务，或许因此被错误地转向、分流或肢解，会因时机不当形成"超前式"资源误用、资金损耗和人力浪费，导致原本就薄弱的乡村经济雪上加霜，这或许是此前一些乡村文旅建设项目"烂尾"的重要原因。

### 六、乡村文旅服务全面带动乡村振兴

从乡村振兴的实际需求看也是如此。国家乡村振兴战略规划提出的乡村振兴总要求是"产业兴旺、生态宜居、乡风文明、治理有效、生活富裕"[1]。对这 20 字的理解和把握，一方面应当明确"产业兴旺"是基础、是根本，没有产业支撑，其他可能都是浮光掠影、表面文章；另一方面，乡村产业的选择，应与"生态宜居""乡风文明""治理有效""生活富裕"相融相生。如果产业上去了，乡村却消亡了，或者乡村群众失去了祖祖辈辈赖以生存的生产资料和稳定的经济来源，则这种所谓"振兴"已归于失败。

相比较而言，以农业、农村、生态为依托，发展各具特色的文旅产业在乡村有较大比例的适应性，世界部分发达国家乡村文旅经济发展的情况表明：理论上说，任何乡村均具有以不同方式发展文旅经济的潜在可能性；在实践中，发达国家基本采取了全面推进的办法，法规和政策上指向"广种薄收"，扶持项目上实施"重点突破"，长期坚持之后形成"遍地开花"的良性形态。

中国的乡村建设，总体上还滞后于发达国家发展水平，特别是现阶段，并非所有乡村均适合发展文旅经济。在这里，尤其要排除一个政策设计的误区：聚焦乡村文旅经济，并非置原有农业生产于不顾，而是找到全面带动农村经济发

---

[1] 中共中央 国务院印发《乡村振兴战略规划（2018—2022 年）》[EB/OL]. (2018-09-26)[2020-12-20]. http://www.gov.cn/zhengce/2018-09/26/content_5325534.htm.

展方式转型、促进农业产业结构调整提升的"引爆点",是采取从局部到整体稳步推进的办法,以文旅及相关现代服务业牵引乡村经济跨越发展。如果这一思路得到确认,近期则可以在局部乡村把推动乡村文旅经济发展作为各级政府有所作为的工作重心,中、长期则可以扩大规模,逐步实施全面推进乡村文旅经济发展的工作格局。

半个多世纪以来,以发展乡村文旅经济综合带动乡村产业振兴、设施建设、环境整治、风貌保护、生态恢复等,已成为各主要发达国家的共同行动,也为发展中国家进入"后工业时代"①加快乡村振兴提供了宝贵经验。

在中国乡村振兴战略中,加强乡村文旅服务,促进乡村文旅经济,同样能够起到"挈领而顿、百毛皆顺"的全面牵引作用。这一点可以从乡村文旅服务与"产业兴旺、生态宜居、乡风文明、治理有效、生活富裕"总要求的具体关系中得到体现,也可以从中形成我国中部地区乡村文旅服务体系建设工作的基本思路。

乡村群众是乡村公共文化和旅游服务的主要受益者,在大力推进以"产业兴旺"为重点的乡村振兴战略实施阶段,使乡村群众在乡村文旅服务体系中实实在在受益的一个十分重要的体现,即是以公共文化和旅游服务助力乡村群众发展乡村文旅产业。

(一)乡村文旅服务促进"产业兴旺"

以改善乡村文化和旅游服务为切入点,把全面带动乡村文旅经济发展作为文旅公共服务重要内容,发挥公共文化服务和旅游公共服务相通的传播知识、提升素养、传授技能、创设条件、引导就业等重要功能,一方面有效激发乡村群众发展乡村文化旅游的主体创业诉求,另一方面搭建起引导创业和就业的综合性基础支撑平台,就能够带动乡村旅游、文创、民宿及其他相关服务产业逐步兴旺起来。我国中部地区国家公共文化服务体系示范区城市的前期探索已形成相关经验,宜结合示范区创建进一步扩大试点规模,逐步向全局推开。

一是乡村群众文化素质提升带动乡村产业。公共文化服务本质作用是提升公民精神文化素养,在乡村则集中表现为激励乡村群众不甘落后、勤劳致富、敢于创业和谋求发展。以往公共文化服务过多侧重音乐、舞蹈、美术等乡村少数人热衷的文艺、娱乐和休闲本领,对大多数乡村群众所期待的扩大生产、发展

---

① 美国社会学家丹尼尔·贝尔在《后工业社会的来临》中率先提出"后工业社会"概念,用以描述20世纪后半期工业化社会中所产生的新社会结构,后来被普遍用于指称当今以高新技术产业为支撑、以知识经济为特征的时代。

旅游、开发文创、发家致富的知识和技能有所忽略。中国中部地区城市结合国家公共文化服务体系示范区创建，在乡村文旅服务中心建设过程中，把提振乡村群众谋求发展的精气神，引导乡村群众学习借鉴国内外乡村发展新信息、新经验，培训乡村群众发展文旅产业的新知识、新技能，指导和帮助乡村群众挖掘当地资源优势打造新产品、新服务作为工作重心。

二是以专业知识和技能培训服务带动乡村群众创业、就业。在第一批国家公共文化服务体系示范区创建中，长沙市长沙县开慧镇依托乡镇文化站，开展"湘绣"非遗技能普及，建立湘绣绣品企业，发展集体经济，先后带动近百名乡村妇女掌握技艺、灵活就业，这一典型案例值得各地乡村公共文化和旅游服务借鉴。乡村文旅经济面广量大，涉及多种产业、业态和技艺，公共文化单位无法包揽和提供，但是公共文化服务领域中的确存在大量可以在乡村生根、发芽、成长的民间工艺、非遗技艺、戏曲小品等，这些技艺不仅可以帮助农民找到自己喜爱、可灵活就业的"行当"，而且对于丰富乡村产业样态，活跃乡村民俗氛围，增加服务项目，延展游客滞留时间，甚至发展乡村夜间经济均有助力作用。

乡村群众，大多祖祖辈辈面朝黄土背朝天，多数群众主要从事种植业、畜牧业和养殖业，发展文化旅游产业要经商办企业，乡村群众最缺的是文化旅游、企业管理、产品生产、服务提供、市场营销、品牌建设等方面专业知识。文化和旅游行政部门应利用系统内专业机构、人才优势，以公共文化和旅游服务的方式，把专业知识和技能源源不断地输送给乡村群众，群众掌握了专业知识和技能，相应的产业发展就成为顺理成章之事。所以，在乡村，现阶段所要强化的文化和旅游公共服务，本质上就是要让乡村群众能够便利地学习专业知识，提高在文旅经济发展过程中所必备的创业才能和就业本领。在此，可以借鉴法国、德国和日本，以公共普及服务和产业指导方式，把乡村民宿、餐饮、卫生条件、环境建设、景点生态维护等法律法规、政策条文或标准规范传递到乡村，以此鼓励、带动群众创办特色乡村景区景点、乡间民宿、农家餐馆等，以新农村建设与文化资源利用和旅游开发相结合的方式，按照以旅游促增收的目标，对有潜在基础的农家民宿、餐馆人员进行集中培训，提高规则意识、接待水平和服务质量。

（二）乡村文旅服务提升"生态宜居"

把发展文旅经济作为突破口，客观上要求乡村必须将良好的风貌、优美的环境、整洁的道路、舒适的食宿、完善的服务呈现在游客面前，这就势必倒逼乡村群众自发或自主地朝着生态宜居方向，持续推进乡村基础条件和生活环境改善,使之适应不同游客对环境和服务提出的各种苛刻要求。其中由"他逼"到"自逼"①的动力机制转换,潜藏着推动政府公共服务方式转换的奥秘,以往由政府"一厢情愿""勉为其难"地强行推进乡村建设规划、乡村生态保护、乡村环境整治、美丽乡村建设等,有望转化为乡村群众自我诉求和自觉行动。

(三)乡村文旅服务增进"乡风文明"

致力于提升乡村群众精神文化素养,原本属于乡村公共文化服务之本职工作和中心任务,目的是营造文明风尚,淳化乡风、民风和家风。但是,长期以来完成这一任务的方式、实现这一目的的路径存在严重问题。过去政府总是以"全能政府"的面目出现,以十分生硬和强势的方式要求乡村群众讲文明、守公德、树家风。俗话说"佛不外求"②,任何政府的理念、政策,若不能化为乡村群众的自觉行动,大多是事倍功半、虎头蛇尾,或金玉其外、败絮其中。

根源于计划体制时代的自上而下的乡村公共文化服务亟须作出调整,然而一般情况下的调整难以收效,常常是"换汤不换药"。与发展乡村文旅经济紧密结合的乡村文旅服务,可为乡村公共文化服务治理下一剂猛药。乡村文旅服务可使原先主要以本土群众为服务对象,以提供娱乐产品和服务为主要方式,以本地群众满意度为评价尺度的公共文化服务,转变为以提高本地群众精神文化素养为基本要求,以面向游客展示良好风貌、特色文化为基本方式,以游客满意度为基本评价尺度的文化和旅游公共服务。变政府"要我"为乡村群众"我要",如此发自乡村群众自身的"乡风文明",方具有典型的现代特征。在许多中部的国家公共文化服务体系示范区城市,如长沙、襄阳、唐山、株洲、铜陵等,已有部分群众自主创建"乡风文明"的典型案例,其中的规律与经验,可与上述理性分析相互印证。

(四)乡村文旅服务深化"治理有效"

进入新时代以来,中国中部地区的乡村文化形成了新思路、新机制和新气象。一是党建引领在乡村文化中起到定心轴的作用,基层党组织和基层党员的先锋模范带头作用得到充分发挥,可确保乡村文化建设始终沿着正确方向前行。二是新时代文明实践在乡村普遍开展,新时代文明实践中心的基层工作点

---

① 原先由政府要求群众的"他逼"机制,极易养成群众等、靠、要、闹惯性行为,若转变为群众自身希望提升的"自逼"机制,政府因势利导、顺势而为即可。这一机制转换有事半功倍之效。

② "佛不外求"的意思是凡事不能单靠外力,自身内因是主要方面。佛家认为,领悟、修行皆在自身。

建到了乡、村,关注、支持、参与文化志愿服务在乡村蔚然成风。三是基层综合性文化服务中心建设顺利推进,乡镇文化站、村文化室成为宣传教育、党员学习、科普普法、体育健身和文化服务的综合性大平台,与群众相关的服务内容和项目愈加丰富。

但是需要指出的是,作为各级党委、政府强力推进的党建引领、新时代文明实践和基层综合性文化服务等各项工作,如要得到乡村群众的认同和参与,最关键的是与乡村群众的根本利益紧密关联,最根本的仍然是从政府"一厢情愿"转变为群众"自觉自愿"。俗话说:"旗帜举得高、高调唱得好,不如群众主动搞。"因此,党建引领必须细化在与群众切身利益相关的各项具体活动之中,新时代文明实践必须深入改善群众生产发展生活的各类实践行动之中,基层综合性文化服务各种项目也必须在单位时间利用中对于增长乡村群众知识和才干有明显优势,如此才能避免形式主义地劳民伤财、耗时费力,徒然占用乡村群众用于生计的时间和精力。

比较而言,乡村文旅服务是党建引领、新时代文明实践和基层综合性文化服务得以落细落实、发挥功能、实现价值的良好载体。在旨在促进乡村文旅经济发展的乡村文旅服务中,党建引领更能够发挥基层党组织和党员"冲在前面"探险铺路的带头作用,新时代文明实践更能够发挥乡村文化建设、乡村群众文明素质提升、乡村创新创业氛围营造对于乡村经济发展的引领作用,基层综合文化服务也更能够发挥学习知识、培训技能、指导创业、辅导就业的平台支撑作用。

现阶段,乡村治理自上而下要求乡村群众遵循各种法律制度十分必要,采取指定的方法让一些有代表性的群众参与制度建设和监督评议也十分必要,但是更为基础性也更为重要的先行事项,应该是在乡村形成以"产业兴旺"为主干,方向正确、利益明确、稳定可靠、群众主体的发展序列,乡村群众在这一序列中均能找到适合自己的位置。这种有序性方是乡村长治久安的根本保证。

### (五)乡村文旅服务带动"生活富裕"

生活富裕是所有乡村群众梦寐以求、时刻向往,也是各级党委政府奋斗的目标①。以往一般的公共文化服务,似乎没有任何需要帮助乡村群众致富的任务或义务,唯一需要履行的职责只是"丰富群众文化生活",这一定位在过去相

---

① 中共中央文献研究室.十八大以来重要文献选编(上)[M].北京:中央文献出版社,2014:70.

当长时期内,一定程度上导致了公共文化服务几乎无差别地提供各种以娱乐功能为主的所谓"文艺活动",让人们在低劣的文化产品中娱乐一番、消磨时光。客观地说,如此公共文化服务也有些许正向效应,如特定群体跳广场舞有一定的健身效应,可以让少数有钱有闲者养成爱好,避免闲则生非,还能够在特定空间范围内给予特定群体"刷存在感"的机会,但是这些活动真的需要政府大张旗鼓、亲力亲为吗?

据观察,经常性参与此类活动的主力群体,只是城乡家境较好、衣食无忧、负担较轻的那一小部分群众,或是有退休金保障移居乡间的城市老人,为这些群体提供公共文化服务也是政府职责所在,只是成本过大、效益过低、内容过俗,实非政府所应作为,而且过多提供此类公共文化服务,则对更为广大、更需要服务的其他群体有所忽略。

真正辛勤劳作田间、常态化进城务工、家有老少需要照顾的大多数劳动群体对娱乐化的公共文化服务态度消极,因为其中潜藏着消磨意志、浪费时间、靡费钱财的巨大风险,这些对于本已是捉襟见肘的家庭来说,无异于雪上加霜。这或许也是以往公共文化服务投入大、声势广、参与小、效能低的重要原因。

如上文所说,切实提高公共文化服务效能,关键在于以乡村群众为主体,所提供的公共文化服务必须与群众的根本利益、长远利益紧密相关,必须有益于乡村群众近、中期生产发展和生活改善,必须有助于在乡村形成勤劳朴素、积极健康、向上向善的乡情民风。在现阶段中国乡村,任何游离于群众长远利益之外、偏离乡村振兴正确方向的公共文化服务一定是低效的、无意义的,甚至属于徒然"添乱"的"乱作为"。

乡村文旅公共服务围绕乡村振兴大局,重在提升乡村群众精神文化素质和文旅经济发展能力,其直接的延伸效应是助力乡村文旅产业,带动乡村灵活就业,为惠民、富民增添新动能,可作为乡村振兴工作中"生活富裕"的重要工作抓手。

城市公共文化机构和旅游服务机构应想方设法挖掘、汇聚、掌握各种有利于乡村文旅经济的元素,并将其以易学、易懂、易会的方法教给乡村群众。古人说"授人以鱼不如授人以渔",在乡村,政府提供的公共文化和旅游服务,更应是授人以娱不如授人以有立身之本作用的一技之长。

## 第二节　打通乡村公共文化服务建设的"最后一公里"

乡村公共文化服务主要指向保障乡村群众基本文化权益、满足乡村群众基本文化需求,在乡村相对欠发达的情况下,乡村群众的基本文化需求应有所侧重,把促进乡村群众创业就业、增长知识、提升发展本领摆在重要位置。这一点在乡村公共文化与旅游服务融合发展中显得更为突出,乡村旅游服务直接指向乡村旅游产业发展,属于优化乡村旅游业营商环境的范畴,两者在带动乡村文旅经济发展方面相辅相成。

近年来,乡村文化和旅游公共服务面临乡村文化建设环境诸多新的积极变化,主要是三个方面:一是乡村基层党建引领。当前乡村基层正在深入实施党建引领,注重发挥基层党组织核心作用和基层党员先锋模范带头作用,用以巩固党的基层阵地,带领乡村经济社会和文化建设沿着正确轨道发展。二是乡村新时代文明实践。2018年7月6日,中央深改组研究通过《关于建设新时代文明实践中心试点工作的指导意见》,首次提出建设"新时代文明实践中心"[①]。2018年8月21日,习近平总书记在全国宣传思想工作会议上强调"推进新时代文明实践中心建设,不断提升人民思想觉悟、道德水准、文明素养和全社会文明程度"。三是乡村基层综合性文化服务中心建设。2015年10月2日,国务院办公厅发布《关于推进基层综合性文化服务中心建设的指导意见》,指出"全国范围的乡镇(街道)和村(社区)普遍建成集宣传文化、党员教育、科学普及、普法教育、体育健身等功能于一体,资源充足、设备齐全、服务规范、保障有力、群众满意度较高的基层综合性公共文化设施和场所,形成一套符合实际、运行良好的管理体制和运行机制,建立一支扎根基层、专兼职结合、综合素质高的基层文化队伍,使基层综合性文化服务中心成为中国文化建设的重要阵地和提供公共服务的综合平台,成为党和政府联系群众的桥梁和纽带,成为基层党组织凝聚、服务群众的重要载体"[②]。如果政府不及时提供此类公共文化和旅游服务,那么它

---

[①] 什么是新时代文明实践?[EB/OL].(2018-11-21)[2020-12-30].http://wm.jschina.com.cn/18852/fangtan/geqi/haian/q_a/201811/t20181121_5879293.shtml.

[②] 国务院办公厅.关于推进基层综合性文化服务中心建设的指导意见(国办发〔2015〕74号)[EB/OL].(2015-10-02)[2020-12-30].http://www.gov.cn/zhengce/content/2015/10/20/content_10250.htm.

们就会被市场中的资本或企业垄断,"政府失灵"或许在所难免。

乡村文化旅游产业发展,首要任务是帮助或配合有一定基础条件的乡村以规划方式对发展文化产业的素材、空间、资源、要素进行全面梳理,对特色文化风貌的营造进行谋划,对适合发展的产业门类、结构、业态、项目进行比选。本来这些工作并非原有公共文化单位分内之事,但是,一是由于文旅融合大背景下公共文化和旅游服务深度融合,乡村实际需求决定了文旅公共服务阶段性工作特点;二是乡村公共文化和旅游服务及以乡村群众为主体的乡村文旅经济发展,大多是"市场失灵"之处,公共文化单位必须第一时间体现"政府作为"。

## 一、实现市、县优质公共文化资源和服务向乡村延伸

《中华人民共和国公共文化服务保障法》第三十条规定,"基层综合性文化服务中心应当加强资源整合,建立完善公共文化服务网络"。《中华人民共和国公共图书馆法》第三十一条规定,"县级人民政府应当因地制宜建立符合当地特点的以县级公共图书馆为总馆,乡镇(街道)综合文化站、村(社区)图书室等为分馆或者基层服务点的总分馆制,完善数字化、网络化服务体系和配送体系,实现通借通还,促进公共图书馆服务向城乡基层延伸"。2016年12月,文化部等五部委《关于推进县级文化馆图书馆总分馆制建设的指导意见》指出,"以乡村为重点,以统筹发展、提高效能、促进均等为原则,推动具备条件的地方因地制宜推进县级文化馆、图书馆总分馆制建设,发挥县级总馆在县域公共文化建设中的中枢作用,通过分馆把优质公共文化服务延伸到基层农村"。这些法规、文件均要求公共文化专业机构要在乡村公共文化和旅游服务中发挥推动优质资源和服务向基层延伸的重要作用。

目前,中部地区国家公共文化服务体系范区城市将优质专业资源和服务向基层延伸,其突出功能主要表现在:一是宣传讲座与乡村群众"扶志"紧密结合。结合全民阅读推进文化和旅游专题服务的"乡村阅读工程",激发乡村群众发展诉求,引导乡村群众提高素养、提升能力。二是培训辅导与乡村群众"扶智"紧密结合。结合"乡村文旅讲堂""非遗课堂""民间工艺学堂"等,帮助群众掌握某种有发展潜力的技能,激发乡村群众创业欲望,引导群众"因人制宜"结合乡村旅游找到适合自己发展的位置。

(一)公共图书馆"中心馆+总分馆"制向乡村下沉

2016年12月,文化部等五部委印发《关于推进县级文化馆图书馆总分馆制

建设的指导意见》,明确指出总分馆制建设"以乡村为重点,通过分馆把优质公共文化服务延伸到基层农村,促进公共文化资源向基层特别是农村倾斜",侧重"乡村"主题:

一是市图书馆中心馆突出乡村主题。进一步把市图书馆建成具有统筹规划、制度研究、行业指导、业务培训、品牌建设、咨询服务等综合功能的中心馆。紧紧围绕"新时代乡村文旅服务体系"建设主题,利用专业力量强、资源富集、人才众多的优势,指导和督促各区县总分馆服务体系运行。与此同时,把乡村文化和旅游主题阅读服务、乡村文旅知识和服务技能讲座服务、乡村文旅经济发展决策咨询服务作为特色服务项目加以重点打造。

二是县图书馆总馆服务重心下沉乡村。总馆要密切与分馆的联系,协调各分馆之间的资源调配,并为分馆提供采编、加工、配送、培训等业务支持;各分馆在总馆的指导下,负责图书的登记、上架、借阅、阅读推广等工作,并协调所辖村(社区)综合文化服务中心图书资源配送,向基层群众提供达到或接近总馆服务水平的公共文化服务;基层服务点在分馆的指导下开展延伸服务,重点解决公共文化服务"最后一公里"问题。建立总分馆制之后,县公共图书馆的原有场地设施服务仍以城市居民为主,但总馆的服务职能应适当下沉至乡村文旅服务中心。乡村文旅服务中心图书资源建设与周期性更新、乡村群众阅读组织建设、乡村群众文化和旅游专项知识性阅读服务,以及有利于乡村群众在乡村文旅经济发展中提高创业或就业能力的讲座服务等,应予以突出重视。

(二)文化馆"中心馆+总分馆"制向乡村聚焦

一是市文化馆中心馆突出乡村主题。进一步把市文化馆建成全市具有统筹规划、制度研究、行业指导、业务培训、品牌建设、咨询服务等综合功能的中心馆。紧紧围绕"新时代乡村文旅服务体系"建设主题,利用组织能力强、创作水平高、非遗和民俗资源丰富的优势,指导和帮助各区县总分馆服务体系运行。与此同时,把乡村文化和旅游主题创作、演艺指导和活动策划服务,乡村文旅知识、非遗和民间工艺技能讲座服务,乡村文旅经济发展决策咨询服务作为特色服务项目加以重点打造。

二是县文化馆总馆服务重心下沉乡村。建立总分馆制之后,县文化馆的原有场地设施服务仍以城市居民为主,但总馆的服务职能应适当下沉至乡村文旅服务中心。乡村文旅服务中心与当地文化旅游产业发展、当地群众创业就业相关的非遗技能培训服务,有利于繁荣乡村夜间经济的特色小戏、小品创作策划排练服务,以及有利于提高乡村文化旅游品位、价值和市场影响力的"一乡一品""一村一品"建设服务等,应摆在总馆服务的优先位置。

## 二、培育扎根乡村的专业文旅服务组织

乡村公共文化和旅游服务若要持续提高服务水准和服务效能,必须坚持走专业化路线,切实把乡村公共文化和旅游服务作为整个公共文化领域中一个十分重要的专业领域,坚定不移地培育和扶持扎根乡村、始终以乡村公共文化和旅游服务为主营业务的社会或市场主体。

### (一)本乡本村专业主体得到扶持

由于运营成本、风俗习惯、生活方式等多方面的差异,外来的社会或市场主体,在乡村有一定比例难以善始善终。所以,政府文旅部门和公共文化单位,有必要下大决心、大气力帮助乡村培育本乡本村的服务主体。这里要注意的关键是,不能过多过高地要求本乡本村主体直接提供品质和数量相当于城市专业机构水准的服务,而要专注于发挥这些主体当地交友甚多、联络广泛、群众认可、一呼百应等无法替代的以民间方式进行服务的组织作用。以此为基础,政府文旅部门和市、县公共文化单位,把乡村作为场所、舞台,把本乡本村主体作为组织员、联络员,按需给予强有力的内容支持和资源保障。本乡本土的主体也可在专业领域常态化支持下逐步提高专业水准,逐步成长为扎根基层的专业主体。

### (二)专业组织实现连锁发展

总体上看,乡村公共文化和旅游服务的规模小、距离远、要求多、成本高、情况复杂、无利可图。一方面,以市场机制配置资源,吸引社会或市场主体参与,需要发挥公共财力的基础性、引导性支撑作用;另一方面,公共财力所支付的公共文化和旅游服务往往是无利或微利的项目,面对资本和市场主体往往没有足够的吸引力。

解决这一问题的关键在于进一步解放思想、更新观念,树立全局性思维。首先,应借鉴法、日等国高度重视乡村文化和旅游发展对于纾解"三农"[①]之困的重要意义和作用,政府应有高屋建瓴的意识,充分考虑乡村文化和旅游公共服务对于解决"三农"问题的关键溢出效应,加大投入力度,甚至可以表现出某种"不求回报"的大度,千万不必过于急功近利地在乡村公共文化和旅游服务单一

---

[①] "三农"指农业、农村和农民。

环节强求"绩效"。

其次,政府公共财力对于乡村文旅服务的投入、产出,应把公共文化和旅游服务作为特定乡村发展链中的重要一环(可作为整体发展的"端环节"①),在乡村发展整个链条上平衡投入与产出的绩效。

最后,也的确应该充分考虑乡村文旅专业服务组织在单一项目上获利甚微的实情,实事求是地调整政府引导策略,扩大市场开放,鼓励和支持专业水准高、服务质量好、有实力、长期发展比较可靠的乡村文旅专业服务组织连锁经营、品牌发展,在规模化中逐步建立既能积极配合政府提供公益服务,又能支撑企业长期、持续、稳定发展的营利模式。

## 第三节 为什么是唐山?

### 一、推动乡村文旅中心建设是转型城市发展的题中之义

进入21世纪以来,中国公共文化服务取得了辉煌成就,已基本建成现代公共文化服务体系,中国的乡村公共文化服务也经历了从无到有、从虚到实、从小到大的快速发展过程。党的十九大以来,中国公共文化服务面临新的起点,全面进入新的发展时期。2018年9月,中共中央、国务院印发了《乡村振兴战略规划(2018—2022年)》②,其中对乡村文化振兴作出明确部署。在新的历史条件下,唐山市推进乡村公共文旅服务体系建设研究,要以习近平新时代中国特色社会主义思想为指导,贯彻落实党的十九大以来提出的新理念、新精神、新任务、新要求,把乡村文化和旅游服务作为乡村文化振兴的重点任务纳入乡村振兴战略,使乡村文化和旅游服务在中央给予的新的乡村文化建设"定位标"指引下,对以往相对陈旧、贫弱、低效的乡村公共文化服务作出方向性、战略性调整,变孤立的、娱乐的、浅薄的和游离于发展大局之外的乡村公共文化服务为积极的、学习的、引领的和有助于乡村"五位一体"健康发展、提升乡村群众精神文化素养、带动乡村文旅经济、帮助群众就业的新型乡村文旅服务;要在乡村文化和旅游公共服务供给侧改革中,探索新机制、发现新特点、寻找新规律、建设新制

---

① "端环节"指整个发展链或服务链、产业链的前端环节,对整个链条有引领作用。
② 中共中央 国务院印发《乡村振兴战略规划(2018—2022年)》[EB/OL].(2018-09-26)[2020-12-20]. http://www.gov.cn/zhengce/2018-09/26/content_5325534.htm.

度,进而推动新时代乡村文旅服务的理论创新。

唐山市长期作为工业旅游的重地,但实质上唐山工业旅游近些年来发展仍然比较缓慢,与诸多老工业城市一样,存在依托工业遗产发展文创和旅游的同质化特点。某种意义上,老工业遗产对老工业城市寻找和发现文化旅游新的突破口,客观上形成了预设性"遮蔽"。

唐山市文化和旅游业要实现跨越式增长,一方面要继续发展老工业遗产文创和旅游,讲好中国近现代民族工业萌芽、发展、壮大的艰难历程;另一方面,需要及时把握当今推进文旅全面深度融合、京津冀区域一体化快速推进的最佳时机,紧密结合国家乡村振兴战略,主动承接来自北京、天津及大都市圈和区域文化旅游产业发展的溢出效应,打破思维定式和政策惯性,另辟蹊径、另谋出路,把空间广阔、区位独特、特色鲜明、需求旺盛的乡村文化旅游作为新型文化旅游产业发展的新鲜主体和巨大增量,重点差别化发展区别于都市模式、具有典型北方农村文化特色的乡村文化旅游服务产业,使之成为唐山市新时代经济社会高质量发展和乡村振兴新的"引爆点"。

从中、长期发展考虑,唐山市经济转型和产业结构调整有望在宏观上形成现代新型重工业、高科技装备制造工业与以文化旅游为重点的现代服务产业并驾齐驱、相互助力的新格局,中观上在现代服务业领域有望形成金融、科技、文化、生态等服务业齐头并进新格局,微观上在文化旅游行业有望形成城市老工业遗产特色文化旅游与乡村原生态特色文化旅游互联、互动、互补的新格局。其中,文化和旅游融合发展所形成的遍布城乡的丰富产业形态,将在平衡城市和乡村、促进城乡一体化、融入京津唐区域一体化方面,提供颇为强大的发展新动能。

2018年,唐山市乡村旅游共接待游客1150万人次,实现综合收入24.5亿元,带动就业6000余人,有力地促进了农村经济发展,提升了乡村风貌、富裕了农民。基本现状从以下五个方面进行分析:

(一) 相关公共文化政策支撑有力

早在2006年,河北省政府就已出台《关于加快乡村旅游发展的实施意见》(简称《意见》)。《意见》指出,"乡村旅游是以各类乡村为背景,以乡村风光、乡村文化和乡村生活为吸引物而进行的观光、休闲、体验性的旅游活动"[①]。《意

---

① 河北省人民政府.关于加快乡村旅游发展的实施意见(冀政〔2006〕71号)[EB/OL]. (2006-03-20)[2021-01-20]. http://info.hebei.gov.cn/hbszfxxgk/329975/329982/364113/index.html.

见》要求以发展乡村旅游的方式,协助调整农村产业结构,帮助剩余劳动力就地转移就业,增加农民收入,助力新农村建设和城乡协调发展。《意见》"鼓励和支持村民以股份制等形式组成专业旅游公司,实施'公司+农户''公司+旅游点'模式,整合分散的乡村旅游点,提高乡村旅游组织化程度","探索建立乡村旅游的农民合作组织,发挥自律、协调和服务作用"。这份文件为唐山市乡村旅游发展起到了指引方向、指点策略、保驾护航的基础性支撑作用。

近几年来,唐山市委、市政府高度重视国家公共文化服务体系示范区创建,密集出台了一系列政策文件,所辖各区县也相应出台配套文件。这些文件在形成较为完备的唐山市公共文化服务政策环境的同时,也为加强乡村公共文化服务,推动乡村文化和旅游公共服务融合发展提供了坚实的政策支撑。

2016年3月,唐山市委、市政府出台《关于加快构建现代公共文化服务体系的实施意见》,要求"统筹城乡公共文化设施布局、服务提供、队伍建设、资金保障,均衡配置公共文化资源","结合美丽乡村建设推进历史文化名镇、名村整体保护工作","积极发展与公共文化服务相关联的教育培训、体育健身、演艺会展和旅游休闲等产业,引导和支持各类文化企业开发公共文化产品和服务,满足群众多层次的文化消费需求。大力培育农村文化市场,制定鼓励和支持农村文化消费的经济政策"[1],提出推进公共文化服务与旅游休闲产业关联发展的新理念。

2016年8月,唐山市人民政府出台《关于推进公共图书馆总分馆制建设的通知》,计划在"十三五"期间,全面实施"县级公共图书馆承担总馆职能(市中心城区由市图书馆承担总馆职能),乡镇(街道)综合文化站作为总馆的分支机构,承担分馆职能"。"在全市建成以市图书馆为中心城区总馆、县(市、区)图书馆为县级总馆,乡镇(街道)综合文化站等公共设施为分馆,村(社区)综合性文化服务中心为服务点,图书流动服务车和数字化服务为补充的公共图书服务体系",对于明确重要公共文化单位支持乡村发展的主体责任,推动优质资源和服务向城乡基层延伸具有重要意义。

2018年9月,唐山市委、市政府发布《唐山市创建国家公共文化服务体系示范区规划(2018—2020年)》,在全面部署"创示"工作的同时,强调"推动政府与

---

[1] 中共唐山市委办公厅、唐山市政府办公厅于2016年3月11日发布《关于加快构建现代公共文化服务体系的实施意见》(唐办发〔2016〕4号)。

社会在资本、项目、产品研发等多方面合作,促进公共文化服务提供主体和提供方式更加多元,服务机制更加灵活"。这一要求对于在乡村文化和旅游公共服务中引入社会力量起到了非常及时的政策指引作用。

2018年4月,唐山市委、市政府出台《关于推进乡村振兴战略的实施意见》,要求"深入开展国家公共文化服务体系示范区创建,2018年50%的行政村达到建设标准,到2020年所有行政村基本建成基层综合文化服务中心。引导农民依托特色历史文化资源,发展农村文化产业"[①],把加强乡村文化建设、利用特色文化资源发展文化产业摆在了乡村振兴的重要位置。

2018年12月31日,唐山市文化广电和旅游局出台《关于全面推进县级文化馆总分馆制建设的实施方案》,计划在"十三五"期间,"全市各县(市、区)基本建立起以县(市、区)文化馆为总馆,乡镇(街道)综合文化站等公共设施为分馆,村(社区)综合性文化服务中心为服务点的总分馆体系","市群众艺术馆要对县级文化馆总分馆制建设给予指导和支持","整合县域文化资源,丰富公共文化供给,积极开展艺术赏析、辅导培训、讲座展览、群众展演、非遗传承、数字资源推广等基本服务项目,大力推进全民艺术普及,着力提升群众满意度和文化获得感"。《关于全面推进县级文化馆总分馆制建设的实施方案》一方面明确了市、区县文化馆的主体责任,一方面对发展特色乡村文化、提升乡村群众文化艺术水准和能力提出了十分明确的要求,也为下一步发挥特色乡村文化艺术在乡村文旅经济发展中的独特作用创造了良好条件。

2019年4月,唐山市实施乡村振兴"十百千"工程,计划"每年每个县(市、区)培育1个以上县级示范区,全市建设10个市级示范区"[②]。实施乡村振兴"十百千"工程所要建立的示范区,与乡村文旅服务体系建设试点、文化和旅游公共服务探索以及带动文旅经济发展试点,有诸多结合点,有利于在推进工作时形成工作合力。

2019年7月,唐山市文化广电和旅游局在此前出台落实国务院办公厅《关于推进基层综合性文化服务中心建设的指导意见》(国办发〔2015〕74号)配套实施方案基础上,又印发《唐山市基层综合性文化服务中心服务规范》和《唐山市基层综合性文化服务中心管理制度》,提出"基层综合性文化服务中心在组织群

---

① 唐山市委、市政府关于推进乡村振兴战略的实施意见[EB/OL].(2018-04-22)[2021-01-20]. http://www.tangshan.gov.cn/zhuzhan/zhengfuguizhang/20180518/593922.html.
② 唐山市实施乡村振兴"十百千"工程[N].河北日报,2019-04-17(9).

众公共文化服务活动中,应当培育建设地方服务品牌,培育村居特色文化,繁荣群众文化生活,增强文化产品供给能力"①。唐山市关于基层综合性文化服务中心建设的三份文件具有系统性和标准化特点,为乡村文化和旅游公共服务工作的标准化以及推进基层综合性文化服务中心与乡村文旅经济发展相结合打下坚实基础。

(二)前期示范项目乡村经验丰富

2015年7月,唐山市下辖的迁安市"基层公共文化服务中心社会文化资源共享"项目获得原国家文化部第三批创建国家公共文化服务体系示范项目创建资格,经过三年创建,该项目取得丰硕成果,使全市公共文化服务体系得到全面提升。2019年1月,该项目通过国家文化和旅游部验收,以"良好"成绩顺利取得"国家公共文化服务体系示范项目"称号。

该项目在创建过程中,河北省、唐山市文化和旅游部门给予了悉心指导,迁安市结合自身实际,以乡村为重点,先后落实设施设备和场地共建共享、图书报刊资源共建共享、文化数字资源共建共享、公共文化人才共建共享、文体活动共建共享等五大共享工程,实现市、乡、村三级公共文化服务设施网络全覆盖,同步实施了公共图书馆和文化馆总分馆建设。公共图书馆系统建立了18个图书分馆和19个图书流动服务点,实现纸质图书通借通还和阅读活动联办,文化馆系统建立了20个乡镇文化分馆,搭建了数字化、网络化公共文化远程培训互动平台,公共文化服务供给由线下较为单一的服务供给转变为线上线下结合、线上带动线下的双向、交互、即时式服务供给,面向乡村的公共文化服务明显增强。

在"书香迁安·城乡共读""城乡联动·康乐同行"等大型阅读、文艺和文体活动中,乡村群众参与热情较高,显示了迁安市卓越的组织指导、多方协调、精品创作、品牌建设等综合能力。迁安市还成功培育"中国·迁安国际万人徒步大会""中国·迁安国际山地越野马拉松"等群众关注度、响应度、参与度高的知名品牌赛事,这些主要场景在乡村的大型活动,已成为沿途乡村期盼的盛事。这些项目,已初步呈现文化、体育、旅游互相促进、融合发展的态势,对沿途、周边乡村的带动效应正在逐步显现。

---

① 唐山市文化广电和旅游局于2019年7月30日发布《唐山市基层综合性文化服务中心服务规范》和《唐山市基层综合性文化服务中心管理制度》(唐政办字〔2019〕282号)。

此外，唐山市下辖迁安市和丰南区还同步以"优秀"成绩成功创建了两个省级公共文化服务体系示范区，相关工作得到省验收组高度肯定。其中，丰南区实施"城乡两手抓全域旅游"，一是利用丰南作为中国近代工业摇篮的优势，结合省级公共文化示范区创建，加大力度推进工业文化和旅游融合；二是利用唐津运河沿线生态保护成果，发展以沿线乡村为重点的旅游度假景区建设，已建成国家4A级景区。具有工业和乡村双重特色的文化和旅游公共服务有效带动文化旅游产业成为丰南区新亮点，为唐山市创建有文化与旅游融合和乡村文旅经济发展特色的国家公共文化服务体系示范区积累了十分宝贵的经验。

### （三）乡村文化服务网络健全

前些年，唐山市大手笔、高标准建设了大剧院、图书馆、群艺馆、工业博物馆和非遗传承保护基地，改扩建了博物馆，也新建或改造提升了一批区县级公共文化主干设施。这几年，全市把公共文化设施和网络建设的重心转移到乡村，全面启动了乡村基层综合文化服务中心建设和公共图书馆文化馆总分馆制建设，重点完善乡镇、村文化设施网络。目前，全市乡村文化服务设施达标率、上等级比例在全省遥遥领先，乐亭、滦南、丰南、滦县、迁安被评为"全国文化先进县"，乐亭、滦南被命名为"中国民间文化艺术之乡"。

与"硬件"建设同步提升的是服务和活动"软件"，全市城乡基层群众文化生活多姿多彩。在城市，已连续举办10届中国评剧艺术节、9届中国评剧票友大赛，承办了第25届中国金鸡百花电影节、唐山世界园艺博览会系列文艺展演等品牌文化活动，"唐山大舞台""文化大讲堂"持续引进京津高端公益文艺演出和知名专家文化讲座。在乡村，政府购买服务方式，每年组织评剧、京剧、皮影等戏曲进乡村活动逾千场（次），形成了一批以乡村为舞台、以百姓为主角的"文化唐山·戏迷演出月""千场大鼓进百村""秧歌擂鼓展演""秧歌进城展演""赛徒奖师"等品牌活动。

### （四）重大改革任务重点关注乡村

近年来，中央部署了多项公共文化服务领域的重大改革任务，包括：依法明确各级政府公共文化服务责任，依法落实各级公共财政公共文化服务支出事项，基层综合性文化服务中心、县级文化馆图书馆总分馆制建设，公共文化机构建立法人治理结构，公共文化和旅游服务融合发展，乡村文化振兴等。唐山市结合国家公共文化服务体系示范区创建，在及时出台意见、办法、方案等文件的基础上，以下达时间表、任务书、责任状的方式，细化职责、倒排工期、加强督查，把中央、省部署的各项重大改革任务落细落实。

截至目前,公共文化领域各项重大改革任务顺利推进。一是全市及所辖区县均已把现代公共文化服务体系建设纳入当地经济和社会发展规划,纳入公共财政经常性支出预算,纳入各级党委、政府科学发展考评和领导干部工作业绩考评,特别是乡村公共文化服务得到高度重视,作为优先事项纳入各级党委、政府工作日程。二是市级公共图书馆、文化馆分别建成全市总分馆制的中心馆,指导全市总分馆服务体系建设,各区县分别建成以公共图书馆、文化馆为总馆,以乡镇(街道)文化站为分馆,以行政村(居委会)文化室为支馆,以社会组织参与建设管理的文化机构为"联盟馆"的新型总分馆服务体系。总分馆制把中央"促进优质资源向基层倾斜和延伸"[1]的精神落到实处,支持乡村文化建设成为公共文化单位发挥"骨干"作用的工作重点。三是全市公共图书馆、文化馆市级三馆和区县两馆法人治理结构建设任务已全面完成。唐山市图书馆、文化馆建立"理事招募制",面向社会公开招募理事,经主管部门优选确定。丰南区图书馆法人治理结构改革工作作为经典案例,在全省改革攻坚会议上得到高度赞誉。区县基层在理事会建设中,普遍把乡镇文化站工作人员代表或乡村基层群众代表纳入其中,以便乡村群众需求能够在理事会决策中得到及时表达。

(五)乡村文化旅游正在快速起步

乡村旅游不同于一般的传统自然山水景区景点旅游,乡村作为旅游目的地可分为表、里两个层面。"表层"是区别于城市高楼大厦、密集人流、霓虹光影的开阔舒缓、云淡风轻、绿意盎然的乡村田园风光,但是表层之乡村风光在各地大多相似,难以形成有持续吸引力的比较优势。乡村旅游的吸引力更重要的是"里层","里层"是由各地在千百年乡村发展中逐步积淀、各具特色的乡村人文风貌、乡村民俗风情、乡村农耕文化、乡村农家生活组成,游客注重的是以休闲的方式在体验和寻访中品味独特"乡愁"。

2018年下半年到2019年1月间,唐山市政府相继出台《关于促进文化旅游产业融合发展的若干意见》《关于加快创建全省全域旅游示范市的实施意见》《关于保护城市工业遗存、利用老旧厂房拓展文化空间的指导意见》《唐山旅游质量提升实施方案(2018—2020年)》等政策文件,相继编制完成《唐山市工业旅

---

[1] 文化部、新闻出版广电总局、体育总局、发展改革委、财政部《关于印发〈关于推进县级文化馆图书馆总分馆制建设的指导意见〉的通知》(文公共发〔2016〕38号)。

游发展规划》《唐山市休闲农业和乡村旅游规划》《唐山市全域旅游发展总体规划》①。2019年3月,唐山市设立以市政府主管领导为组长的文化旅游产业融合发展工作领导小组,出台《文化旅游产业融合发展工作实施方案》《文化旅游产业融合发展工作责任书》《文化旅游产业融合发展工作县(市)区及市直责任部门考评排名办法》等工作推进机制和配套制度。自此,唐山市全面形成较为完善的市、县、责任单位三级推进体系。在乡村文化旅游方面,主要在以下四个方面大力推进:

1. 夯实政策、资金、环境基础

明确了三项基础建设工作:一是以乡村文化旅游为重点,部署和落实《唐山市休闲农业与乡村旅游发展规划》;二是落实乡村特色文化旅游示范点、星级特色农家乡村酒店、乡村特色文化旅游聚集区三项基础建设工程;三是抓好错位发展、品质提升、市场营销三方面具体推进工作;四是落实项目资金补贴、品牌创建评定、倾斜性营销、荣誉奖励等四项激励措施;五是推进与乡村文化旅游配套的环境建设。2018年第二届唐山市旅游产业发展大会拉动各种投资25亿元,结合美丽乡村建设,推动乡村文化旅游重点地区民居改造、街道硬化、村庄绿化、厕所革命及"三清一拆"②等工作,不断优化乡村文化旅游环境。

2. 细化乡村文化旅游专项规划

唐山市文化广电和旅游局为了进一步从实际操作层面细化《唐山市全域旅游发展总体规划》《唐山市休闲农业与乡村旅游发展规划》,又组织力量编制了《唐山市乡村旅游发展规划》,具体确定了"一环三带多点"③的乡村文化旅游发展总体布局。唐山市乡村文化旅游"一环三带多点"的总体布局,提出了逐步实现大区域综合发展,形成乡村特色文化旅游线性产品;小区域集聚开发,建立乡村特色旅游综合体;以"多彩乐园、长城人家、渔家风情"为三大主题,合理布局乡村文化旅游系列产品;实现多点位特色打造乡村文化旅游亮点的整体构想。在此基础上,推动相关乡村把握机遇、找准定位,编制所在乡村发展规划。目前,全市已有50多个乡村编制了乡村旅游开发建设方案或规划。

---

① 唐山全力打造国内外知名文化旅游城市[EB/OL].(2019-01-08)[2021-01-20]. http://ts.wenming.cn/yw/201901/t20190108_5638581.shtml.

② 清杂物、清残垣断壁和路障、清庭院,拆违章建筑。

③ "一环"即唐山市中心区周边郊野环线,"三带"即北部燕山旅游带、中部平原旅游带、南部沿海旅游带,"多点"即合理布局多处乡村旅游点位。

### 3. 因地制宜创新推进机制

2019年,唐山市文化广电和旅游局对全市及所辖区县乡村文化旅游资源进行了全面调查梳理,深入挖掘不同地区乡村文化旅游资源特色,实行一地一策、精准施策,启动了"十百千"引领工程。

"十":引导乡村文化旅游资源相对富集地区,培育和发展乡村旅游景区、餐饮住宿配套产业区以及特色文化休闲产业园等多种业态,逐步聚合为片状聚集区。目前迁西栗香湖、花乡果巷小镇、迁安长城绿道等乡村旅游聚集区正在不断成型,建成十大文化旅游产业片区。

"百":建立乡村文化旅游示范点评定标准,采取标准引领、以评促建的机制,鼓励乡村因地制宜发展文化旅游,推出100个高质量乡村文化旅游示范点,目前全市已经培育渔夫水寨、沙石峪等全国休闲农业与乡村文化旅游示范点5个、省级乡村旅游示范点12家、市级乡村旅游示范点89家。

"千":大力扶持有地方特色韵味、乡村文化风貌的乡村民宿或农家酒店,具体指导、帮助有发展基础、市场潜力的重点文化旅游景区、文化旅游示范点及周边农户,开办农家特色餐饮、经营乡村民宿,目前全市已经培育较为成熟的经营主体1 100家,其中高品质星级文化农家酒店或乡村民宿137家。

### 4. 特色文化节庆带动乡村旅游

唐山市文化广电和旅游局重点结合"我们的节日",全面实施乡村文化旅游推广计划,吸引本、外地游客参与玉田梨花节、迁西栗花节、滦南樱桃采摘节、曹妃甸滨海湿地渔乐节、曹妃甸国际河豚美食节等特色文化旅游节庆活动。2018年夏秋之交,"唐山周末·皮皮虾海鲜节"在沿海五区县同步开启,一周内游客逾80万人次。唐山市电视台、广播电台、报刊、手机、网络新媒体等,联合进行推广,把乡村文化旅游节庆活动、文化旅游景区景点线路作为重要宣传内容,持续协助文化旅游社会热点和知名乡村文化旅游品牌打造。2018年,迁安市西部大五里乡山叶口文化旅游特色村、亚太农庄田园综合体接待游客近80万人次。

## 二、唐山乡村文旅服务中心的主要做法

### (一)搭建综合性、一站式乡村文旅服务云平台

依托唐山市公共文化云平台建设,通过文旅大融合、资源大整合、力量大聚合的建设方式,形成集公共文化服务、旅游服务和乡村文旅产业服务于一体的文旅云平台。

该平台在技术层面不存在任何障碍,纯属成熟技术在公共服务领域的应用。关键在于平台建设、管理和运行应兼顾全市及所辖区县乡村文化和旅游公共服务特点,以及对乡村文旅经济发展的有力带动。综合考虑,应具备以下"五通"特点:

横向打通。从横向角度,全面整合文化和旅游资源,真正以市场机制灵活配置资源。进一步向农业、体育、教育等相关领域横向拓展,将与文旅服务及文旅经济发展相关的乡村土特产品、乡村特色体育活动和赛事一并纳入。

纵向贯通。从纵向角度,向上对接国家、省文化云,向下实现各区县以及各类文旅服务系统、组织、企业兼容,形成统一服务架构,实现市、县、乡、村服务全接入。

专业联通。从专业视角,融合公共图书馆、文化馆、博物馆、美术馆、科技馆等数字资源,兼容相关社会组织、企业和个人提供的具有一定专业水准的数字资源,扩大专业数字服务阵营,提高专业数字服务能级。

资金融通。从资本视角,放大财政资金杠杆效应,以政府购买服务为支点,扩大资金来源渠道,广泛吸引社会力量参与乡村文旅服务,鼓励社会资本投资乡村文旅产业,打通乡村文旅服务产品市场渠道。

城乡互通。借鉴日本长期致力于城乡交流互动的经验,围绕乡村文旅服务和文旅经济发展,以国家公共文化服务体系示范区创建为契机,创设主体多元、方式多样、渠道多种的城乡互动模式,以城带乡、以乡引城、城乡互动、一体发展。

(二)乡村文旅服务设施网络标准化

目前,在中国乡村文化服务体系中,虽然县级公共文化设施也有乡村服务职能,但普遍情况是:这些设施大多建在县城,因资源、范围和能力所限,一般只能服务县城居民,对于服务乡村大多处于"心有余而力不足"的状况。县级公共文化设施面向乡村提供服务能力不足,主要有三个共性的问题:一是资金不足。如县级公共图书馆因购书经费不足,数量少、资源陈旧,库存图书数量不足以支撑面向县域乡村的流动服务,资源因过于陈旧缺乏到乡村开展服务的实际价值。文化馆也因资金不足,无法远距离、常态化实施"文化下乡"。二是人手不够。县级公共文化单位编制数较少,仅能满足本馆馆内正常运营,外出开展服务确是勉为其难。三是缺乏必要性。县级公共文化单位长期处于县城,其常态化服务项目大多比较适应城市居民的文化需求,而对乡村群众的真实需求缺乏了解，在专业方面存在一定的"乡村缺口"①。为完成上级布置的任务，这些机构往往惯性地把城市一般性服务搬到乡村，其实际效果大打折扣必然是大概率事件。

在上述实情短期内难以得到根本改变的现实情况下，乡镇级文化设施和机构就显得至关重要。可惜的是，乡镇文化站长期处于无经费、无专人、无资源状态，因此，唐山市从乡镇文化站改造转型入手，全新建构乡村文旅公共服务体系。

在乡村文旅服务体系之中，乡镇文化站用试点的方式，重新尝试"乡村文旅服务中心"的定位。这一中心不再是一座位于乡镇的简陋建筑设施，而应当成为上承县级公共文化服务、下启村级公共文化服务、均衡覆盖整个乡镇的文旅服务体系核心。这一体系以乡镇文化服务和旅游服务为主营业务，以村级文化服务和旅游服务为末端，以乡镇其他参与本地区文旅服务的社会组织、企业或个人为伙伴，形成较为完善的文化服务和旅游服务网络。

为了避免重蹈以往乡镇文化站建设不标准、管理不到位、人员不在岗、服务不规范的覆辙，唐山市有必要研究制定覆盖乡、村两级的乡村文旅服务中心建设管理运行规范。该规范除了直接规定乡、村两级文化和旅游服务设施建设、日常维护、资源配置、服务提供等事项和标准外，还需要对市、区县两级公共图书馆、文化馆、博物馆、美术馆及其他公共文化单位支持乡村文旅服务中心建设运行提出刚性要求。

（三）丰富乡村公共文化和旅游服务内容供给

公共文化和旅游服务融合、乡村振兴战略实施、乡村文旅经济发展，要求对目前乡村通行的公共文化服务作重大调整。此前乡村公共文化服务存在的突出问题是大水漫灌、追求数量、无效供给，唐山市迫切需要在乡村文旅服务体系建设中，推动内容供给向因地制宜、讲究品质、精准高效转变。

变大水漫灌为因地制宜。进入 21 世纪以来，为了保障人民群众的基本文化权益，政府公共文化服务职能得到加强，公共文化服务资金有了较大幅度增长。乡村文化建设资金增长幅度虽然明显低于城市，但总体上仍然保持了较快增长。只是这些资金在使用上并未真正体现乡村特点，而是转化为数量庞大的服务产品，源源不断地向乡村输送。不可否认，这些年来，乡村群众文化生活的

---

① 意指缺乏适合乡村的专业人才、专业服务项目。

确得到了较大改善,文化场所设施基本配齐,"文化下乡"活动也较为经常性地开展起来。然而部分乡村群众并不领情,关注度、参与度持续低迷,大量娱乐性的文化惠民活动虽有一定人气,但终因无助于乡村群众发家致富的向往,而仅限于短期热点或在小众中维持,乡村群众认为部分服务项目挤占了他们劳作的时间,倘若没有相应的补偿①则不愿主动参与。

变追求数量为讲究品质。在计划经济时代,物质资源和精神产品均处于短缺状态,城乡基层注重数量是为情势所迫,这一惯性延续在物质和精神产品极大丰富的今天就显得十分不合时宜。公共文化和旅游服务内容,如今需要的不是数量扩张,而是"适用性"②和"实效性"③,是注重服务的高质量。因而,"丰富"的含义需要从"数量多"调整为"内容精准""高质量"。

变无效供给为精准高效。乡村公共文化服务供给是否有效,一是需要以乡村群众当下的主体感受即"满意度"为评价标准,二是需要在一定时间长度中观察是否有效助力乡村群众精神文化素养和发展能力的提升。其实,二者相较,后者更为重要。因为群众当下的感受可能是由即时娱乐引发的短期兴奋或快乐的感受,与群众的长期利益无涉。作为政府使用公共财力提供的公共文化服务,更多地应指向群众的根本利益和长远发展。

从"精准"出发,需要对以往乡村公共文化服务内容进行鉴别,一般情况下,可粗略地分为媚俗型、自办型、学习型、引领型四种。媚俗型即便在乡村也应归属于取缔之列,若涉及黄色、赌博等违法行为还需送交司法部门审理。自办型如广场舞等,有一定存在价值,有利于部分乡村群体健身运动,对于其中不违法、不扰民者,宜持宽容和支持态度,但无须纳入政府公共文化服务范畴,可引导其自我管理、自我服务、有序运行。学习型如读书阅报、听广播、看电视,开设各种健康有益的历史、人文、道德、普法、科普、健康讲座等,为政府公共文化服务所应予提供的常态内容,为各级各类公共服务机构之主营业务。引领型如就业辅导、职业指导、创业引导等,直接涉及乡村发展和群众生计,目前此项服务大多处于空缺状态,迫切需要加强相关公共服务的队伍建设和能力提升。

---

① 多地发现,为了增加人气、吸引观众,一些政府或公共文化单位组织的"文化下乡"项目,需要通过发钱、发生活用品等物质刺激方式,才能有效组织观众。
② 习近平在2018年全国宣传思想工作会议上指出,"提高基本公共文化服务的覆盖面和适用性"。
③ 党的十九届四中全会决定指出,"推动基层文化惠民工程扩大覆盖面、增强实效性"。

### (四) 制定乡村文旅服务中心建设管理运行规范

乡村文旅服务中心虽与现存乡镇文化站有一定的延续关系，但毕竟属于唐山市国家公共文化服务体系示范区创建之中形成的新生事物，是整个乡村文旅服务体系建设的关键环节。为此，唐山市采取试点先行、同步编制服务规范，在实践中检验和完善的办法，提高乡村文旅服务中心建设的成功率，不仅出台了《唐山市新时代乡村文旅服务体系建设实施方案》等制度文件，还于2019年11月由市场监督管理局正式印发《乡村文化旅游服务中心建设与服务规范》（DB1302/T 493-2019，附录H，简称《规范》），填补了乡村文化旅游服务中心建设上的国内空白[①]。

《规范》规定了乡村文旅服务中心的基本职责。乡村文旅服务中心的基本职责包括：一是坚持正确的政治方向，培育和践行社会主义核心价值观，加强主流意识形态引领，巩固党和政府基层文化阵地。二是坚持党建引领，深入推进新时代文明实践，宣传落实党的方针政策，发挥基层党组织和党员的先锋模范作用，大力开展文化志愿服务。三是加强对《中华人民共和国公共文化服务保障法》《中华人民共和国旅游法》《中华人民共和国非物质文化遗产法》等的学习宣传和贯彻实施。四是传承和弘扬中华优秀传统文化，整理保护和创新发展地方特色文化。五是指导所在乡镇、村群众组建阅读组织和特色文体团队，组织开展健康向上的群众文化活动，为群众提供公共阅读、艺术鉴赏、科普普法、非遗传承、体育健身等常态化服务，开办以提高群众综合文化素养和能力为目的的"讲习所"。六是加强本地特色文化和旅游资源开发利用，按照"宜融则融、能融尽融，以文促旅、以旅彰文"的原则，大力发展乡村文旅产业，助力乡村经济社会高品质发展。

《规范》规定了乡村文旅服务中心建设的主体责任。乡村文旅服务中心基础设施及基本运营条件配备，由所在乡镇政府和村委会负责，乡村文旅服务中心达到《规范》规定的设施及条件，经所在县文化和旅游主管部门审核，报市文化和旅游主管部门批准后挂牌。乡村文旅服务中心日常管理运营，由所在乡镇政府、村委会组织或遴选专业团队承担。鼓励和支持乡村文旅服务中心日常管理运营采取社会化、专业化方式。

《规范》规定了乡村文旅服务中心场地设施。乡村文旅服务中心设置布局

---

① 唐山市地方标准《乡村文化旅游服务中心建设与服务规范》通过审定[EB/OL].（2019-10-10）[2021-02-20]. http://scjg.hebei.gov.cn/info/28934.

应因地制宜,选址要考虑服务区域、服务人口等因素,与城乡建设规划或旅游发展规划相衔接。服务人口是指辖区范围内的常住人口和游客。

此外,《规范》还规定了乡村文旅服务中心的场地设施配置条件、运营和管理方式、服务(内容包括免费开放和综合集成两大部分),乡村文旅服务中心的基本服务项目(包括信息咨询、公共阅读、讲习课堂、展览展演、非遗体验、影视放映、文创开发、辅导培训、志愿服务、资源建设、特色发展、市场管理、智慧服务),以及乡村文旅服务中心的服务效能测评、监督与反馈等内容。

# 第七章　结　语

## 第一节　中国中部地区城市公共文化特色化发展的思考及研判

随着社会进步，人民群众对文化的需求也不断增大，国家创建公共文化服务体系建设示范区等一系列重点文化惠民项目应运而生。作为我国文化建设的中、长期目标，"文化强国"也从本质上要求我国公共文化领域特色化发展。公共文化领域的特色化发展，必须深入理解习近平总书记"新时代新阶段的发展必须贯彻新发展理念，必须是高质量发展"的重要指示。习近平总书记明确指出，当前"发展中的矛盾和问题集中体现在发展质量上"。因此，如何解决中国中部地区公共文化发展质量不高、特色不足、效能较低等问题，成为当前及今后实现公共文化全国上下"一盘棋"的首要任务。

目前，中国东、中、西部之间公共文化服务水平存在差异，总体而言，东部地区基本公共文化服务水平最优，西部次之，中部较差，且这种差异存在扩大趋势。中部地区受人口密度、发展层面的资源和服务不足、发展速度缓慢、发展不均衡，以及区域联动欠缺等因素影响，公共文化服务长期面临"政策支持力度不强、财政配套任务偏重和扶贫建设压力大"等问题。此外，中部地区由于其经济、政治、社会发展水平和发展速度的相似性，在公共文化服务建设问题上具有一定的共性。陈旧的观念、滞后的政策必然对中部地区公共文化的正常发展（特别是创新发展、特色发展、高质量发展）形成桎梏。

就目前而言，中部地区由于其经济、政治、社会发展上的限制，公共文化服务体系建设在理论和实践层面仍处于较低的发展阶段。同时，中部地区为我国东西部文化建设的过渡地带和枢纽区位，因而提升中部地区公共文化服务建设，实现中部地区公共文化特色化、高质量发展，尤为必要而迫切。总体而言，我国公共文化服务与文化产业、旅游业联系还不紧密，还有所游离于经济社会发展整个体系之外，先进科技与文化产业"两张皮"的状况仍在延续，文化科技发展水平一定程度囿于少数中低端科技企业发展水平，公共文化产品结构不合理、公共文化服务体系不健全等问题仍然普遍存在，客观上对全国特别是中部地区公共文化服务高质量发展，形成了一定的负面影响。

需要注意的是，人类社会发展总会面临各种危难与挑战。"生于忧患，死于安乐"[1]，绵延五千年的中华文明，之所以成为世界唯一未曾中断的文明，是因为中华文明蕴含着化险为夷、化危为机，多难兴邦"沧海横流方显英雄本色"的无上智慧，中华民族具有围绕大局、凝心聚力、同仇敌忾、不怕牺牲的优秀民族文化传统。特别是新冠疫情突发彰显出中国特色社会主义制度在应对不期而遇的重大灾难时的磅礴力量，展示出"集中力量办大事"体制所具有的超强定力、科学研判、精准决策、动态优化的综合优势，显现出举国上下步调一致、高度协同、一方有难八方支援的全社会动员效能，也突显出全体国民遵纪守法、令行禁止、积极配合、严于自律的优良素养。疫情如同一面镜子，引发对公共文化发展方向、价值、工作主线和服务效能的深刻思考。

在此，我们看到：红色文化的坚定信念、不畏艰难、英勇顽强、团结奋斗的精神得到了充分发扬和新的发展；全民阅读在疫情期间切实保障人民群众基本文化服务权益，积极营造向上向善社会氛围，全面提升人民群众精神文化素养，在引导、支持和帮助人民群众"多读书、读好书、善读书"上发挥了重要作用；公共文化带动文旅产业发展是疫情防控常态化背景下实现国内国际双循环相互促进的新发展格局、涵育经济社会新动能的重要路径；公共文化和旅游公共服务的深度融合是促进文旅产业发展、形成推动经济社会创新发展新动能的重要抓手，是党和国家对各级文化和旅游部门现阶段重要任务的具体落实。

作为"经国之大业，不朽之盛事"[2]的文化及公共文化服务，其根本方面应当坚定"文以载道"的中华优秀文化传统，以红色文化为引领、以全民阅读为内容、以公共文化带动文旅产业为路径、以公共文化和旅游公共服务融合为抓手，始终树立忧患意识，高度聚焦民众大局意识、精神素养、道德品质和社会公德的培育，为未来应对各种无法预料、难以避免、可能愈加频繁的灾难与挑战，夯实社会民众基础。

---

[1] 语出自《孟子·告子下》。
[2] 语出自曹丕《典论·论文》。

## 第二节　中国中部地区城市公共文化特色化发展的展望

随着经济社会发展不断深入、先进科技应用日益广泛,我国公共文化服务体系建设中关于公共文化服务的主体成长、资源配置、多维融合、技术应用、管理监督、品牌建设、国际拓展等关键环节仍然存在诸多制约因素。因此,为实现中部地区公共文化的特色化发展,需要从以下几个方面进行思考。

一是完善中部地区公共文化发展规划和政策。应当进一步提高站位,不仅是从地域空间或文化层面零敲碎打地发展一些"抓到篮里都是菜"的文化产品,而且应当从中国特色社会主义"文化强国"建设的文化总体战略高度,从总体发展、跨越发展、国际发展、长远发展的角度,从容谋划、精心规划、精准策划,有效运用规划和政策手段,全面提升公共文化发展的层次和能级,科学建构公共文化空间布局和结构布局,使之形成强大动力和持久活力,成为支撑中国特色社会主义经济发展、政治建设、文化创新的恒久力量。

二是扩大优质特色公共文化产品供给。当今在数字网络条件下,公共文化与旅游、文化产业等相关领域的发展越来越呈现为一体化、融合化发展趋势。数字化成为影响经济社会发展最为突出、最为普遍的因素,同样也是公共文化特色发展、创新发展、战略突破、弯道超车、升级换代的关键因素。提高公共文化的数字化程度,重点是实现城乡一体,无差别地服务更多人民,这就要坚持系统性观念,从体制、内容、技术、产品、渠道、载体、品牌等全方位同步着力、系统建构。

三是推动文化和旅游融合发展。习近平总书记在2020年9月召开的教育文化卫生体育领域专家代表座谈会上强调:"文化产业和旅游产业密不可分,要坚持以文塑旅、以旅彰文,推动文化和旅游融合发展,让人们在领略自然之美中感悟文化之美、陶冶心灵之美。"[①]一方面,"以文塑旅",才能丰富旅游内涵,创新旅游方式,全面提升旅游业发展质量,改变过去"风景游""景观游"单一格局;另一方面,"以旅彰文",把旅游改造成为人们增长知识、体验历练、健康成长的载体和路径,使人们在旅游中了解人文历史、体会生活艰辛、懂得做人道理。在文

---

① 厉新建.顺应趋势　科学谋划　推动文化旅游业高质量发展[N].光明日报,2020-10-12(16).

化和旅游融合发展之中，以红色文化为引领，公共文化带动文旅产业、全民阅读带动研学游，公共文化与旅游公共服务在基层的融合都是中部地区的特色，是国内外游客了解中国革命艰难奋斗历程、感受中国特色社会主义建设成果、体会中国特色之所在的战略重点，其政治、经济和文化建设功能的综合效应明显。

四是以讲好"中国故事"为着力点，加强对外文化交流和多层次文明对话。推动中华文化"走出去"，提升国家文化软实力。多年着力推进已取得明显效果，但与国际之间文化软实力竞争的现实所需相比，仍然需要找准方向、调整方式、加大力度。文化"走出去"，最为迫切的是要让具有中华文化底蕴和特色的文化产品"走出去"。人类作为一个整体，会面临共同的选择，甚至愈益频繁地遭遇共同的问题，"人类命运共同体建设"话题合乎世界各国共同利益的逻辑基点正在于此。所以，中华文化"走出去"，在内容上，主要是向世界传播中华民族五千年对人类文明的独特贡献，主要是向世界提供百年以来中华民族抵御侵略、探索道路、谋求复兴的独特经验，主要是向世界分享当代中国团结人民、凝聚力量、攻坚克难、绿色发展的成功探索。中国中部地区在讲好"中国故事"上拥有丰厚的底蕴和悠久的历史，更应当"开源丰流"、拓宽渠道、广设载体、多层多元，尤其应当以生产和传播特色文化产品作为中华文化走向世界的基本方式。因此，中国中部地区公共文化的特色化发展，在"十四五"期间整体性提升中国公共文化服务体系建设水平进程中占有重要地位。

# 参考文献

**期刊论文**

艾美婧.红色文化:凝聚实现中国梦的强大精神力量[J].决策探索,2020(12):36-37.

陈慰,巫志南.文化和旅游公共服务深度融合问题、战略及机制研究[J].文化艺术研究,2020(2):1-12.

陈慰,巫志南.文旅融合背景下深化公共文化服务的"融合改革"分析[J].图书与情报,2019(4):36-43.

褚凰羽,陈星识.芒福德城市传播视域下中国城市形象片功能构建[J].视听界,2019(6):44-48.

崔玉珍.基于"第三空间"文化视域下的公共文化场馆实践研究——以档案馆和图书馆为例[J].山东档案,2019(6):23-26.

戴会,杨剑.中部地区城市公共文化服务体系建设研究[J].中国集体经济,2015(22):14-16.

邓显超,杨章文.红色文化软实力的内涵及构成要素探析[J].毛泽东思想研究,2016(2):106-110.

杜彬,李懋,覃信刚.文旅融合背景下旅游第三空间的建构[J].民族艺术研究,2020(3):152-160.

费孝通.反思·对话·文化自觉[J].北京大学学报(哲学社会科学版),1997(3):15-22.

高迎刚,丛晓煜.城市文化品牌塑造原则与路径探析[J].艺术百家,2019(6):58-62.

Heaney Joo-Gim, Heaney Michael F. Using economic impact analysis for arts management: An empirical application music institute in USA [J]. International Journal of Nonprofit and Voluntary Sector Marketing, 2003(3):

251.

胡松,杨宇光,朱小理."红色资源"的界定及其转化的必然性[J].赣南师范学院学报,2009(5):73-76.

金武刚,刘旭灿.论图书馆事业发展"中部崛起"的思路与对策[J].图书馆,2016(10):8-14.

李国新,张勇.推动公共图书馆事业"中部崛起"[J].中国图书馆学报,2016(6):4-12.

李茂,唐鑫.新型城镇化进程中的特色文化城镇建设[J].中国市场,2018(24):4-6.

林叶.城市人类学再思:列斐伏尔空间理论的三元关系、空间视角与当下都市实践[J].江苏社会科学,2018(3):124-135.

刘晶,胡涛.弘扬萍乡红色文化,打造党性教育品牌[J].文教资料,2019(25):50-51.

刘小花,邹序明.回顾·展望·提升——中部地区公共图书馆事业的发展分析与思考[J].图书馆,2016(3):2-6.

鲁肖荷.公共文化的新型实践:基于城市文化资本的视角[J].东岳论丛,2014(11):103-108.

聂震宁.全民阅读:奠定基础并将深入推进——我国"十三五"时期全民阅读的回顾与展望[J].中国出版,2020(23):5-12.

潘颖,孙红蕾,郑建明.文旅融合背景下的乡村公共文化发展路径[J].图书馆论坛,2021(3):68-77.

彭淑枫.红色文化软实力:"中国梦"实现的民族文化基石[J].学理论,2014(4):21-22.

T. C. Chang, W. K. Lee. Renaissance City Singapore: A Study of Arts Spaces[J].Area,35(2):128-141.

谭小军,周安平.阅读权结构的法理思考[J].现代出版,2018(2):9-12.

王建军.关于红色资源挖掘与利用研究——以北京市延庆区为例[J].理论建设,2020(6):100-106.

王雄青,胡长生.文旅融合背景下红色文化旅游高质量发展路径研究——基于江西的视角[J].企业经济,2020(11):100-107.

韦斌,莫红梅.论国家认同与民族认同的耦合再生关系[J].思想理论教育,

2014(9):22-27.

吴理财,郭璐.文旅融合的三重耦合性:价值、效能与路径[J].山西师大学报(社会科学版),2021(1):62-71.

向国华,何其鑫.论红色文化与"四个自信"之关系辩证[J].学校党建与思想教育,2018(4):18-20.

小林文人.これからの公民馆の展望をどうえがくか——第五世代の公民馆论,问题提起として[J].月刊社会教育,1996:6-10.

熊扬勇.论中国红色文化软实力及其提升战略路径[J].理论导刊,2010(2):26-29.

许继红,乔瑞金.试论当代中国特色公共文化治理的现代化转型[J].马克思主义与现实,2020(3):181-188.

赵媛,万易.我国公共文化服务平衡发展问题研究述评[J].西华大学学报(哲学社会科学版),2019(3):36-52.

朱茂磊,王子伦.公共应急时期的公民阅读权利及其保障研究[J].图书馆研究与工作,2020(12):5-11.

**专著**

陈立旭.都市文化与都市精神——中外城市文化比较[M].南京:东南大学出版社,2002.

Henri Lefebvre. The Production of Space(English Version)[M]. Donald Nicholson-Smith translated. Wiley-Blackwell, 1992.

[美]凯文·林奇.城市意象[M].方益萍,何晓军,译.北京:华夏出版社,2017.

[美]刘易斯·芒福德.城市发展史——起源、演变和前景[M].宋俊岭,倪文彦,译.北京:中国建筑工业出版社,2005.

[美]刘易斯·芒福德.城市文化[M].宋俊岭,李翔宁,周鸣浩,译.北京:中国建筑工业出版社,2009.

Ray Oldenburg. The Great Good Place[M]. Marlowe & Company, 1999.

Ray Oldenburg. Celebrating the third place: Inspiring stories about the great good places at the heart of our communities[M]. Da Capo Press, 2001.

奚洁人.科学发展观百科辞典[M].上海:上海辞书出版社,2007.

中共中央文献研究室.十八大以来重要文献选编(上)[M].北京:中央文献

出版社,2014.

中华人民共和国文化和旅游部.中国文化和旅游统计年鉴2019[M].北京:国家图书馆出版社,2019.

**报纸**

蔡之兵.中部地区高质量发展难在哪儿怎么办[N].学习时报,2021-04-07(2).

黄福特."内容为王"永不过时[N].人民日报,2019-12-26(9).

姜永坤.以中部地区为内循环轴心 加速中部全面崛起[N].每日经济新闻,2020-10-27(8).

厉新建.顺应趋势 科学谋划 推动文化旅游业高质量发展[N].光明日报,2020-10-12(16).

刘小花.文旅融合背景下红色纪念馆如何成为"旅游打卡地"?[N].中国文物报,2020-10-23(5).

隋二龙,赵蓓蓓.文化馨香溢辽源——写在辽源全力冲刺创建国家公共文化服务体系示范区之时[N].吉林日报,2020-09-24(7).

唐山市实施乡村振兴"十百千"工程[N].河北日报,2019-04-17(9).

涂志明.弘扬红色文化 增强中国软实力[N].中国社会科学报,2020-10-27(4).

王彩娜.同题共答 中部地区演绎高质量发展竞合之道[N].中国经济时报,2021-04-16(4).

曾月梅.推进社会主义文化强国建设 彰显中华民族独特精神气质[N].兰州日报,2020-11-10(12).

张贺."泛娱乐化"伤害了谁[N].人民日报,2013-06-20(17).

中共中央政治局召开会议审议《关于新时代推动中部地区高质量发展的指导意见》 中共中央总书记习近平主持会议[N].人民日报,2021-03-31(1).

**学位论文**

陈明曼.复杂适应系统视角下的特色小镇演化研究[D].重庆:重庆大学,2018.

刘琨.红色文化研究[D].沈阳:辽宁大学,2015:53.

**网络报道**

2017年14市州城市阅读指数公布:长沙株洲永州排前三[EB/OL].(2018-

04-24)[2020-12-15].https://www.sohu.com/a/229266664_119717.

北京文化产业增加值占 GDP 比重居全国首位[EB/OL].(2019-09-27)[2020-12-20]. https://baijiahao.baidu.com/s? id = 1645785890206738904&wfr = spider&for = pc.

陈圣来.城市不在于大,而是要具备有特色的文化[EB/OL].(2018-07-04)[2020-12-02].https://www.sohu.com/a/239183364_260616.

Community Clubs[EB/OL].(2018-06-19)[2020-06-01].https://www.pa.gov.sg/our-network/community-clubs.

改革开放 40 年:现代公共文化服务体系建设的特色之路[EB/OL].[2018-12-12]. https://www.sohu.com/a/281475958_152615.

贯彻新发展理念,推动公共文化服务高质量发展——文化和旅游部公共服务司负责同志就《关于推动公共文化服务高质量发展的意见》答记者问[EB/OL].(2021-03-23)[2021-05-02]. http://zwgk.mct.gov.cn/zfxxgkml/zcfg/zcjd/202103/t20210323_923234.html.

国家发改委特色小镇政策重大变化[EB/OL].(2018-05-11)[2020-12-20]. https://baijiahao.baidu.com/s? id = 1600162973747709846&wfr = spider&for = pc.

侯文坤,林超,邵琨,宋晓东,刘良恒.乱规划、被规划:乡村振兴遭规划乱象"绊腿"[EB/OL].(2018-12-29)[2020-12-20]. https://baijiahao.baidu.com/s? id = 1621192141529896288&wfr = spider&for = pc.

湖南省文化厅.湖南省 2016 年文化发展统计公报[EB/OL].(2017-02-02)[2020-12-25].http://wlgtj.hnloudi.gov.cn/ldgdj/06/201702/dd1d7a4a405346-48991e2c747f51890e.shtml.

贾超绪.让红色文化成为强大发展动力[EB/OL].(2016-06-27)[2020-12-01]. http://opinion.people.com.cn/n1/2016/0627/c1003-28479610.html.

姜玮,黎康.井冈山精神的历史形成、基本内涵与时代价值[EB/OL].(2015-04-09)[2021-10-20]. http://news.12371.cn/2015/04/09/ARTI1428571085189303_3.shtml.

李克强做政府工作报告 首次提到倡导全民阅读[EB/OL].(2014-03-05)[2020-12-15]. http://culture.people.com.cn/n/2014/0305/c87423-24536148.html.

李克强:阅读是一种享受　希望全民阅读能够形成一种氛围[EB/OL]. (2015-03-15)[2020-12-15]. http://www.gov.cn/zhuanti/2015-03/15/content_2834273.htm.

李克强:一个国家养成全民阅读习惯非常重要[EB/OL].(2017-04-22)[2020-12-15]. http://www.gov.cn/xinwen/2017-04/22/content_5188228.htm.

李小豹.我们的老阿姨,我们奋斗的力量[EB/OL].(2016-06-14)[2020-11-01]. http://opinion.people.com.cn/n1/2016/0614/c1003-28441625.html.

李运球.中国"老阿姨"诞生记[EB/OL].(2014-10-23)[2020-11-01]. http://jx.people.com.cn/n/2014/1023/c360836-22699067.html.

梁永明,周文昂扬.李小豹调研督导项目建设时强调:千方百计提速度　奋力夺取"双胜利"[EB/OL].[2020-10-10]. http://px.jxnews.com.cn/system/2020/05/28/018907300.shtml.

刘建平.弘扬红色文化　建设文化强国[EB/OL].(2020-12-28)[2021-04-30]. http://www.qstheory.cn/dukan/hqwg/2020-12/28/c_1126916907.htm.

刘武明.安源工人在近现代史上创造的二十三个"全国之最"[EB/OL]. (2019-03-06)[2020-11-03]. https://www.sohu.com/a/299384517_106330.

Our SG Arts Plan(2018-2022)[EB/OL].[2020-06-09]. https://www.nac.gov.sg/aboutus/Our-SG-Arts-Plan-2018-2022.html#.

"平语"近人——习近平谈社会主义核心价值观[EB/OL].(2016-12-08)[2020-12-20]. http://cache.baiducontent.com/.

全面小康,文化不缺位——湖南永州走在国家示范区成功创建之路上[EB/OL].(2020-06-22)[2021-01-20]. https://www.sohu.com/a/403494809_120120968?_trans_=000019_hao123_pc.

上海市委宣传部发改办.2018年上海文化产业发展报告[EB/OL].(2019-03-14)[2020-12-20]. http://www.ce.cn/culture/gd/201903/14/t20190314_31681119.shtml.

社会主义核心价值观建设的重要路径[EB/OL].(2019-09-26)[2020-11-01]. http://opinion.people.com.cn/n1/2019/0926/c1003-31373411.html.

深度解析:美国GDP构成,中美11大核心产业对比[EB/OL].(2019-01-10)[2020-12-20]. https://kuaibao.qq.com/s/20190110A0Z92X00?refer=spider.

什么是新时代文明实践？[EB/OL].(2018-11-21)[2020-12-30].http://wm.jschina.com.cn/18852/fangtan/geqi/haian/q_a/201811/t20181121_5879293.shtml.

苏州第二图书馆，一个来了还想再来的图书馆[EB/OL].(2020-01-07)[2020-12-25].http://m.haiwainet.cn/middle/3543606/2020/0107/content_31695184_1.html.

唐山全力打造国内外知名文化旅游城市[EB/OL].(2019-01-08)[2021-01-20].http://ts.wenming.cn/yw/201901/t20190108_5638581.shtml.

王樊.萍乡武功山景区获评国家5A级旅游景区[EB/OL].[2021-01-09].http://px.jxnews.com.cn/system/2020/01/09/018718034.shtml.

王璟煜.共和国是红色的，不能淡化这个颜色[EB/OL].(2019-03-19)[2020-12-01].http://sc.china.com.cn/2019/nanchong_recommend_0319/312276.html.

王均伟.充分发挥红色文化的引领作用[EB/OL].(2020-11-03)[2020-12-23].https://baijiahao.baidu.com/s?id=1682329484270031426&wfr=spider&for=pc.

文化和旅游部.2018年文化和旅游发展统计公报[EB/OL].(2019-05-30)[2020-12-25].http://www.ce.cn/culture/gd/201905/30/t20190530_32220256.shtml.

文旅中国.《国家基本公共服务标准(2021年版)》出台 基本公共文化服务主要范围进一步明确[EB/OL].[2021-04-22].https://baijiahao.baidu.com/s?id=1697712936035256564&wfr=spider&for=pc.

习近平：人民对美好生活的向往就是我们的奋斗目标[EB/OL].(2012-11-15)[2020-12-20].http://politics.people.com.cn/n/2012/1115/c1024-19590525.html.

习近平用经历激励青年：插队放羊时坚持看书[EB/OL].(2013-05-06)[2020-11-01].http://opinion.people.com.cn/n/2013/0507/c1003-21393214.html.

习近平：建设社会主义文化强国 着力提高国家文化软实力[EB/OL].(2013-12-31)[2020-12-20].http://www.xinhuanet.com/politics/2013-12/31/c_118788013.htm.

习近平在庆祝中国共产党成立95周年大会上的讲话[EB/OL].(2016-07-02)[2020-12-01].http://cpc.people.com.cn/n1/2016/0702/c64093-28517655.

html.

习近平在中国共产党第十九次全国代表大会上的报告[EB/OL].(2017-10-28)[2020-12-20].http://cpc.people.com.cn/n1/2017/1028/c64094-29613660.html.

习近平在庆祝改革开放40周年大会上的讲话[EB/OL].(2018-12-18)[2020-12-20].http://www.xinhuanet.com/politics/leaders/2018/12/18/c_1123872025.htm.

习近平部署推动中部地区崛起工作:做好我们自己的事情"最重要"[EB/OL].(2019-05-23)[2020-12-01].http://theory.people.com.cn/n1/2019/0523/c40531-31099821.html.

向总书记学习用典[EB/OL].(2018-07-17)[2020-11-01].http://dangshi.people.com.cn/n1/2018/0717/c85037-30151215.html.

在俄罗斯,习近平主席讲述过的"那人那事"[EB/OL].(2019-06-04)[2020-11-01].http://cpc.people.com.cn/n1/2019/0604/c164113-31118454.html.

中商产业研究院.产业地图:上海旅游产业分析[EB/OL].(2019-02-13)[2020-12-20].http://finance.eastmoney.com/a/201902131042866486.html.

**政府政策、文件**

国家发展改革委,国土资源部,环境保护部,住房城乡建设部.关于规范推进特色小镇和特色小城镇建设的若干意见[EB/OL].(2017-12-05)[2020-12-20].https://www.ndrc.gov.cn/xwdt/ztzl/xxczhjs/ghzc/201712/t20171205_972181.html.

国务院办公厅关于推进基层综合性文化服务中心建设的指导意见(国办发〔2015〕74号)[EB/OL].(2015-10-02)[2020-12-30].http://www.gov.cn/xinwen/2015-10/20/content_2950535.htm.

国务院关于鼓励和引导民间投资健康发展的若干意见[EB/OL].(2010-05-13)[2020-12-20].http://www.gov.cn/zwgk/2010-05/13/content_1605218.htm.

国务院关于进一步实施东北地区等老工业基地振兴战略的若干意见(国发〔2009〕33号)[EB/OL].[2020-12-20].http://www.gov.cn/gongbao/content/2009/content_1417927.htm.

河北省人民政府关于加快乡村旅游发展的实施意见(冀政〔2006〕71号)

［EB/OL］.（2006-03-20）［2021-01-20］. http://info. hebei. gov. cn/hbszfxxgk/329975/329982/364113/index.html.

辽源市人民政府工作报告（2018）［EB/OL］.（2019-01-21）［2020-12-25］. http://sj. liaoyuan. gov. cn/xxgk/zwxxgkfl/gzbg/201901/t20190121_358120.html.

唐山市地方标准《乡村文化旅游服务中心建设与服务规范》通过审定［EB/OL］.（2019-10-10）［2021-02-20］.http://scjg. hebei. gov. cn/info/28934.

唐山市委,唐山市政府.关于推进乡村振兴战略的实施意见［EB/OL］.（2018-04-22）［2021-01-20］.http://www. tangshan. gov. cn/zhuzhan/zhengfuguizhang/20180518/593922.html.

文化和旅游部,财政部.关于在文化领域推广政府和社会资本合作模式的指导意见（文旅产业发〔2018〕96号）［EB/OL］.（2018-11-24）［2020-12-20］. http://www.gov.cn/xinwen/2018-11/24/content_5343003.htm.

文化和旅游部,国家发展改革委,财政部.关于推动公共文化服务高质量发展的意见（文旅公共发〔2021〕21号）［EB/OL］.（2021-03-08）［2021-05-02］. http://zwgk.mct.gov.cn/Zfxxgkml/ggfw/202103/t20210323_923230.html.

文化和旅游部,国家发展改革委,工业和信息化部,财政部,人力资源社会保障部,自然资源部,生态环境部,住房城乡建设部,交通运输部,农业农村部,国家卫生健康委,中国人民银行,国家体育总局,中国银行保险监督管理委员会,国家林业和草原局,国家文物局,国务院扶贫办.关于印发《关于促进乡村旅游可持续发展的指导意见》的通知（文旅资源发〔2018〕98号）［EB/OL］.（2018-11-15）［2020-12-20］. http://www. gov. cn/zhengce/zhengceku/2018-12/31/content_5439318.htm.

中办、国办印发《关于加快构建现代公共文化服务体系的意见》［EB/OL］.（2015-01-14）［2020-10-10］.http://www.gov.cn/xinwen/2015-01/14/content_2804240.htm.

中共中央关于全面深化改革若干重大问题的决定［EB/OL］.（2013-12-12）［2020-12-20］. http://www. xinhuanet. com/politics/2013-11/15/c_118164294.htm.

中共中央关于制定国民经济和社会发展第十一个五年规划［EB/OL］.［2020-09-10］. http://edu.people.com.cn/GB/4874910.html.

中共中央 国务院印发《乡村振兴战略规划(2018—2022年)》[EB/OL]. (2018-09-26)[2020-12-20]. http://www.gov.cn/zhengce/2018-09/26/content_5325534.htm.

中宣部,文化部,国家教委,国家科委,广播影视部,新闻出版署,全国总工会,共青团中央,全国妇联.关于在全国组织实施"知识工程"的通知[EB/OL]. (1997-01-02)[2020-12-20].http://www.chinalawedu.com/falvfagui/fg22598/23329.shtml.

中宣部印发《关于促进全民阅读工作的意见》[EB/OL].[2020-10-22]. http://www.gov.cn/xinwen/2020-10/22/content_5553414.htm.

中央办公厅、国务院办公厅印发的《2016—2020年全国红色旅游发展规划纲要》[EB/OL].[2020-12-25]. https://max.book118.com/html/2018/0417/161878931.shtm.

**析出文献**

丛嶷.红色文化的核心价值探析[C]//福建省革命历史纪念馆,中国博物馆协会纪念馆专业委员会,福建省爱国主义教育基地研究会.红色文化论坛论文集.北京:中共党史出版社,2012:109-112.

唐鑫.我市新型城镇化应注重发展特色文化城镇[C]//北京古都学会.中国古村落保护与利用研讨会论文集.北京:中译出版社,2016:147-151.

# 附　录

## 附录 A　萍乡市情、经济社会和地方文化

### 一、基本市情

萍乡市位于江西省西部,东与宜春、南与吉安相邻,西与湖南醴陵、北与湖南浏阳接壤。萍乡是江西的"西大门",处于赣西区域经济发展的中心,素有"湘赣通衢""吴楚咽喉"之称。萍乡下辖安源区、湘东区、芦溪县、上栗县、莲花县,面积 3 824 平方千米,截至 2019 年常住人口 192.5 万[①]。沪昆高铁横穿市内且与京广、京九两大动脉相连,319 和 320 国道呈十字形在市区交会,沪昆高速贯穿全境,市中心城区距长沙黄花机场 120 千米,具有优越的区位地理条件。

萍乡是中国近代工业起始较早的城市之一,是中国共产党领导中国工人运动的策源地,是毛泽东等老一辈革命家领导秋收起义的策源地,是中国共产党实施工农武装联盟、"农村包围城市、武装夺取政权"的重要红色革命根据地,是最具有典型示范意义的革命老区。萍乡也是江西省重要工业城市、赣西区域中心城市、全国首批内陆开放城市、全国文明城市、国家卫生城市,以及中国著名的傩舞之乡、花炮之乡、花果之乡。萍乡历史悠久、人才荟萃、积淀深厚,被誉为"赣西文化堡垒"[②]。

### 二、经济社会特点

近年来,萍乡市深入贯彻落实习近平总书记对江西工作的重要指示,把

---

[①] 萍乡市人民政府.萍乡概况[EB/OL].[2020-09-10]. http://www.pingxiang.gov.cn/sq/csgl/201702/t20170221_1564817.html.

[②] 萍乡市文广新旅局于 2017 年 9 月发布的年度总结报告《砥砺奋进的五年——萍乡全力重塑"赣西文化堡垒"》。

萍乡放在全国、全省发展大局中去思考和谋划,全市各级各部门一切工作紧贴"新的希望、三个着力、四个坚持"工作要求,推动百年煤城高质量创新转型升级。

(一)经济社会生态同步

整个"十三五"期间,萍乡市坚持以新型工业化为核心,深入实施工业强市战略,充分发挥政策引导和调控作用,统筹传统优势产业和战略性新兴产业发展,推动工业经济向智能化、绿色化、服务化方向转变,重塑萍乡制造业竞争新优势。萍乡市高度重视现代服务业发展,坚持生产性服务业与制造业融合发展、生活性服务业与扩大居民消费相互促进。其中,尤其重视把发展旅游经济作为打造消费型城市的龙头和引领,深入推进旅游强市建设,融合带动商业、文化、健康、农业、工业等产业发展,促进市内旅游景点、旅游线路、品牌塑造等跨区域整合、抱团发展,构建城景互动、产业整合、板块整合的大旅游发展格局。萍乡市在大力推进经济结构调整和产业发展的同时,立足萍乡特色资源禀赋优势,以构建现代农业经营体系、生产体系和产业体系为重点,着力转变农业经营方式、生产方式、资源利用方式和管理方式,因地制宜发展高效、特色、生态、精品农业,打造生态特色、高效农业强市。如今,萍乡市从经济、社会、生态等多个方面同步推进城市转型发展,探索了一条资源枯竭型城市转型发展的新路子。

(二)试点建设海绵城市

作为全国海绵城市建设试点城市,萍乡已全面完成近期推进的6个项目片区166个项目,得到了国家部委、中央媒体和当地群众的充分肯定。海绵城市建设的"萍乡样板",作为全国130个典型经验做法之一,受到国务院的表彰,并受邀在联合国世界地理信息大会上作专题报告,为全国和世界海绵城市建设贡献了"萍乡智慧"。萍乡推进海绵城市建设,发展海绵产业,带动城市品质提升和高质量发展,逐步形成了具有萍乡特色的海绵城市生活方式、建设理念和文化。

(三)创建全国文明城市

近年来,萍乡市坚持创建全国文明城市目标不动摇,注重以人民为中心深入开展文明城市创建,以创建全国文明城市带动民生改善。2018年全面实施民生工作"八个全覆盖"①"八大工程"②"八个提升"③行动,使创建得到城乡群众真心拥护,全市上下形成了众志成城的创城精神。2018年文明城市年度测评中,萍乡取得全国前十的好成绩④。

2019年,萍乡市紧紧围绕城乡群众操心事、烦心事、揪心事,更加扎实推进文明创建17项专项整治行动,坚持城乡环境综合整治力度不减,治超、治尘、治抛撒全面从严,"两违"拆除面积达22.5万平方米,"零新增、零容忍、控增量、去存量"得到巩固。同步深化城管体制改革,实施城管智慧化、执法综合化和环卫作业市场化,城市环境持续改善,全国文明城市创建顺利推进。

## 三、地方文化

截至2018年底,萍乡市共有艺术表演团体10个(含个体),文化馆6个,公共图书馆6个,博物馆4个,广播电台4座,电视台4座。有线电视用户30.37万户。广播节目综合人口覆盖率为99.59%,电视节目综合人口覆盖率为99.95%。萍乡地方文化琳琅满目、丰富多彩,除了正文中已提及的红色文化外,还有许多十分独特的特色文化。

(一)文化名片

2019年5月12日,在由江西省委宣传部、省文化和旅游厅与南昌市委市政府主办,江西出版集团承办的"文化的力量——2019江西文化发展巡礼"大型展览上,萍乡推出的名片是萍乡花果、湘东皮影戏、江右贡绣以及甘勋优漫画等。文化和旅游部部长雒树刚在展会观看和指导时,对萍乡的文化名片高度称赞。

(二)诗意文化

人民日报社江西分社社长郑少忠在《直把萍乡当故乡》中描述道:"走进萍

---

① 萍乡市民生工作"八个全覆盖":普通高中阶段教育免费全覆盖,65岁以上老年人免费乘坐公交车全覆盖,城乡居民免费参加大病保险全覆盖,中心城区小街小巷"白改黑"全覆盖,25户以上自然村通水泥路全覆盖,乡村卫生院改造提升全覆盖,城乡居民安全饮水全覆盖,城区河道综合治理全覆盖。
② 萍乡市民生工作"八大工程":城区交通畅通工程,城区小巷楼道点亮工程,养老院改造提升工程,"厕所革命"工程,重点人群家庭医生免费服务工程,就业创业帮扶工程,幼教普及和城区中学布局优化工程,文化体育惠民工程。
③ 萍乡市民生工作"八个提升":城市绿道建设提升行动,中心城区雨污分流改造提升行动,城区公交电动化提升行动,全民健身服务提升行动,中小学课后服务提升行动,社会保障事业提升行动,城镇污水处理改造提升计划,中心城区8个农贸市场改造提升任务。
④ 龚婷."壮丽70年·奋斗新时代"蹲点式调研采访走进萍乡[N].萍乡日报,2019-04-11.

乡就是走进历史,走出萍乡就是走向世界。葛玄葛洪武功山悟道成一代宗师,启迪万千百姓;一休大师'茶禅一味'顿悟,开启中日两国佛学交流盛世。周敦颐履职芦溪县,两袖清风留英名;韩愈赋诗楚昭王庙,一代文豪传佳话。刘禹锡撰文悼高僧,汤显祖赋诗送好友。南宋四诗人放歌萍乡古道,'江西才子'刘凤诰泽被家乡后人。辛亥英魂黄钟杰视死如归,'大好头颅向天掷,血中溅出自由花';莲花县委书记刘仁堪,脚趾蘸血书就'革命成功万岁',理想信念高于天。党的纪检监察工作开拓者高自立,从瑞金到延安,铁腕治贪毫不手软;新中国海关事业奠基人孔原,从安源学徒到革命元勋,初心如磐屡建新功。理论宣传家凯丰,携笔从戎,谱写《抗日军政大学校歌》英名传;兵器专家、'中国的保尔'吴运铎,甘把一切献给党。全国道德模范、'百岁'老人龚全珍,大家都亲切称之为'老阿姨';开国少将甘祖昌,主动回莲花县务农,万里长征不歇脚。"①文中概括性描述了江西萍乡的佛道文化、儒家文化、名人文化和红色文化。

(三) 地方文化

《走近萍乡》丛书包括《古傩萍乡》②《山水萍乡》③《人文萍乡》④《经济萍乡》⑤等,多方面、写实性地描述了萍乡地方文化。

1. 古傩文化

萍乡是中国著名的傩乡,傩文化在萍乡历史悠久、流传很广。《古傩萍乡》从萍乡傩溯源、细说萍乡傩、萍乡傩故事、迷人萍乡傩等四个方面,讲述了萍乡傩的起源、演变,细致描述了傩面具、傩舞、傩庙、傩戏台、傩轿、傩服饰、傩兵器等,以及赵公明、姜子牙、尉迟恭等许多与傩有关的神话故事。

2. 山水文化

萍乡山奇水秀,多胜迹。《山水萍乡》从奇山解读、秀水寻美、胜迹古韵、园林写意等四个方面,描述了萍乡的山、水、景。令人称道的奇观有武功山、杨岐山、玉壶山、安源山、萍水河、袁水、明月湖、玉湖、古祭坛、普通寺、宝积寺、三侯寺、花塘官厅、文庙,还有恐龙蛋化石、孽龙洞、千年古树"荆柴王"等。

3. 名人文化

萍乡乃吴楚通衢,好儒风,传统文脉源远流长,文人雅士辈出。《人文萍乡》

---

① 郑少忠.直把萍乡当故乡[EB/OL].[2020-05-15]. http://travel.people.com.cn/n1/2020/0515/c41570-31710129.html.
② 危远辉.古傩萍乡[M].南昌:江西人民出版社,2007.
③ 肖麦青.山水萍乡[M].南昌:江西人民出版社,2007.
④ 陈菲.人文萍乡[M].南昌:江西人民出版社,2007.
⑤ 朱昌.经济萍乡[M].南昌:江西人民出版社,2007.

从源流、宗教、民间非遗、风流名士、才人俊彦五个方面,叙述了萍乡特有的人文掌故。有葛洪修道武功山、杨岐禅宗发祥、萍乡傩、萍乡采茶戏、萍乡春锣、芦溪缩龙,韩愈、刘禹锡、周敦颐、朱熹、汤显祖、王守仁、张学良、丰子恺等名人旅萍轶事,以及刘凤诰、文廷式、李有棻、蔡绍南、黄钟杰、朱益藩、凯丰、孔原等俊彦故事。

4. 经济文化

萍乡乃物华天宝之域,是中国近代工业的摇篮。《经济萍乡》从聚财宝地、传统农业、传统工商业、现代工业四个方面,叙述了萍乡的经济文化变迁。著名的有江南煤都、古老陶瓷业基地、中国爆竹业发祥地以及黑(煤炭)、白(陶瓷)、灰(水泥)、红(花炮)、金(冶金)五色文化。

## 附录 B 永州市情、经济社会和地方文化

### 一、基本市情

永州位于湖南省南部,境内三面环山,二水汇合①,经过湘江北上可直抵长江,经灵渠南下可连通珠江水系,在水运为主要交通运输方式的古代,永州处于交通枢纽位置,是湖南通往广西、广东、海南及西南各地的重要门户。

永州市下辖1个县级市(祁阳市),2个区(零陵区、冷水滩区),8个县(双牌县、东安县、道县、宁远县、新田县、蓝山县、江永县、江华瑶族自治县),180个乡镇(街道),3 297个行政村(社区),另设有回龙圩、金洞2个管理区。其中新田县为省级贫困县②,另有省级贫困村931个(新田县125个,江华县150个,宁远县150个,双牌县72个,江永县84个,祁阳市88个,道县63个,蓝山县50个,东安县40个,冷水滩区33个,零陵区42个,金洞管理区24个,回龙圩管理区8个,永州经济技术开发区2个③)。总面积22 441平方千米,截至2019年,永州市常住人口544.61万人,城镇人口277.21万人,城镇化率50.9%。

---

① 指潇、湘二水在永州境内汇合。
② 根据《国务院扶贫办关于印发〈贫困县退出专项评估检查实施办法(试行)〉的通知》和《湖南省扶贫开发领导小组关于印发〈2019年湖南省贫困退出实施方案〉的通知》,新田县已于2020年2月22日进入拟摘"贫困县"帽公示。永州最后一个贫困县,即将摘帽![EB/OL].(2020-02-22)[2020-12-15]. https://www.sohu.com/a/374974189_120053445.
③ 相关数据由湖南省扶贫办提供。2015—2020年永州市省级贫困村名单[EB/OL].(2018-05-17)[2020-01-20]. http://cs.bendibao.com/news/201519/43181.shtm.

永州市位于湘、粤、桂、贵多省交界处,距中心城市较远,古代水路枢纽在现代交通体系中的优势已不明显,山水之隔一定程度上增加了基础交通设施建设成本。总体上,永州市经济社会发展的基础较弱,负担相对较重。

## 二、经济社会特点

2018年,永州市全市全体居民人均可支配收入20 163元,其中城镇居民人均可支配收入28 470元,农村居民人均可支配收入13 924元,城乡居民收入比为2.04∶1,农村人口经济收入较低,消费能力较弱。永州市是多民族地区,除汉族以外,有瑶、壮、苗、侗等48个少数民族,少数民族人口63.09万,占全市总人口11.6%,少数民族人群主要居住于乡村。乡村特别是民族地区的经济社会发展任务较重。2018年,永州市实现地区生产总值1 805.65亿元,经济实力在湖南14个地市中排名第11位[①]。2018年,永州市实现一般公共预算收入183.29亿元,当年一般公共预算支出460.81亿元,一般公共财力收支水平相差较大,对预算外收入的依赖较重。

## 三、地方文化

### (一) 特色文化

永州历史源远流长。据考古,早在新石器时代晚期,永州人便使用方格、圆柱、叶脉纹等各种图形装饰石器、陶器。永州作为历史文化名城,在中华文化发展史上有诸多方面居于重要位置。

中华稻作文化的开端。2004年11月,中美联合考古队在永州道县寿雁镇白石寨村玉蟾岩出土了距今1.2万—1.4万年稻谷遗存,被确定为"世界上最早的栽培稻发现地"。美国《考古科学杂志》于2009年刊文指出,"玉蟾岩遗址存在资源强化利用的现象,这是人类从定居走向农业生产的先兆"[②]。这一发现使中华稻作文化从此前在浙江宁波余姚河姆渡发现的7 000年一下子提前了数千年。

中华德治文化的滥觞。《史记·五帝本纪》称,舜帝"崩于苍梧之野。葬于

---

[①] 湖南省各市经济实力排行榜[EB/OL]. (2019-04-17)[2020-01-20]. https://m.sohu.com/a/308533434_100154073.

[②] 从道县玉蟾岩出发,了解上古湖南,更好地认识中国[EB/OL]. [2020-01-13]. https://www.sohu.com/a/288688989_711674.

江南九嶷，是为零陵"。相关记载也出现在《山海经》①《楚辞》②《礼记》③以及长沙西汉马王堆帛书④等中国早期经典著作和史料中。2004年，考古工作者在九嶷山发现了宋代舜帝庙遗址，这是目前经考古发掘证实的年代最早的舜帝陵庙。⑤九嶷山下，公元764年，唐代元结撰文，颜真卿亲书气势恢宏、千年不堕的摩崖石刻《大唐中兴颂》，旁侧的《大宋中兴颂》《大明中兴颂》，以及蔡邕⑥、李白⑦、李商隐⑧等历代文人登临祭拜赞颂之诗文，也是重要佐证。舜帝事亲至孝、身体力行、宽容厚德、诚信谦恭、广施教化、举贤禅让等美德，在中华民族五千年的历史长河中，成为道德文明和德治文化的核心。

中华国学重地。唐、宋二朝是永州文化繁荣、文人辈出的重要时期。元结（719—772），曾任道州⑨刺史，写下《舂陵行》《贼退示官吏》等作，卸任后在永州开建浯溪碑林。怀素（737—799），自幼出家为僧，爱好书法，与张旭齐名，"颠张狂素"是中国草书史上两座高峰，怀素草书，笔法瘦劲、飞动自然、率意颠逸，千变万化而法度具备，传世书法作品有《自叙帖》《小草千字文》《苦笋帖》《圣母帖》《论书帖》等。柳宗元（773—819），于805年受王叔文和王伾"永贞革新"失败牵连，从礼部员外郎贬为永州司马，谪居永州10年，写下《永州八记》和《捕蛇者说》等名作。周敦颐（1017—1073），北宋道州人，世称濂溪先生⑩，著有《周元公

---

① 《山海经·海内西经》，舜帝陵在苍梧山南部，丹朱陵在苍梧山北部。
② 《离骚》："百神翳其备降兮，九疑缤其并迎。"东汉学者王逸注："舜又使九疑之神，纷然迎我，知己之志也。"明末清初学者王夫之注："九疑山神，或曰舜之灵也。"清乾隆时期学者夏大霖在《屈骚心印》中说："九疑指舜之神亲降，言百神拥蔽舜神而备降。《湘夫人》"九嶷缤兮并迎，灵之来兮如云"，亦是屈原对九嶷山与舜帝之敬意与向往。
③ 《礼记·礼运》以舜帝为"大道之行也，天下为公"之典范。
④ 长沙西汉马王堆帛书地形图清晰绘制了九嶷山九座山峰中舜帝陵的位置。
⑤ 邓晓丽，陈琳玲.上古时期的湖南何其光辉灿烂[N].湖南日报，2019-01-10.
⑥ 明代文人邓云霄《游九疑山记》提到，"独汉蔡邕碑铭，暨宋道州刺史方信孺所书'九疑山'三大字在崖间，笔法遒劲，犹带古色"。
⑦ 开元十三年（725年），李白作"乃仗剑去国，辞亲远游，南穷苍梧，东涉溟海"。"苍梧"即舜帝陵之所在。李白诗作多有舜帝情结："桂水分五岭，衡山朝九疑"（《江西送友人之罗浮》），"明晨去潇湘，共谒苍梧帝"（《答高山人兼呈权顾二侯》），"尧舜之事不足惊，自馀嚣嚣直可轻"（《怀仙歌》），"愿一佐明主，功成还旧林"（《留别王司马嵩》）。
⑧ 李商隐《咏史》"几人曾预南薰曲，终古苍梧哭翠华"，意即"有几人曾经亲耳听过舜帝的《南风歌》？天长地久，只有苍梧对着翠绿的华盖哭泣"。
⑨ 道州，即今道县之古称。现属湖南省永州市，位于潇水中游，东邻宁远县，南界江永县和江华瑶族自治县，西接广西全州县、灌阳县，北连双牌县，素有"襟带两广、屏蔽三湘"之称，为宋代思想家、理学鼻祖周敦颐故乡。
⑩ 因周敦颐晚年在庐山建濂溪书堂讲学，故世人称其为"濂溪先生"，其学为"濂学"。

集》《爱莲说》《太极图说》《通书》等，为宋明理学创始人。

（二）地方文化

2018年，永州市共有艺术表演团体660个，群众艺术馆、文化馆12个，公共图书馆12个，博物馆、纪念馆6个。广播电台2座，电视台10座，有线电视用户5.7万户，广播综合人口覆盖率100%，电视综合人口覆盖率99.15%。国家级非物质文化遗产保护目录7个，省级非物质文化遗产保护目录18个。出版期刊1种、报纸2种，期刊、报纸出版总印数分别为0.5万册、5.58万份。

永州为古代南方水路交通枢纽，开化较早。自东汉以降，历朝历代均较为重视交通沿线地区的教化和开发。唐宋时期，永州虽多为朝廷重要官员贬谪之地，但这何尝不是古代推进重要交通枢纽及沿线地区文明发展和民众教化的重要机制。被贬的官员，大多为古代朝廷派别或党争中落败一方，古代高层深受儒家文化熏陶的仕子，一般拥有"居庙堂之高则忧其民，处江湖之远则忧其君"[1]的深厚素养，其中意志坚定者，即便在尚未开化的蛮荒地区，也总是筚路蓝缕、自强不息，以自己的平生所学惠及一方。

千年历程之中，对于永州及周边地区人文历史影响最大者，莫过于柳宗元。永州地域开发和民众教化较早，夏朝就有舜帝道德教化史迹。东汉至三国时期，永州出了三国东吴大将黄盖。但是，永州历史上有一个奇特现象：黄盖之后约500年间竟未有继之者，至唐方勃然兴起。其实，这一现象并非永州独有，全国各地多有类似情况。

究其原因，主要在于早期封建官僚制度导致的社会门阀制度。两汉时期，中国实行察举制[2]，郡国王侯及封疆大吏有较大举荐权。东汉末年，这一制度逐步导致官僚阶层累世公卿、代际世袭、相互结盟的状况。曹魏时期，朝廷变察举制为九品中正制[3]，进一步使得门阀大户、世族地主仅凭家世出身即可参与朝

---

[1] 语出自范仲淹《岳阳楼记》。

[2] 察举制始自汉高祖刘邦的求贤诏，要求各郡国推荐具有治国才能的贤士大夫。汉武帝元光元年（公元前134年）形成制度，主要是由郡国及地方长官在辖区内为朝廷考察、推荐人才，经过朝廷核准后任用。这一制度彻底改变了夏、商、周的世卿世禄制。

[3] 九品中正制与两汉察举制、隋唐科举制并称为中国古代三大官吏选任制度。始自据尚书令陈群意见所实行的不成文规定，后曹丕于黄初元年（220年）命陈群制定具有法律意义的制度。制度规定：各州郡在德高望重的朝廷官员中推选专职品评人才的大中正一人，由大中正指名小中正。随后，朝廷分发人才调查表，表中将人才分为上上、上中、上下、中上、中中、中下、下上、下中、下下九等。凡人才无论是否出仕皆可登记，表内详记年藉各项，分别品第，并加评语。小中正襄助大中正审核后呈交吏部，吏部依此安排官吏升迁与罢黜。该制度使官吏选拔有了标准，其中主要是征求地方世族门阀意见，对于缓解朝廷与地方世家大族紧张关系、维持天下一统有一定益处。

政、身居高位。至晋，朝野门阀制度登峰造极，士族阶层数百年固化不变，朝廷按门第高下选拔与任用官吏，士族免徭役，婚姻论门第，民间庶人无缘上升，社会下等民众几近奴隶，"士庶之际，实自天隔"①。

这种情况在南朝得到些许改观。南齐时，秀才科策试成绩分为上、中、下、不及格四等。梁武帝于天监四年（505 年）在建康设立五经馆，考试及格方可录用，并明确提出寒门庶族子弟不论出身，"随才录用"②。隋朝仍有察举制痕迹，三次分科选举皆要求参选士人须得到官员举荐，未给予寒士投牒自应③权利。

唐高祖武德四年（621 年）诏令"诸州学士及早有明经及秀才、俊士、进士，明于理体，为乡里所称者，委本县考试④，州长重复，取其合格，每年十月随物入贡"。唐高祖武德五年（622 年）诏书明确士人可以投牒自应，"洁己登朝，无嫌自进"⑤，提出了"每年十月"赴朝廷应试的定期，这一诏令标志以"自应""自进"和周期性考试为特点的科举制度诞生。从此以后，中华民族寒门士子才有了苦读、科考、晋升的通道，社会的人才数量迅速增长，朝廷也有可能把品质优良、有真才实学的人才源源不断地派往各地任职，即便是贬谪，某种意义上也是人才对地方的支持。永州自东汉至唐初存在的大师名人缺口，与同期中国的人才断档同步，正是缘于官宦、门阀、世族、地主对一切上升通道的垄断。官宦、门阀、世族、地主弟子无须读书即可身居高位，读书只是寒门士子凭借才学进入某一门阀集团的敲门砖。

唐、宋时期，多有文人被贬。其中一个重要原因是文人多为谏官，秉持读书报国立场，遇事常提出不同意见，若冲撞上司或朝廷利益集团，就有可能遭遇贬斥或发配。即便是大文豪，也难以摆脱被贬命运，与柳宗元同为唐"永贞革新"成员的刘禹锡被贬为朗州⑥司马，唐白居易也曾被贬为江州⑦司马，宋苏轼曾屡次被贬⑧，这些文坛巨子被贬地方后，几乎无一例外为当地作出了不可磨灭的

---

① 语出自《宋书·王弘传》，尚书左丞江奥说："至于士庶之际，实自天隔。"
② 语出自《梁书·武帝纪》。
③ 投牒自应为科举制投牒自应、程文去留、定期开考三大特征之一，意即寒士可自主报考，不必非得由王公大臣举荐。
④ 后来称之为"乡试"。
⑤ 语出自《唐大诏令集》，"自进"真正取消了数百年来为门阀世族和地方官吏把持的举荐制度。
⑥ 今湖南省常德市。
⑦ 今江西省九江市。
⑧ 苏轼屡次被贬：第一次因宋神宗时期对王安石"熙宁变法"提了一些意见被贬至黄州（今湖北省黄冈市黄州区）；第二次被贬是宋哲宗时期因提意见得罪宰相章惇，被贬至岭南惠州（今广东省惠州市）；第三次又因宰相章惇被贬至儋州（今海南省儋州市）。

贡献。

柳宗元少时有远大事业雄心,"古之夫大有为者""励材能,兴功力,致大康于民,垂不灭之声"①,立志读书为民。他被贬永州,实为永州具有历史意义的一大幸事。柳宗元在永州十年,对于人文永州、教化永州、山水永州作出了开创性和永久性的巨大贡献,以高起步的方式夯实了永州人文教化之深厚基础。

1.《永州八记》:记叙传播永州的中国山水游记高峰

柳宗元永州司马是编制外闲职,无官舍亦无实职。初到永州,柳宗元及家人寄居冷清小庙,未及半载,母亲病逝,他当时精神抑郁、心情悲愤,身体也越来越差,"行则膝颤,坐则髀痹"②,但永州淳朴民风、憨厚百姓和清新山水给他带来了心灵慰藉和情感寄托。柳宗元在永州山水游历之中摆脱了悲观与失意,远离政坛明争暗斗,以永州山水为素材写出了广为传诵、流传千古的散文。其中,清深意远、疏淡峻洁的山水游记最为脍炙人口。柳宗元曾说,"余虽不合于俗,亦颇以文墨自慰,漱涤万物,牢笼百态,而无所避之"③,意即可在天地万物、自然百态、山水之美中,抒发胸臆、荡涤情怀、聊以自慰。

柳宗元的不朽文章,永久性地展示着、传播着昔日永州山水凄神寒骨、悄怆幽邃、清新宜人的独有风姿,可以说,永州名闻天下始于《永州八记》。

2.《捕蛇者说》:读书为民立言,确立永州千年文脉

在长安为官的年轻柳宗元也曾经炫耀过家族地位,"柳族之分,在北为高,充于史氏,世相重侯"④。到了永州之后,他与田翁、农夫、走卒频繁交往,设身处地地感受底层子民生活的艰辛。在社会底层,柳宗元早年所受的"民为邦本"⑤"民为贵,社稷次之,君为轻"⑥儒家民本思想教育,犹如智慧的种子落于永州底层民众温暖的土壤之中。了解民生疾苦、体恤民众哀怨、敢于为民请命的读书人应有使命,读书为民、以文载道的民本思想,激励着柳宗元的心灵、精神和创作。

鲁迅说过,"我们从古以来,就有埋头苦干的人,有拼命硬干的人,有为民请命的人,有舍身求法的人……虽是等于为帝王将相作家谱的所谓'正史',也往

---

① 语出自柳宗元《答贡士元公瑾论仕进书》。
② 语出自柳宗元《与李翰林建书》。
③ 语出自柳宗元《愚溪诗序》。
④ 语出自柳宗元《故大理评事柳君墓志》。
⑤ 语出自《尚书》。
⑥ 语出自《孟子》。

往掩不住他们的光耀,这就是中国的脊梁"①。柳宗元诗文俱佳,其中三分之二写于永州,而写于永州的诗文,大多以底层百姓为主人翁。如以捕蛇为生的蒋氏、以种果树为业的农民郭橐驼②、被诱骗的女子河间③、乡村小牧童区寄④、精于建筑设计和工程统筹的杨木匠⑤、卖药为生的市井小民宋清⑥、江湖浪人李赤⑦等。此外商人、渔翁、秀才、流民、和尚、道士皆入文中。其中,《捕蛇者说》可为典型代表,柳宗元以如椽之笔描写和塑造一大批小人物形象,结合切身经历,反思时代,深刻剖析政治、社会和人生问题。

柳宗元曾说过"凡吏于土者,若知其职乎?盖民之役,非以役民而已也"⑧,意即地方官应是百姓的仆役,而非役使百姓。毛泽东曾在《〈农村调查〉的序言和跋》一文中说:"群众是真正的英雄,而我们自己则往往是幼稚可笑的,不了解这一点,就不能得到起码的知识。"⑨在永州柳宗元才真正体会到文人对于社会的意义,从这一点上可以说,柳宗元以诗文建构了永州以民为本的文脉,而永州成就了柳宗元作为一代文豪经久不衰的人生价值。

始建于北宋仁宗至和三年(1056年)的柳子庙,千年以来屡经重修,庙中建筑、物件、匾额、提款多有增删变化,唯"利民"二字一直镌刻于后殿柳宗元塑像上方横梁之上,此二字为庙之魂,为柳宗元人格魅力和文采境界之深度体现。

古人云,"太上有立德,其次有立功,其次有立言,虽久不废,此之谓不朽"⑩。劝学天下、读书为民、剖析社会、针砭时弊,是柳宗元在永州确立的千年文化正脉。

3. "愿为人师":正本清源,回归崇文重教、传道授业之本

中国的为师之道源远流长,是中华民族引以为豪的优秀文化传统之一。早在先秦时代,荀子就说过,"故曰:学莫便乎近其人"⑪,讲的就是向老师学习的重

---

① 语出自鲁迅《中国人失掉自信力了吗?》,此文收录于鲁迅《且介亭杂文》。
② 柳宗元《种树郭橐驼传》。
③ 柳宗元《河间传》。
④ 柳宗元《童区寄传》。
⑤ 柳宗元《梓人传》。
⑥ 柳宗元《宋清传》。
⑦ 柳宗元《李赤传》。
⑧ 语出自柳宗元《送薛存义序》。
⑨ 语出自毛泽东《〈农村调查〉的序言和跋》,收入《毛泽东选集》第三卷。
⑩ 语出自左丘明《左传·襄公二十四年》。
⑪ 语出自荀子《劝学》。

要性。但是，自魏晋时代直至唐朝约500年间鲜有名师见诸史料。门阀制度下社会对知识和学养的崇尚日渐淡化，世家子弟无须拜师学习即可身居高位，教育限于少数有见识或传统的门阀世族内部，出身寒门而有学问者，充其量也只能混迹于门阀世族府衙之内，做个家庭教师而已。所以，魏晋尚外表、形体、风度，六朝喜好虚空清谈，皆与此有关。

"由魏、晋氏以下，人益不事师"①的种种不良风气，至初唐、中唐时期仍相当严重。与柳宗元同时期的韩愈②以"位卑则足羞，官盛则近谀"③描述当时拜师的社会心态。面对师道沦丧由来已久的重大现实问题，韩愈在力推古文运动的同时，力倡尊师重教，写下《师说》名篇。但在当时所谓风度、清谈余风尤劲的现实中，韩愈《师说》一文遭到了上层社会的咒骂与攻讦，他被扣以"狂人"贬称，甚至屡遭贬谪。柳宗元评价道，"独韩愈奋不顾流俗"④。

与韩愈相同，柳宗元也不入俗流，但他选择了不同的方式和路径来维护师道。柳宗元坚持"患为人师"，所"患"者有四：一为自谦，认为自己才学有限、身体欠佳，恐误人子弟；二为谨慎，被贬状态，不宜授业，免得遭来诽谤；三为前车之鉴，不愿如韩愈因《师说》而招来"群怪聚骂，指目牵引"⑤；四为谨守孟子"人之患在好为人师"⑥的古训。

所以，"患为人师"其实是对师道的严肃态度，柳宗元既不愿"好为人师"，也不愿"忝为人师"，更不愿以传道授业为名交往建盟、拉帮结派、结党营私，他所遵循的师道是要"取其实而去其名"⑦。

事实上，柳宗元对于学林后辈几乎有问必答、知无不言、悉心指导、不遗余力。虽然柳宗元本人从不愿与向他讨教的年轻人以师徒相称，但据史志记载，终唐一代湖南考取进士25人，其中衡湘以南16人，基本为中唐后所中。韩愈高度评价说："衡湘以南为进士者，皆以子厚为师。其经承子厚口讲指画为文词者，悉有法度可观。"⑧由此可知，柳宗元的教育指导不仅使永州，也使两广地区广泛受益，在南方产生了极为深远的影响。

---

① ④ ⑤ ⑦ 语出自柳宗元《答韦中立论师道书》。
② 韩愈与柳宗元曾同朝为官，同倡古文运动，韩愈年长柳宗元5岁。
③ 语出自韩愈《师说》，意即"拜身份卑微者为师，感觉没面子；拜身居高位者为师，又涉嫌阿谀奉承"。
⑥ 语出自《孟子·离娄上》。
⑧ 语出自韩愈《柳子厚墓志铭》。

《柳宗元全集》①收录了柳宗元的 537 篇文章,其中直接讨论师道的约 16 篇,间接指导的约 10 篇,在其一生文章中,占有较大比重。《答韦中立论师道书》一文,在回绝对方拜师请求的同时,尤为细致地阐述了修学心得:一是求学先找准正脉,以尧舜之道和诸子百家为根基。二是学问需内外兼修,注重内在道德和外在礼仪的一致。三是撰文重在分析事理,文章应言之有物,阐明人物事件内在的道理,切勿堆砌辞藻。四是阅读要循序渐进,柳宗元为学子开列的书单很能说明问题,"其外者当先读六经,次《论语》、孟轲书,皆经言;《左氏》、《国语》、庄周、屈原之辞,稍采取之;《穀梁子》《太史公》甚峻洁,可以出入"②。五是研学贵在坚持,毋求速成,柳宗元说:"慎勿怪、勿杂、勿务速显。"③六是坚持脚踏实地、言之有物,柳宗元的文章不尚空谈、绝无矫情,均为真实经历、真切感悟、直抒胸臆之作,他指点学子不要一味"好辞工书",强调文章重在"明道"。④柳宗元的这些人文之道、教育思想、学问方法,对于中华优秀文化传统传承有重要意义,是先秦诸子到后世宋明理学、桐城派直至民国教育的一座高峰与桥梁,其寓言、政论、游记被大量收入教科书。理学开山周敦颐,正是在柳宗元诗文著作熏陶下成长的。

遥想当年永州,因柳宗元贬谪此处而成为中华人文教育之南方重地。回味千年永州,浯溪摩崖石刻默默讲述着千年柳宗元仰慕者、崇敬者的人物故事,永州府学宫、濂溪书院、白萍书院、群玉书院、萍洲书院等,多以柳学为基,即便是永州乡村场屋祠堂也仍然敬奉柳宗元为文圣。展望未来永州,千年之后,柳宗元人品、诗文、师道绵绵不息的影响力,对于新时代再创人文永州、书香永州乃至文化旅游的时代高峰,依然是最值得珍视的重要源泉。

## 附录 C  辽源市情、经济社会和地方文化

### 一、基本市情

辽源市位于吉林省中南部,地处东辽河、辉发河上游,因东辽河发源于此而得名。辽源市地理概貌为"五山一水四分田",幅员面积 5 140.45 平方千米,城

---

① 柳宗元全集[M].上海:上海古籍出版社,1997.
②③ 语出自柳宗元《报袁君陈秀才避师名书》。
④ 语出自柳宗元《报崔黯秀才论为文书》。

市建成区面积46平方千米。辽源市下辖东丰、东辽两县，龙山、西安两区和一个省级经济开发区。2019年常住人口为116.5万人。

辽源市区位有一定优势，地处东辽河、伊通河、辉发河上游，水资源较为丰富，东与通化市和四平市相连，南北分别与铁岭市、吉林市接壤，北距长春市仅100千米，高速公路四通八达，高铁建设已列入规划。辽源市一年四季分明，年平均温度为5.2摄氏度，冬季严寒漫长，春季干燥多风，秋季短暂，但6—8月盛夏季节，气温常在23摄氏度左右，温润宜人，是理想的避暑之地。

## 二、经济社会特点

### （一）乡村振兴战略深入实施

出台农业农村优先发展、加快乡村振兴步伐的意见，统筹推进乡村"五大振兴"和农村人居环境整治，编制完成村庄规划518个，建成8个国家级文明村镇，创建"美丽家园"5.38万户，50个村被确定为省"百村引领、千村示范"村。完成"畅返不畅"农村公路维修养护761.3千米。东丰县被确定为全国乡村治理体系建设试点县，东辽县被确定为国家级园林城市。

### （二）新型城镇化建设步伐加快

省级示范城镇金州乡生态产业开发区基础设施日臻完善。扩权试点镇寿山镇发展加快，寿山新区雨污分流项目竣工投入使用。辽源袜业、汽车商贸物流、安恕蛋品加工等6个特色产业小镇被列入全省第一批特色产业小镇创建名单，获批省级新型城镇化建设资金4 705万元。2019年，来辽源旅游人数达392.21万人，比上年增长13.2%，旅游收入66.64亿元，比上年增长9.9%。

### （三）辽源经济极具地方特色

近年来，辽源市大力发展装备制造、农产品加工两大支柱和高精铝加工、纺织袜业、医药制造、蛋品加工、新能源5个特色优势产业，形成了以制造业为主体的工业经济体系。其中，两大产业特别具有文化和旅游拓展潜能。

一是梅花鹿养殖产业。辽源市东丰县素有"梅花鹿之乡"美誉，首开中国人工驯养梅花鹿之先河。清康熙年间，辽源正式被划为盛京围场；清光绪初年，被列为"养鹿官山"，开始人工驯养梅花鹿，专贡朝廷。历经200余年，东丰县养鹿业不断发展，迄今鹿存栏已达8万余头，年产鹿茸50万两，为亚洲最大人工养殖梅花鹿基地。当地久负盛名的"马记鹿茸"，解剖结构好、外观形状优美、药用保健价值高，被国家确定为出口免检商品，畅销美国、英国和东南亚地区。

二是纺织袜业。辽源市是东北袜业纺织工业园的所在地,入驻企业1 210户,年产值逾120亿元、产能35亿双,已形成袜业设计、制造、电子商务、物流、外贸等完整产业链,口号是"辽源袜业:给全世界每一个人生产一双袜子",具有打造"世界袜都"的基础条件。

### 三、地方文化

截至2019年,辽源市共有文化馆4个,群众艺术馆1个,公共图书馆3个,博物馆8个。广播电视台3座,广播覆盖率98.5%,电视覆盖率99.0%。2019年,辽源市在各级各类体育竞技比赛中共获得奖牌211枚。其中,在国家级比赛中获得金牌20枚、银牌4枚、铜牌3枚,在省级比赛中获得金牌68枚、银牌57枚、铜牌59枚。

辽源历史悠久,青铜器时代就有人类活动。据《盛京旧志沿革》记载:周代前在辽源市地域就有秽貊、息慎族劳作生息。汉至南北朝属玄菟郡,晋隋为高句丽所据,但中原王朝仍设有郡县。唐初年属河北道安东都护府,唐朝渤海国时,东丰县属长岭府,东辽县属夫余府。辽灭渤海国后,辽源地区属东京道长岭府。金代属咸平路。元朝属辽阳行省开元路咸平府斡磐千户所。明朝先设定辽都卫,后改为辽东都指挥使司。辽源有浓郁的关东黑土地文化,亦享有"中国琵琶之乡""中国二人转之乡""中国农民画之乡""中国剪纸之乡""中国袜业名城"等美誉。

辽源人文底蕴丰厚,是中国满族重要发祥地之一,拥有品种丰富、形态独特、品质较高的文旅产业发展资源。除被清代皇家辟为盛京围场的东丰县梅花鹿驯养场,辽源市也是中国本土宗教道教的繁盛之地,清光绪年间,龙山辽水之间有大小道教宫观7座,尤以坐落于辽源市市中心位置龙首山南麓的福寿宫为最,它是东北较大的道观之一,被誉为"华夏玄门第一楼"的辽源魁星楼便矗立于此,在中国道教中拥有较高地位。位于辽源市区与东丰县交界处的大小寒葱顶及周围地域(规划区约74.8平方千米),属长白山哈达岭南部,即清初被敕封为皇家鹿苑、盛京围场的核心地块,山脉纵横起伏,最高峰为小寒葱顶,海拔620米,其余山峰均为400—600米,坡势平缓,森林蓊郁,四季鲜花烂漫,海拔气候适合避暑养生,被清朝历代皇帝奉为"肇迹兴王"的"龙脉之地",既有丰厚的历史文化渊源,又有文旅产业发展潜质。

# 附录 D 唐山市情、经济社会和地方文化

## 一、基本市情

唐山市位于环渤海区域的中段，西依北京、南接天津、东临渤海，区位优势十分明显。唐山市北部为燕山山脉南麓，北部和东北部多山，中部为平原地带，东南部临海，海岸线总长 229.7 千米，滨海多为盐碱地和洼地草泊。

唐山市下辖 3 个县级市（迁安、遵化、滦州），4 个县（迁西、玉田、滦南、乐亭），7 个区（曹妃甸、路南、路北、开平、古冶、丰润、丰南），4 个开发区（海港经济开发区、高新技术产业开发区、芦台经济技术开发区、汉沽管理区）。全市有 132 个镇，45 个乡（含 3 个民族乡），5 398 个村委会，54 个街道办事处，715 个居委会（含 7 个家委会）。2019 年，唐山市常住人口 796.4 万人，城镇化率约 63%。2018 年，唐山市城乡居民人均可支配收入 30 309 元，其中城镇居民人均可支配收入 39 365 元，农村居民人均可支配收入 17 656 元，城乡居民收入比为 1∶0.449。中部平原地带城镇化程度较高，乡村及相对欠发达地区位于北部山区和滨海地带。

唐山市蕴藏着丰富的煤炭、铁、锰、金、石油、天然气等矿产资源。其中，煤炭矿藏量 62.5 亿吨（国内焦煤的重要产区），铁矿藏量 62 亿吨（在国家三大铁矿集中区鞍山、唐山、攀枝花中位列第二），锰矿藏量 21.37 万吨，黄金矿藏量 78.54 吨（清朝末年迁西金厂峪已是国内三大金矿之一），还拥有银、铜、铝土、钼、锡、汞等多种金属矿藏。清光绪三年（1877 年）直隶总督李鸿章委派轮船招商局总办唐廷枢创建官督商办开平矿务局，开滦煤矿成为中国近代工业史开端的重要标志之一。

依托丰富的矿藏，唐山市建起了中国最早的工业城市。长期以来，唐山市以煤炭、钢铁、水泥、建材、能源的巨大产出量而闻名于世，为近现代中国作出了巨大贡献。但是进入 21 世纪以来，随着社会文明进步，随着人们对环保、生态的重视，资源消耗、大气污染、环境破坏一度是人们对这座河北名城的深刻印象。减少资源消耗、淘汰落后产能，加快雾霾治理、美化生态环境，几乎是唐山市过去 10 多年的第一要务。

10 多年来，唐山市以知难而进的魄力破旧立新，治污染、促转型。把建设生

态唐山作为推动经济转型、城市转型、社会转型的突破口,以环保刚性约束倒逼产业蝶变、动能转换,以先进制造业和现代服务业全面替代传统资源型、能耗型、污染型产业①,以构建五位一体②、一港双城③、生态唐山的发展思路,强势启动了工业企业退城搬迁、城中村拆迁改造、河道治理生态修复、城市低效空间清理整治等一批大事难事,实现了由治标向治本的重大转变,主动调、加快转、闯新业、展新貌成为唐山全市上下的思想共识和行动自觉。

与此同时,唐山市以不忘初心的为民情怀增民利、暖民心。以"三改一通"④加快城市更新,以建设游园绿地方便市民就近健身休闲,以老工业基地保护和合理利用大力发展文创产业,以文旅融合为老工业城市增活力、提品质,特别是以最好地段、最好设计、最好配套、最好质量优先建设回迁房,让城市颜值更高、市民生活更舒适,努力让唐山成为外地人向往、唐山人自豪的现代化国际滨海城市。

## 二、经济社会特点

前些年,唐山市环境保护、生态发展处于十分突出的主要矛盾的位置,因而唐山市倾全市之力,以壮士断腕的决心淘汰落后产能,全面恢复城市生态环境,目前这项工作逐步转入长期持续推进状态。城市生态环境和产业结构发生快速变革并取得阶段性成果的同时,原先与城市落后产能和环境污染较为严重的状况基本同步的广袤乡村,在现阶段与城市变革的成果相比照,发展滞后的矛盾就逐步凸显出来了。立足于"城乡一体化"的要求,它在一定程度上成为迫切需要解决的突出而且重要的矛盾。

虽然乡村经济在整个唐山经济中所占权重较小,但是乡村人口约占37%,乡村群众人均收入不足城市一半,一些重要的厂矿位于乡村,大量务工人员来自乡村。2018年,唐山市固定资产投资比2017年增长6.8%,增速比2017年加快0.2%。第一产业投资下降3.9%,农林牧渔业增加值507.7亿元,比2017年增长2.7%;第二产业投资增长21.7%,全年规模以上工业企业主营业务收入

---

① 仅2018年,全年压减炼钢产能500.25万吨、炼铁产能298万吨、焦炭产能185万吨、煤炭产能201万吨、平板玻璃产能300万重量箱。资料来源:2019年唐山市政府工作报告。
② 指经济、政治、社会、文化、生态五位一体、协调发展。
③ "一港"即唐山港,"双城"即唐山市主城区和曹妃甸滨海新城。
④ 唐山市政府部署和实施的棚户区改造、老旧小区改造、背街小巷改造、城市路网畅通"三改一通"工程。

10 328.5 亿元,比 2017 年增长 12.8%。数据表明,城乡之间的剪刀差仍在惯性扩大。时至今日,乡村几乎成为唐山市城乡一体高质量发展的显著短板。特别是全社会所有注意力均集中于城市经济发展转型、产业结构调整的特殊时期,这一短板更需要引起决策层和全社会高度重视,因为"矛盾的主要和非主要的方面互相转化着,事物的性质也就随着起变化"①。事实上,经济、政治、文化、社会、生态"五位一体"协调发展,也要求找不足、补短板,把矛盾解决在萌芽状态。

### 三、地方文化

截至 2020 年末,唐山市拥有艺术表演团体 11 个,影剧院 7 个,文化馆、群艺馆 15 个,博物馆、纪念馆 17 个,公共图书馆 15 个。唐山市美术馆开馆并免费开放。拥有体育场地 15 698 个,游泳池 78 个,公共体育健身器材 6 943 套,人均体育场地面积 2.15 平方米。全年获得全国冠军 5 个,省年度比赛夺得金牌 81 枚。成功举办世界力王(中国)争霸赛首发表演秀、全国青年公路自行车锦标赛、全国女子拳击锦标赛、全国女子水球冠军赛、全国青年跆拳道锦标赛、京津冀青少年高尔夫球公开赛、河北省第二届冰雪联赛(东部赛区)、唐山市第九届运动会等一系列国际国内大型赛事活动。

(一)历史文化底蕴丰厚

"不食周粟"、"老马识途"、戚继光"改斗"等典故都发生在这里。唐山是中国评剧的发源地,评剧、皮影、乐亭大鼓被誉为"冀东三枝花",在国内外有着广泛的影响。清东陵是我国现存规模最大、建筑体系最完整的皇家陵寝,被列为世界文化遗产;还有长城关隘、景忠山、菩提岛、金银滩、李大钊纪念馆及故居等诸多人文自然景观,现在都已成为旅游的好去处。在长期革命和建设中,形成了开滦矿工"特别能战斗"精神、西铺"穷棒子"精神、沙石峪"当代愚公"精神,还有在抗震救灾中凝成的伟大抗震精神和科学发展的曹妃甸精神。

(二)工业文化底蕴深厚

唐山是我国的工业大市,也是我国近代工业化的开端之一。洋务运动以来,唐山工业在艰难曲折的进程中不断发展壮大,而以采矿业、交通运输业、制造业为代表的重工业也在唐山城市的形成与扩张中发挥着主导性作用。唐山工业文化由唐山工业孕育而成,不仅是唐山文化的重要组成部分,更是城市精

---

① 毛泽东.矛盾论[M]//毛泽东选集第一卷.北京:人民出版社,1952:295.

神的表现,体现了唐山的特点。在一百余年发展道路中,唐山取得了辉煌灿烂的成绩,开滦煤矿、唐胥铁路、启新水泥厂等,不仅是唐山的标志性企业,更在中国工业史上留下了浓墨重彩的一笔。

## 附录 E　萍乡市关于加强红色文化建设推进公共文化高质量发展的实施意见

萍办发〔2020〕11 号

为深入贯彻落实习近平总书记关于传承红色基因的重要指示精神,推动我市公共文化服务高质量发展,加强文化强市建设,特提出如下实施意见。

一、指导思想、主要目标和基本原则

（一）指导思想

以习近平新时代中国特色社会主义思想为指导,弘扬社会主义核心价值观,坚定文化自信,坚持以人民为中心的工作导向,坚持创造性转化、创新性发展,发挥红色文化传承基因坚定信念、教育教化、铸魂育人的重要作用,让红色基因融入人们的日常学习、生活,让广大人民群众成为红色基因的传承者、实践者、验证者,让红色文化在萍乡展现出新时代的魅力和风采。

（二）主要目标

坚持全国文明城市和国家公共文化服务体系示范区创建双轮驱动,以红色文化建设推进公共文化服务体系建设为主线,按照公益性、基本性、均等性、便利性的要求,整合资源,共建共享,加强红色文化场馆建设,推动红色题材文艺精品生产,创新红色主题文化活动展开,完善文化志愿服务机构和队伍建设,建立健全红色文化保障机制,搭建红色文化线下传播平台和线上数字服务平台,打造 15 分钟城乡文化生活圈,不断擦亮"工运摇篮、小城大爱"的城市品牌,把萍乡打造成崇德向善、文化厚重、和谐宜居、人民满意的幸福城。

（三）基本原则

坚持践行社会主义核心价值观。深入挖掘和阐发安源精神、秋收起义精神、甘祖昌精神,特别是全市红色文化资源的丰富内涵和时代价值,以红色基因导航定位,校正时代价值坐标,自觉培育和践行社会主义核心价值观。

坚持以人民为中心。尊重人民群众的主体地位,注重红色文化熏陶和实践养成,把跨越时空的思想理念、价值标准、审美风范转化为人们的精神追求和行为习惯,不断增强人民群众的文化认同感、参与感和获得感。

坚持创造性转化和创新性发展。弘扬红色文化当代价值,推动红色文化在人民群众的当代实践中实现创造性转化、创新性发展,不断赋予新的时代内涵和现代表达形式,不断增强红色文化的生命力和传承发展活力,使红色文化与当代文化相适应,与现代社会相协调。

坚持统筹协调多轮驱动。坚持公共文化服务体系建设与创建全国文明城市、建设新时代文明实践中心、落实意识形态责任制密切结合,多轮驱动,整体谋划,系统推进。充分发挥政府主导作用,充分运用市场机制,鼓励和引导社会力量广泛参与,推动形成有利于传承发展红色文化的体制机制和社会环境。

## 二、重点任务

(一)实施红色文化场馆提升工程。结合文明城市创建工作,不断提升街道综合文化站、社区综合文化服务中心基础设施建设。加强红色文化场馆建设,进一步提升安源路矿工人运动纪念馆、秋收起义纪念馆、安源党校旧址、莲花一枝枪纪念馆、胡耀邦革命生涯第一站纪念馆、湘赣边三年游击战争纪念园、高洲高滩秋收起义行军旧址、孔原故居、凯丰故居、高自立故居等功能布局,完成甘祖昌、朱辉照、胡登高、朱云谦等开国将军故居,刘仁堪故居,张学良旧居,王麓水故居以及垄上改编旧址、安源路矿工人俱乐部旧址、卢德铭烈士陵园、杂溪龙上红军学校等修缮工程,将革命旧址、名人故居精心打造为公共文化的重要阵地。开展红色文化场馆数字化建设,线上建设市县乡三级红色文化资源库,线下设立红色图书室、24小时红色文化图书专柜、流动活动站,将我市红色基因全方位、多视角、宽领域融入文化场馆、旅游景点景区,不断拓宽我市公共文化场馆布局,丰富服务内容,打通公共文化服务的"最后一公里"。

(二)实施红色文化精品打造工程。结合2021年建党100周年,举办"毛泽东去安源100周年"研讨活动,深入挖掘萍乡红色基因,讲好萍乡红色故事,传播好萍乡声音。聚焦脱贫攻坚、新冠肺炎疫情防控、城市转型升级、文明城市创建等重大主题,着力创作一批思想精深、艺术精湛、制作精良的弘扬主旋律、传播正能量的文艺精品。精心组织参加全省文化巡礼展,广泛开展"我的中国梦"经典诵读、"爱国主义演讲比赛"等系列群众性文化活动,切实抓好"新时代好少年"颁奖暨"六一"晚会、"廉洁萍乡建设"等重大文艺演出活动的策划组织，以高质量文化供给增强全市人民的文化自信和文化获得感、幸福感。利用电视、微信、"萍乡文旅云"等平台，推出优秀红色文艺作品创作展演季，扩大电视剧《初心》、电影《老阿姨》、采茶戏《将军还乡》、情景剧《可爱的中国》、音诗画《驿站里的萍乡》、萍乡春锣《赞萍乡》、话剧《青春热血献祖国》等文艺精品的影响，产生优秀红色文艺作品的集群效应。依托高校、科研院所建立萍乡红色文化研究智库，选拔一批红色文化研究基地，开展搜集、整理、出版萍乡红色文化文献工作。

（三）实施红色文化传播工程。采用"理论＋文艺＋互联网＋服务"等形式，持续组织开展习近平新时代中国特色社会主义思想、党的十九届四中全会精神、"感恩奋进"脱贫攻坚等理论宣讲，切实增强理论宣讲的吸引力、感染力。积极开展红色大讲堂、文化大讲堂、艺术大讲堂、历史大讲堂活动，着力提高红色文化宣传的可见度和影响力，以红色文化推进全民阅读、全民艺术普及和公共文化服务均等化建设。广泛开展"我的中国梦""扣好人生第一粒扣子""开学第一课"、中华优秀传统文化传承、学雷锋志愿服务、"劳动美"社会实践等活动，通过文体、文教、文旅等文化＋模式，开展红色文化进校园、进景区、进社区等群众喜闻乐见的红色文化宣传活动。结合劳动节、儿童节、建军节、国庆节等重要节日开展红色文化展演季等活动。鼓励支持新闻媒体打造"安源精神永存""萍乡红色家书诵读""萍乡红色空间""红色家风颂""萍乡好人好物好故事"等媒体专栏或空间舞台；充分发挥微博、微信、短视频、直播等新媒体优势，丰富传播渠道。利用中国工人运动的发源地、中国少年先锋队诞生地的独特价值，通过赛事或节庆等形式，加强国内外交流与合作。

（四）实施文旅融合发展工程。针对红色资源禀赋优异的景区，要深挖内涵，提炼主题，形成差异化发展，并与周边的民俗类景区、休闲类景区、主题公园类景区结合，开辟具有市场竞争力的红色旅游线路；在资源向产品转化的过程中，注重教育、培训、体验一体化的产品供给；在服务保障方面提供国家4A级以上红色旅游景区交通专线、萍乡红色旅游地图导览。推出一批"红色旅游优质服务示范点（岗）"，设立红色景区公共文化服务贡献奖，开展红色旅游与公共文化服务融合示范点建设。鼓励景区将景区游客服务中心功能与乡镇综合文化站、农家书屋、村史馆等基层公共文化服务设施相结合，积极吸引其他领域的专业人员或有条件的离退休人员参与红色讲解或研究，积极与所属社区各文化站共建共享红色文化项目、平台等，提高红色景区的公益服务能力和水平。

（五）实施红色文化乡村振兴工程。将红色文化资源优化发展为红色文化资本，为贫困农村地区带来经济效益和社会效益。发扬红色文化精神扶志力量，团结群众和各方力量共同打赢脱贫攻坚战；搭建红色文化扶智平台，通过提升贫困地区干部群众的知识技能和教育水平，为脱贫致富储备文化软实力，为精准扶贫提供人力资源保障。推广莲花县沿背村红色培训小镇模式，通过在贫困地区开展"红色文化+旅游产业""红色文化+教育产业""红色文化+小商品制造业""红色文化+餐饮业""红色文化+演艺产业"，创造多种就业机会吸纳当地贫困人口就业，实现人力资本、经济资本和文化资本的有机结合，打造乡村红色文化品牌，带动贫困农户脱贫致富。

（六）实施鼓励社会力量参与建设工程。大力弘扬"工运摇篮、小城大爱"品牌，发挥道德模范、萍乡好人的示范作用，广泛发展文化志愿组织，建立文化志愿者招募制度，不断壮大文化志愿服务队伍。创新红色文化服务供给方式，扩大公共文化服务领域的进一步开放。通过政府购买、票价补贴等方式，支持各类艺术表演团体为基层提供公益性演出。建立和完善政府购买公共文化服务工作机制，将弘扬红色文化纳入政府购买公共文化服务目录并进行动态调整，并选择符合条件的社会力量作为承接主体，将其服务内容纳入政府购买范围。探索开展红色文化设施社会化运营试点，支持社会力量利用闲置用地、历史街区、老旧民宅等兴办红色文化项目，促进红色文化服务举办主体多元化、建设运营社会化、融资方式多样化。鼓励各县区因地制宜发展红色文化行业组织，引导其投资或捐助红色文化设施设备、资助文化活动、提供红色文化产品和服务。

（七）实施红色非遗保护传承工程。评选一批红色非遗代表性项目名录。挖掘、整理一批传承谱系清晰且具有三代以上传承的红色非遗项目，推荐申报国家、省、市、县四级代表性项目名录。实施项目名录与保护单位、代表性传承人、传承基地、传承人群"五位一体"的保护措施。因地制宜推进传统表演类红色文艺精品项目培育工作，复排一批红色地方戏剧经典戏、压箱戏、看家戏。认定一批红色非遗代表性项目的代表性传承人，进一步完善"红色文化引路人"制度，加强红色非遗传承人队伍建设，强化代表性传承人在保护传承红色文化中的领军人作用。

（八）实施整体性传承发展工程。设立红色文化生态保护实验区。成立由市文化和旅游主管部门牵头、相关职能部门共同组成的市红色文化生态保护区建设管理委员会，负责统筹、指导、协调、推进文化生态保护区的建设工作。组织制定《萍乡红色文化生态保护区规划纲要》及其《总体规划》，纳入市国民经济与社会发展总体规划，与相关的城乡建设、生态保护、环境治理、土地利用、旅游发展、文化产业等专门性规划相衔接。开展红色非遗小镇建设，着力打造一批具有"红色文化+乡村旅游"特色的红色文化名村。保护发展好红色非遗依存的自然生态环境和人文生态环境，做好红色文化资源与旅游的有机融合，形成一批独具特色的红色文化旅游线路和品牌。

（九）实施红色研学营地建设工程。以"政府引导、企业主导、市场管理、合作经营"为理念，打造一批红色研学实践教育营地，如安源路矿工人运动纪念馆、甘祖昌干部学院、山口岩红色教育培训基地等教育营地，开辟若干条红色研学精品线路，逐步形成面向全国中小学生的红色研学实践空间。结合开展的主题教育需求，形成一批活泼、新颖、独特的红色文化党团建研修课程，营造互联互通、各具特色、分层分级的红色研学实践教育环境。

（十）实施红色文化数字化建设工程。加快建立市、县区、乡（镇、街）、村（社区）四级红色文化信息化管理体系，形成各具特色、独立运作又相互协调的全市红色文化网站群，以红色文化丰富和提升"萍乡文旅云"。启动红色文化大数据建设，创建"按需点单"的红色文化服务模式，实现市内红色文化服务线上自主预约、线下按需配送、定点跟踪服务。实现常态化征集群众需求，以此测评红色数字文化服务群众满意度，全面提升红色文化服务效率；建立红色文化互动体验空间，充分运用人机交互、虚拟现实、增强现实、3D打印等现代技术，设立交互式红色文化体验专区，增强红色文化服务的互动性和趣味性。与全域旅游相结合，在"一部手机游江西"的智慧旅游平台上，打造红色文化IP、VR+等红色文化旅游体验产品。

三、保障措施

（一）加强组织领导。建立市红色文化推进公共文化服务高质量发展协调机制，在赣南等原中央苏区、井冈山革命根据地和邻省红色文化资源丰富的地区形成区域联动机制。全市文化和旅游部门应切实将繁荣发展红色文化纳入地方文化发展规划，纳入构建现代公共文化服务体系整体部署，纳入意识形态工作责任制。

（二）完善政策保障。将红色文化推进公共文化服务建设纳入经济和社会发展总体规划，设立各级公共文化财政专项资金，建立相应倾斜机制，支持开展面向基层的红色文艺项目和活动,扶持重点作品创作。将优秀红色文艺演出和展示活动纳入全市政府购买公共文化服务范围,支持优秀红色文艺作品传播推广和惠民演出。加强红色文化专项资金管理,制定经费使用管理制度或办法,提高资金使用效益。

(三)抓好队伍建设。加强基层文化设施管理人员队伍建设,积极探索政府购买公益性岗位等办法,配齐管理人员,提高管理水平。深入贯彻《中国共产党宣传工作条例》,结合新时代文明实践中心建设,建立文化志愿者招募制度,广泛发动社会各界,尤其是老党员、老干部、老军人、老模范、老教师等"五老"人员以及新乡贤的作用,打造一支专兼职、老中青结合的红色文化的专业宣讲员、文艺宣传员,锻造红色文化的模范传播者和红色风尚引领者。在全市公共文化设施建立文化志愿服务机制,建立注册招募、服务记录、管理评价、教育培训机制。鼓励和动员专家学者、专业艺术工作者参加红色文化工作,通过教学帮带,提升红色文化工作水平。

(四)强化责任落实。将红色文化传承发展与贯彻公共文化服务保障法和公共文化服务示范区创建工作有机结合,建立监督检查机制,将实施情况作为对图书馆、博物馆、文化馆(站)、美术馆、科技馆、青少年宫等公共文化设施的绩效考核和评估定级的重要参考依据。要加强服务评价和反馈,开展群众满意度调查,形成政府、行业组织与第三方独立评估相结合的评价机制,将考评结果与预算确定、收入分配、负责人奖惩挂钩。

# 附录 F  永州市全民阅读促进办法

永政办发〔2020〕23 号

## 第一章  总  则

第一条  为促进全民阅读,保障市民阅读权利,提高市民科学文化素质和社会文明程度,培育和践行社会主义核心价值观,传承中华优秀传统文化,推动"书香永州"和阅读城市建设,根据《中华人民共和国公共文化服务保障法》《中华人民共和国公共图书馆法》等法律法规,结合本市实际,制定本办法。

第二条  本办法适用于本市行政区域内的全民阅读促进工作。

第三条  全民阅读促进工作应当遵循政府主导、社会参与、公益普惠、保障重点的原则，按照公益性、基本性、均等性、便利性的要求，通过健全服务体系、搭建服务平台、优化服务资源等途径，提高全民阅读服务质量，满足人民群众精神文化需求。

第四条　市、县(区)人民政府(含管理区、永州经开区管委会，下同)应当将全民阅读促进工作纳入国民经济和社会发展规划，将公共阅读设施建设纳入城乡建设规划，全民阅读工作所需相关经费同级财政应予保障，提高全民阅读服务水平和保障能力，促进全民阅读均衡协调发展。重视革命老区、少数民族地区、贫困地区、边远地区人民群众的全民阅读服务和保障工作。

第五条　市、县(区)人民政府应当加强对全民阅读促进工作的组织领导，设立由新闻出版、文化、财政、规划、住建、教育、民政、公安、科技等主管部门组成的永州市全民阅读和"书香永州"建设领导小组，健全全民阅读工作协调机制，统筹协调、指导本行政区域内全民阅读促进工作。

第六条　市和县(区)(含管理区、永州经开区，下同)新闻出版部门、文化部门共同负责本行政区域内的全民阅读促进工作，制定本行政区域的全民阅读规划、实施方案和年度工作计划等，报本级人民政府批准后组织实施。

市、县(区)人民政府有关部门应当按照各自职责，协同做好全民阅读促进相关工作。

工会、共青团、妇联、科协、文联、残联等社会团体应当结合自身特点开展全民阅读促进工作。

企业事业组织可以根据自身特点和条件，组织开展全民阅读活动。

第七条　乡镇人民政府(街道办事处)负责辖区内公共阅读服务设施的日常管理，组织开展全民阅读活动。

村(居)民委员会应当加强对全民阅读的宣传和引导，并根据当地特点和居民需求，开展全民阅读促进活动。

第八条　鼓励和支持公民、法人和其他组织参与全民阅读促进活动。对在全民阅读促进工作中作出突出贡献的公民、法人和其他组织，由市、县(区)人民政府依法给予表彰和奖励。

## 第二章　阅读设施建设

第九条　市、县(区)人民政府应当根据国家和省市基本公共文化服务相关标准、全民阅读规划和年度工作计划等，结合本行政区域内人口规模、分布和服务需要,科学合理地设置公共图书馆,24小时自助图书馆,农家书屋,职工书屋,乡镇(街道)、村(社区)和小区图书室等公共阅读服务设施,并将本行政区域内公共阅读服务设施的目录和有关信息予以公布。

第十条 公共图书馆的新建、改建和扩建,应当符合国家公共图书馆建设标准。市、县(区)公共图书馆应当达到国家规定的相应等级标准。

第十一条 市、县(区)人民政府应当建立以市级公共图书馆为中心馆,县级公共图书馆为总馆,乡镇(街道)综合文化站和24小时自助图书馆为分馆,村(社区)综合文化服务中心为服务点的中心馆+总分馆体系,实现阅读服务全民覆盖。

乡镇(街道)综合文化站应当设置图书室或阅览室,村(社区)综合性文化服务中心应当设置农家书屋或社区书屋,按标准配备阅读资源。县(区)公共图书馆应当定期为乡镇(街道)图书室、村(社区)农家书屋提供技术指导,补充、更新阅读资源。

新建、改建和扩建居民住宅小区,应当按照规划、住建等部门的有关规定和标准,设置全民阅读场所,为居民提供阅读服务。县(区)图书馆负责将这些阅读场地建成分馆,配备相应的图书和服务设施。

第十二条 县(区)公共图书馆应当积极探索试点总分馆"全域统筹、政社合作"模式;完善数字化、网络化服务和流动配送体系,实现本行政区域内数字资源共建共享,文献资源统一检索,全域流通。

永州公共文旅云平台、公共电子阅览设备、数字阅读设备终端的数字阅读资源应当与全市数字文献资源共享平台互联互通、共享共用。

市、县(区)应当加强新华书店农村发行网点建设,在条件较好的乡镇村,利用现代电子商务、物流配送技术和渠道,依据农家书屋建立实体与物流相结合的新型农村发行网点,推动全民阅读不断向农村基层延伸。

第十三条 市、县(区)新闻出版、文化主管部门应当会同有关部门推行全民阅读服务设施的数字化和信息网络建设,推广运用数字图书馆、电子阅报屏等设施,丰富阅读服务内容和方式。

县(区)公共图书馆、乡镇(街道)综合文化站和村(社区)综合性文化服务中心应当设置公共电子阅览室,并免费提供互联网服务。

第十四条 市、县(区)工会应当加强对职工书屋建设的指导与扶持力度,逐步形成阅读条件基本完备、覆盖面广的职工读书设施网络。

**第十五条** 鼓励和支持政府设立的公共文化服务机构,如博物馆、文化馆、美术馆、科技馆、青少年活动中心、工人文化宫等,利用自身设施和条件,通过引入实体书店,或设置阅览室,开设公共阅读服务空间。

公共图书馆应当在城市公园、市民广场、火车站广场等人流密集的公共场所开展流动图书服务,所在地的管理部门应当给予支持和配合。

**第十六条** 鼓励和支持公民、法人或者其他组织建设出版物发行网点、经营性阅读设施、公益性阅读场所。

鼓励和支持车站、机场、商场、宾馆酒店、银行、民宿等场所的经营单位设立报刊栏、报刊架、自助阅读设施等,免费向社会公众提供阅读服务。

## 第三章 重点群体阅读促进

**第十七条** 市、县(区)人民政府应当将少年儿童阅读作为全民阅读促进工作的重点,高度重视培养少年儿童的阅读兴趣、习惯和能力。根据未成年人身心发展状况和实际情况,建立家庭、学校与社会相结合的阅读促进工作机制,并制定未成年人阅读促进计划、实施方案和阅读分类指导目录。

教育主管部门应当指导幼儿园、中小学开展与少年儿童的年龄和心理状况相适应的阅读活动,加大书香校园文化建设,开展各种形式的校园阅读活动。

积极倡导家庭阅读,通过父母陪伴阅读、亲子阅读等方式,营造良好的家庭阅读氛围,促进少年儿童健康成长。

**第十八条** 市和县级公共图书馆应当根据少年儿童的特点,提供阅读资源,开设阅读专区,开展阅读指导培训,营造有利于未成年人的阅读环境。

**第十九条** 市、县(区)人民政府及其有关部门和社会服务机构应当为老年人、残疾人、福利院儿童等提供阅读关爱服务,根据其特点,提供必要的阅读辅助设施和相应服务。

市、县公共图书馆应当开设视障人士阅览室、借阅区,提供盲文出版物、有声读物、视频读物等阅读资源。各类公共阅读服务设施管理单位应当为老年人、残障人士提供便利服务和无障碍服务。

**第二十条** 监狱、看守所、戒毒场所和社区矫正机构应当结合各自条件和实际情况,为服刑人员、羁押人员、戒毒人员和社区矫正对象有针对性地提供阅读及视听资源,组织开展阅读活动,强化法治教育。

## 第四章 阅读活动推广

**第二十一条** 市、县(区)人民政府应当加大对全民阅读促进工作的推广力度,通过开展"阅读十进"活动、实施全民阅读品牌创建等活动,引导公民树立终身阅读理念,营造"多读书、读好书、善读书"的良好阅读氛围,努力创建阅读城市。鼓励创建书香县(区)、书香小镇(街道)、书香乡村(社区)、书香小区、书香机关、书香校园、书香军营、书香企业。

**第二十二条** 每年2—4月举办"永州全民阅读季"系列读书活动。在世界读书日、孔子诞辰日、周敦颐诞辰日等其他重要文化节庆日期间,打造"读书月""诵读周""十百千万"(全市共读十本书、平台推荐百种书目、建立千个阅读组织、组建万人阅读推广队伍、评选万名读书达人)等一批有特色、接地气、受欢迎的阅读品牌类活动和全民阅读推广活动。

**第二十三条** 市、县(区)人民政府承担全民阅读职责的主管部门应当定期向公众推荐优秀读物,建立健全优秀图书书目库,借助"永州发布""阅读城市·书香永州"每周荐书专栏等形式,向读者推荐。

《永州日报》、永州广播电视台、红网永州、融媒体中心等新闻媒体应当通过宣传报道、开设全民阅读专栏、推荐优秀读物等途径,参与全民阅读推广活动。

**第二十四条** 公共图书馆、乡镇综合文化站图书室、农家书屋、职工书屋等应当定期补充、更新阅读资源,丰富图书、报刊的种类,增加藏量,提供图书借阅服务,经常性开展阅读推广活动。

**第二十五条** 市、县(区)人民政府主要负责人为全民阅读"第一推广人"。市、县(区)人民政府承担全民阅读职责的主管部门应当建立全民阅读推广人队伍,制定全民阅读推广人管理办法,完善全民阅读推广人选拔和培训机制,组织开展适合各类读者群体的专业阅读辅导和推广服务。

市、县(区)人民政府承担全民阅读职责的主管部门应当完善阅读推广组织评选、推荐机制,指导在机关、企业、学校、乡镇、社区等成立阅读推广组织,广泛开展群众性阅读活动。

**第二十六条** 鼓励和支持实体书店创新经营模式,通过举办读书讲座、读书沙龙,推荐优秀读物,培训阅读服务志愿者等途径,开展公益性阅读服务活动,实现阅读服务、文化体验、公益传播于一体的跨界融合发展,满足读者多样化的阅读需求。

**第二十七条** 鼓励和支持公民、法人和其他组织依法设立各类阅读服务组织，参与全民阅读促进工作，开展全民阅读志愿服务活动。

市、县（区）人民政府及其有关部门应当在注册登记、经费扶持、活动开展、阅读推广人和志愿者队伍建设等方面给予支持。

**第二十八条** 鼓励和支持大中专院校图书馆、科研单位图书馆及其他类型的专业图书馆向社会开放。

## 第五章 促进措施和保障

**第二十九条** 市、县（区）人民政府应当将全民阅读促进工作经费列入公共文化服务经费，同级财政应予保障，加大对全民阅读基础设施建设、活动宣传推广以及对农村地区、贫困地区和少数民族地区开展全民阅读工作的扶持力度，并根据发展需要，逐步增加经费投入。

**第三十条** 鼓励社会资本投入全民阅读服务，拓宽全民阅读服务资金来源渠道。

**第三十一条** 市、县（区）人民政府承担全民阅读职责的主管部门应当建立全民阅读调查制度，定期开展全民阅读指数和满意度调查，调查结果向社会公布。

**第三十二条** 公共图书馆应当发挥全民阅读主阵地作用，免费向公众提供文献信息查询、借阅和公共设施开放等服务，举办公益性讲座、培训、展览等活动，推动全民阅读广泛开展。

**第三十三条** 公共图书馆应当加强数字资源建设，配备相应的设施设备，建立线上线下相结合的文献信息共享平台，利用数字化、网络化技术提供便捷、优质的服务，推动传统阅读和数字阅读相融合。

**第三十四条** 公共图书馆应当加强与大中专院校图书馆、科研单位图书馆以及其他类型专业图书馆的交流与合作，为全民阅读提供信息共享和阅读查询服务。

**第三十五条** 公共图书馆、农家书屋、社区书屋、职工书屋、24小时自助图书馆等全民阅读服务设施的管理单位，应当建立健全服务管理制度，规范全民阅读服务设施标牌、标识的使用，公告服务项目和开放时间，明确服务标准。在法定节假日、公休日期间，全民阅读服务设施应适当延长时间，向公众免费或优惠开放，保障公众的阅读需求。

第三十六条　公共图书馆提供的文献信息,应当遵守有关法律法规的规定,不得向未成年人提供内容不适宜的文献信息。

第三十七条　市、县(区)人民政府有关部门应当依法加强对报纸、期刊、图书、音像制品、电子出版物的监管,坚决依法打击和查处非法出版物,净化全民阅读环境。

第三十八条　鼓励和支持公民、法人和其他组织捐赠出版物用于全民阅读服务。市、县(区)人民政府承担全民阅读职责的主管部门和接受捐赠的组织机构应当加强对捐赠出版物的鉴别、应用和管理。

第三十九条　任何单位和个人不得擅自改变公共阅读设施的功能、用途或者妨碍其正常运行,不得侵占、挪用或者擅自拆除公共阅读设施。

因城乡建设确需拆除公共阅读设施或者改变其功能、用途的,应当依照相关法律、法规的规定重建、改建,并坚持先建设后拆除或者建设拆除同时进行的原则。重建、改建的相关设施配置标准、建筑面积等不得降低。

## 第六章　附　则

第四十条　本办法所称的全民阅读服务,是指由政府主导、社会力量参与,以满足公民基本阅读需求为主要目的而提供的阅读服务设施、阅读产品、阅读活动以及其他相关服务。

本办法所称的全民阅读服务设施,是指各级人民政府或者社会力量举办的,向公众开放并提供阅读服务的公共图书馆、青少年宫、妇女儿童活动中心、社区书屋、小区图书室、农家书屋、职工书屋、基层综合性文化服务中心以及公共阅报栏(屏)等场所和设备。

第四十一条　本办法自公布之日施行。

## 附录G　辽源市文化和旅游公共服务一体化实施方案

辽文创办发〔2020〕1号

为进一步促进文化旅游深度融合,助推全域文化旅游公共服务一体化发展,根据《辽源市创建国家公共文化服务体系示范区实施方案》要求,结合辽源实际,制定本实施方案。

## 一、总体要求

以习近平新时代中国特色社会主义思想为统领,全面贯彻党的十九大精神,牢固树立创新、协调、绿色、开放、共享的发展理念,坚持发展中国特色社会主义文化道路,坚持"统筹规划、突出特色、市场导向、部门协作"原则,坚持社会主义核心价值观体系,着力破除体制机制制约,以文化、旅游产业供给侧结构性改革为主线,挖掘核心文化内涵,整合文化旅游资源,深化文旅融合发展,大力丰富全市景区景点的文化内涵,全面提升全市旅游景区景点的文化品质,大力培育一批优质文化旅游项目,创新研发一批有较大市场吸引力和影响力的文化旅游融合精品,彰显"龙山辽水·美丽辽源"知名文化旅游目的地的文化魅力。

## 二、主要任务

(一)加快文化和旅游行政体制实质性合流。全面实行"一把手"抓公共文化和旅游产业发展,把文化和旅游公共服务一体化作为优先事项。尊重文化和旅游融合发展的规律,用文化理念发展旅游,用旅游展现文化,全面梳理文化和旅游资源,完善文化和旅游发展规划体系,推进文化和旅游理念融合、职能融合、产业融合、市场融合、服务融合、对外交流融合。

(二)培育一批文旅融合示范村镇。充分发挥名城古镇、历史街区的文化价值和旅游价值,深入推动乡村振兴战略,围绕宜居、宜业、宜游的目标,以规划引领发展、项目支撑建设、管理提升品位、文化彰显特色,在各县区重点镇和重点村中,建设一批生态、业态、文态、形态兼备,以文化和旅游产业为支撑的乡村振兴示范村。

(三)提升文化和旅游品质化服务水平。坚持"政府主导、社会参与、重心下移、共建共享",推动基本公共文化服务标准化、均等化,建立健全覆盖全民、普惠共享、城乡一体的基本公共文化服务体系;引入社会化机制,以政府购买服务等方式引导更多主体参与公共文化服务。加快推进《辽源市公共文化服务保障条例》等立法进程,并抓好贯彻落实。坚持"补齐短板、融合共享、全域覆盖",以旅游公共服务转型升级提升服务水平。着眼资源共享、优势互补,主动满足游客参观、休闲、购物新需求,推动公共文化设施拓展旅游服务功能,在服务好当地居民的同时,把具备条件的公共文化场馆打造成为"有温度、有故事、有品位、有体验"的文化客厅。丰富景区、度假区、乡村旅游点以及旅游集散中心等旅游场所的文化元素,组织开展文化惠民服务,增加文化体验项目,把旅游公共场所打造成传播文明、体验文化和展示风土人情的重要窗口。组织开展艺术科学规划项目,做好国家社会科学基金项目各项工作。

(四)推动文化遗产保护成果共享。推动文化遗产保护利用与旅游业发展相结合,依托文物资源发展红色旅游、遗产旅游、研学旅游等,推动琵琶、二人转、农民画、剪纸等非遗文化融入吃、住、行、游、购、娱等各个环节,打造更多体现辽源文化特色的旅游精品,培育文化旅游IP。将博物馆、非遗传习所等文化资源纳入旅游线路,将非遗传承人的创作、授教、表演等环节纳入旅游和研学活动,不断创新文化产品的内容和展示方式,丰富文化产品供给,推出一批中外游客必游的精品文化旅游线路,推动优秀文化传播。

(五)搭建文旅融合平台载体。依托各地的旅游资源禀赋和人文优势,坚持政府主导、市场运作、社会参与,集中建设一批文化创意产业园区,整合改造部分县级图书馆、文化馆、影(剧)院,推出一批具有融合特色的活动载体;推动公共图书馆、文化馆(站)等公共文化机构实行错时开放。以科技成果转化与应用推广为核心,推动技术集成创新,促进文化和旅游行业新技术、新模式和新业态创新;以旅游带动文化消费、促进文化传播,推动城乡发展,促进辽源平衡发展,努力实现文化传承发展与旅游资源开发互促共进,打造具有国际影响力的文旅融合品牌。

(六)做强做大文化演艺。运用现代高新技术,创新演出形式和内容,创作一批高品质的旅游演艺产品;将文化演艺作为发展旅游业重要载体,推动文化演艺进景区、进旅游集散中心等游客聚集场所;鼓励各类演艺企业依托核心旅游景区及城镇固定演艺场所,针对性地开展主题和节庆表演,延长游客停留时间,提升人均消费水平。

(七)促进文化与旅游消费有机结合。加大对艺术创作的支持力度,激发基层创作生产能力,鼓励文化创意企业创作与旅游相关的动漫游戏产品、数字音乐、网络文字、网络直播、AR/VR等,提升旅游产品、旅游项目、旅游线路的科技含量;推动剧场、演艺、动漫游戏等产业与旅游业融合,开展文化体验旅游;在商场、写字楼等各类场所嵌入文化消费内容,深度开发文创产品、文化旅游商品和纪念品,培育新的消费热点。大力推进虚拟现实、社交网络、云计算、5G与数字创意产业在文化和旅游中的应用,创新文旅产业的呈现方式和体验模式,提升文旅融合的速度和深度,提升文化的产业化水平,促进文化和旅游消费。

三、保障措施

（一）组织领导。建立健全党委统一领导、党政齐抓共管、有关部门各负其责、全社会积极参与的文化旅游发展格局。将文化旅游发展纳入经济社会发展总体规划，并作为考核评价班子和干部的重要内容，与经济社会发展同部署、同推进、同考核。（各县区政府、市发改委、市财政局、市文旅局）

（二）加大投入。持续加大文化旅游发展投入，市财政预算每年要安排文化旅游发展专项资金，主要用于项目基建、创研开发、文物保护及人才培养、宣传营销、投资奖补、考核奖励等方面。各县区要加大文化旅游专项资金投入力度。市直各部门各单位要充分利用本系统各类专项资金，持续加大文化旅游导向性投入力度，支持文化旅游发展。（各县区政府、市发改委、市财政局、市文旅局）

（三）用地支持。对符合相关规划的文化和旅游项目及时安排新增建设用地计划指标。文化和旅游项目所需建设用地，符合划拨用地目录的，可按划拨方式供地，鼓励以长期租赁、先租后让、租让结合等多种供地方式保障需求。（各县区政府、市自然资源和规划局、市财政局、市文旅局）

（四）人才保障。营造良好的创新创业工作环境和尊才爱才社会环境，打造区域文化旅游"人才高地"。加强文化旅游从业人员分级分类培训，鼓励支持市属及驻市大中专院校加快文化旅游院系及专业机构建设，积极培养本土化紧缺人才。谋划成立我市专门的文化和旅游研究机构，同"双招双引"密切结合，加强中高级文化旅游管理人才的引进和培养，积极选送优秀干部到高校或市外文化旅游机构深造。（各县区政府、市人力资源和社会保障局、市财政局、市文旅局）

## 附录 H  唐山市乡村文化旅游服务中心建设与服务规范

DB1302/T 493-2019

### 1 范围

本标准规定了乡村文化旅游服务中心（以下简称"服务中心"）建设与服务的总则、场地设施、运营管理、服务要求、专业支持、服务评价与改进等。

本标准适用于乡镇、村文化旅游服务中心的建设与服务。

## 2 规范性引用文件

下列文件对于本文件的应用是必不可少的。凡是注日期的引用文件,仅注日期的版本适用于本文件。凡是不注日期的引用文件,其最新版本(包括所有的修改单)适用于本文件。

GB/T 10001.1　标志用公共信息图形符号　第1部分:通用符号

GB/T 10001.2　标志用公共信息图形符号　第2部分:旅游休闲符号

GB/T 10001.9　标志用公共信息图形符号　第9部分:无障碍设施符号

GB 13495.1　消防安全标志　第1部分:标志

GB/T 18973-2016　旅游厕所质量等级的划分与评定

## 3 术语和定义

下列术语和定义适用本文件。

### 3.1 乡村文化旅游服务中心

在有旅游资源的乡镇、村建设的,以传承当地历史文脉、彰显当地特色文化风貌为主要内容,以产品展示、特色推介、景点导游、团队组织、项目建设、平台支撑等为主要方式,为当地群众、外来游客及相关组织或企业提供服务的公益性文化和旅游服务综合设施。

## 4 总则

4.1 服务中心应符合唐山市现代公共文化服务体系建设的总体要求和文化旅游融合发展的总体趋势,具有资源禀赋各异、建设内容丰富、服务涉及面广、社会参与度大、综合带动力强等特征。

4.2 服务中心建设应纳入市、县新时代公共文化服务体系建设,纳入新时代文化旅游融合发展,与乡村振兴工程、基层党建引领和新时代文明实践同步规划、同步部署、同步推进、同步考核,并建立科学的管理规范。

4.3 服务中心的日常运营管理,由所在乡镇政府、村委会组织或遴选专业团队承担。鼓励和支持服务中心的日常运营管理采取社会化、专业化方式进行。

## 5 场地设施

### 5.1 设施布局

5.1.1 服务中心设置布局应因地制宜,选址应考虑服务区域、服务人口等因素，与城乡建设规划或文化旅游发展规划相衔接。

5.1.2　服务中心设施外观应突出地方特色和文化传统，并与所在地域的自然和历史环境相协调，同时符合安全、卫生和环保标准。动静功能区应分开设置，群众活动区域实现 Wi-Fi 全覆盖。为残障人士的无障碍服务提供必要的服务设施。

5.2　乡镇文化旅游服务中心场地设施

5.2.1　设施应独立设置，建筑面积不低于 1 000 m²。

5.2.2　服务空间及服务项目配备：

(a) 服务信息公示区。清晰、准确地公示开放时间和基本服务项目。

(b) 游客服务区。提供日常旅游信息发布、旅游景点线路和民宿推介、寄存、咨询、导游、休憩服务等。

(c) 特色文化展示区。展示本地富有特色的优秀民间艺术和民俗，实时开展非物质文化遗产知识普及、精品赏析和技艺传承。

(d) 文创产品及地方特产展示区。依据地方文化特色、人文故事，设计开发、展示销售具有代表性、趣味性、识别度和较高工艺水准的特色文创产品；展示、推介和售卖本地特产。

(e) 多功能展演厅。集讲习所、道德讲堂、优秀群众文艺团队展演、影视放映等功能于一体。

(f) 群众文艺活动室。开展群文创作、群文培训辅导、群文排练等活动。

(g) 公共阅读和休闲服务区。按不低于建筑面积 15% 的比例设置座席。所在地区的县级图书馆在乡镇文化旅游服务中心建设图书分馆，配置总量不低于 10 000 册图书资源，每 3 个月应流动更新一次，所更新图书资源应为 5 年内新书；可配套提供茶水、咖啡等休闲服务。

(h) 镇（乡）史馆。集中展示本镇（乡）历史知识、风景名胜、人文故事、地方特产、建设成就、未来发展等。

(i) 室外文体广场。面积不低于 1 000 m²。

(j) 厕所。应符合 GB/T 18973-2016 的规定，达到 A 级以上等级。

(k) 公共信息导引标识系统。图形符号和标志应符合 GB/T10001.1、GB/T10001.2、GB/T 10001.9、GB13495.1 的规定。

5.3　村文化旅游服务中心场地设施

5.3.1　设施可独立设置，也可综合设置，建筑面积不低于 500 m²。

5.3.2　服务空间及服务项目配备：

(a) 服务信息公示栏。清晰、准确地公示开放时间和基本服务项目。

(b) 游客服务区。提供日常旅游信息发布、旅游景点线路和民宿推介、寄存、咨询、导游、休憩服务等。

(c) 展示区。展示本地富有特色的优秀民间民俗、代表性非物质文化遗产，以及推介和售卖本地土特产。

(d) 多功能厅。集文化讲座、普法教育、科学普及、辅导培训、文艺展演、影视放映等功能于一体。

(e) 公共阅读和休闲服务区。按不低于建筑面积 15% 的比例设置座席，由所在地区的县级图书馆配置总量不低于 5 000 册图书资源，每 3 个月应流动更新一次，所更新图书资源应为 5 年内新书。可配套提供茶水、咖啡等休闲服务。

(f) 村史馆。集中展示本村历史知识、风景名胜、人文故事、地方特产、建设成就、未来发展等。

(g) 室外文体广场。总面积不低于 500 $m^2$。

(h) 厕所。应符合 GB/T 18973-2016 的规定，达到 A 级以上等级。

(i) 公共信息导引标识系统。图形符号和标志应符合 GB/T10001.1、GB/T10001.2、GB/T10001.9、GB13495.1 的规定。

## 6 运营管理

### 6.1 运营方式

服务中心应配备专职管理运营团队，负责场地设施的日常管理和群众文化旅游活动的开展。采取以下运营方式：

(a) 自主运营。由所在乡镇人民政府、村委会负责组建有一定专业能力的运营管理团队承接。

(b) 社会运营。乡镇、村委托社会专业机构实施运营管理。由所在乡镇人民政府、村委会负责考查并委托有相应专业水准的运营机构承接，该运营机构应具备企业或社团法人资格，并向所在县（区、市）文化和旅游行政部门报备。

(c) 联合运营。乡镇、村联合所在县（区、市）公共图书馆、文化馆等相关单位实施运营管理。其中，乡镇人民政府、村委会负责基础运营条件的配备，所在县（区、市）公共图书馆和文化馆等相关单位负责参与日常管理、资源配置和专业支撑。

## 6.2 人员配备

### 6.2.1 人员要求

6.2.1.1 服务中心负责人应具有大专以上学历,热爱文化和旅游事业,善于组织群众开展文化活动,具备开展文化和旅游服务的业务能力和管理水平。

6.2.1.2 服务中心工作人员应着装整齐、挂牌上岗,仪表端庄,举止文明,工作期间精神饱满,用语清晰规范,态度热情亲切。

6.2.1.3 服务中心专职管理人员应保持基本稳定。实施工作人员培训计划,每人每年参加集中脱产培训不少于5天或受教育培训时间不少于60学时。

### 6.2.2 人员数量

乡镇文化旅游服务中心专职管理人员不少于5人;村文化旅游服务中心专职管理人员不少于3人。结合实际配备具有英语服务能力的人员。

### 6.2.3 志愿者队伍

服务中心应建立志愿服务机制,根据工作需要发布志愿者招募公告,吸引社会文化艺术人才、乡土文化能人和社会组织参与志愿服务。

## 6.3 活动管理

6.3.1 服务中心开展大型、涉外等群众性文化旅游活动的,应按有关规定向公安、外事、城管等部门报备。

6.3.2 服务中心组织开展广场文化旅游活动,应自觉履行下列行为准则:

(a) 不扰民,活动时间和活动音量分贝数符合有关要求。

(b) 维护治安秩序,不乱设摊点,不向游客强行兜售物品。

(c) 维护环境卫生,保持场所整洁美观,不在建筑物、构筑物或其他公共设施上涂写、刻画或未经批准张贴、悬挂宣传品。

(d) 维护交通秩序,不随意停放机动车和非机动车,不妨碍广场周边的交通秩序。

(e) 服从广场管理其他相关规定。

## 6.4 安全管理

### 6.4.1 健全制度

服务中心应配套建立健全安全管理制度,应明确分工和安全责任等。

### 6.4.2 防范措施

服务中心应配备齐全的安全与消防设施,应在公共活动区域和相应的活动厅(室)配备一定数量的消防器材,并定期进行检修和维护,各部位的消防器材均应处于完好状态。

服务中心应根据房舍自身条件在活动区域辟有安全通道，设有安全疏散标识。

6.4.3 应急预案

服务中心在开展有关工作活动和所组织的活动中，对可能发生的各类危及人身及财产安全的突发事件，应有必要的安全应急管理制度，制定相应的安全预案，并协助公安、消防、交警、电力等相关部门，采取相应的安全措施，以有效防范和处置。

## 7 服务要求

### 7.1 服务性质

服务中心实现无障碍、零门槛进入，公共空间设施场地实行免费开放，所提供的基本公共文化和旅游服务应全部免费。

### 7.2 服务公示

7.2.1 服务中心应在醒目位置向公众公示基本信息和规章制度，包括服务范围、服务内容、服务时间、服务人员、服务公约、服务承诺及有关须知、规则等。

7.2.2 服务中心周开放时间不少于 56 小时，兼顾当地群众和游客的需求特点延长开放时间，丰富活动内容。因故关闭或更改开放时间的，除遇不可抗力外，应当提前 7 日公告。

### 7.3 服务内容

7.3.1 服务中心应加强资源整合，发挥统筹服务功能，为公众提供读书阅报、影视观赏、文艺展演、科普教育、法律普及、群众文体活动以及厕所、寄存、特色产品展销等公共文化旅游服务。

7.3.2 乡镇文化旅游服务中心应结合实际配备基本服务项目不少于 8 项，村文化旅游服务中心不少于 5 项。服务项目主要包括：

（a）信息咨询。公布咨询电话，通过各种形式提供服务项目和旅游资源介绍、景区形象展示、区域交通信息、流程信息、天气询问、住宿咨询和预约预订、导游推介等咨询服务。

（b）公共阅读。组织开展借书证办理、文献借阅、阅读推广、专题推荐等阅读服务，推动建设群众阅读组织，丰富读者活动。

（c）讲习课堂。定期举办党员教育、政策解读、乡风民俗、旅游经营、科普知识、艺术鉴赏、健康养生、好书导读等讲习活动。

(d) 展览展演。展示当地历史人文、特色文化，推介特色文艺团队，展演特色文艺精品，拥有相对稳定并经常开展活动的相关文体团队不少于3支。

(e) 非遗体验。邀请非物质文化遗产传承人现场传授，吸引群众和游客参与体验。

(f) 影视放映。配备数字电影放映设备，提供宽敞舒适的观影环境，加入有关公益性或准公益性数字院线，以优惠价格为当地群众和游客放映数字电影。

(g) 文创开发。结合当地特色资源，设计开发餐饮、艺术、工艺类等特色文创产品。

(h) 辅导培训。为群众文化团队及骨干提供培训指导；为景点线路和民宿经营业主提供旅游产业发展指导；为青少年掌握阅读和艺术知识提供辅导；为营造全域良好的文化和旅游环境进行全员培训。

(i) 志愿服务。健全文化和旅游志愿者招募、培训、建档、派遣、管理、支持、记录、评价、激励机制和工作链条，面向本地群众和游客提供内容丰富、形式多样的文化旅游志愿服务。

(j) 资源建设。挖掘、整理、保护、开发各类相关资源，丰富当地文化和旅游产品供给。

(k) 特色发展。推进"一镇一品""一村一品"建设，培育扶持具有鲜明特色或市场优势的文化旅游产品或服务品牌，以品牌效应集聚资源、感召群众、吸引游客、促进就业、带动产业。

(l) 市场管理。配合所在县(区、市)文化和旅游行政部门及所在乡镇党委、政府，做好文化和旅游市场管理，维护市场秩序，推动公共服务和文化旅游产业有序发展。

(m) 智慧服务。通过网站、微信公众号或App服务平台，提供数字化图书馆、数字化文化馆、数字化博物馆等数字化信息服务，提高文化旅游服务的社会知晓度、群众参与度、市场知名度、游客黏着度和行业认同度。

## 8 专业支持

### 8.1 市、县(区、市)公共图书馆的支持

市级中心馆和县级总馆应及时与乡村文化旅游服务中心建立工作联系，按照县级图书馆总分馆制建设要求将其纳入分馆范围，并提供相应专业支持：

(a) 利用地方文献资源及研究成果,协助服务中心挖掘整理和开发利用文化和旅游资源。

(b) 为服务中心提供阅读推广服务、阅读资源保障、荐书服务和好书导读讲座服务。

(c) 指导服务中心面向当地群众和游客开展公共阅读。

(d) 协助服务中心发展基层阅读组织。

8.2　市、县(区、市)文化馆的支持

市级中心馆和县级总馆应及时与服务中心建立工作联系,按照县级文化馆总分馆制建设要求将其纳入分馆范围,并提供相应专业支持:

(a) 指导服务中心开展"一镇一品""一村一品"建设。

(b) 利用优质文化艺术资源、非物质文化遗产资源、艺术精品创作成果,支持服务中心开展群众文化、艺术培训、非遗传承等特色服务。

(c) 为服务中心提供优秀人文、民间民俗、艺术鉴赏、健身养生等讲座服务。

(d) 指导和支持服务中心面向当地群众和游客开展优秀艺术作品展演,举办传统文化节庆、民间体育竞技等活动。

(e) 指导和支持服务中心开发富有特色的文创产品和旅游商品。

(f) 定期开展面向服务中心管理运营团队的业务培训。

(g) 指导服务中心实施数字化网络化管理。

(h) 指导和支持服务中心开展亮点采集、经验提炼和示范推广工作。

# 9　服务评价与改进

9.1　服务监督

9.1.1　服务中心应在显著位置设立意见箱(簿),公开监督电话;开设网上投诉通道;组建社会监督员队伍,定期召开群众座谈会。

9.1.2　服务中心每年至少开展一次公众满意度调查活动,面向当地群众和游客发放满意度调查表不少于200份,对设施设备、服务内容、服务质量和员工素质等进行跟踪监督、动态评价。调查表回收率不低于80%,公众满意率应不低于80%。

9.2　服务评价

服务中心应运用信息化手段,通过互联网评价、短信评价等方式,建立公众参与的服务评价反馈机制;参与服务中心星级等级评定。

9.3 服务改进

服务中心应认真对待并正确处理来自群众、游客的意见建议和监督投诉,根据评价结果对不符合服务规范的方面,提出改进措施,提高服务质量。

**参考文献**

［1］GB/T 31383-2015 旅游景区游客中心设置与服务规范
［2］GB/T 32940-2016 乡镇综合文化站服务标准
［3］DB13/T 1009-2009 河北省乡村旅游服务质量标准

# 附录 I  第一批至第四批国家公共文化服务体系示范区名单

一、第一批国家公共文化服务体系示范区

| 地 区 | 序 号 | 示范区名称 |
| --- | --- | --- |
| 东部地区 | 1 | 北京市朝阳区 |
| | 2 | 天津市和平区 |
| | 3 | 上海市徐汇区 |
| | 4 | 江苏省苏州市 |
| | 5 | 浙江省宁波市鄞州区 |
| | 6 | 辽宁省大连市 |
| | 7 | 福建省厦门市 |
| | 8 | 广东省东莞市 |
| | 9 | 山东省青岛市 |
| 中部地区 | 1 | 河北省秦皇岛市 |
| | 2 | 山西省长治市 |
| | 3 | 吉林省长春市 |
| | 4 | 黑龙江省牡丹江市 |
| | 5 | 安徽省马鞍山市 |
| | 6 | 江西省赣州市 |
| | 7 | 河南省郑州市 |
| | 8 | 湖北省黄石市 |
| | 9 | 湖南省长沙市 |
| | 10 | 海南省澄迈县 |

续表

| 地 区 | 序 号 | 示范区名称 |
|---|---|---|
| 西部地区 | 1 | 广西壮族自治区来宾市 |
| | 2 | 内蒙古自治区鄂尔多斯市 |
| | 3 | 重庆市渝中区 |
| | 4 | 四川省成都市 |
| | 5 | 贵州省遵义市 |
| | 6 | 云南省保山市 |
| | 7 | 西藏自治区林芝地区 |
| | 8 | 陕西省宝鸡市 |
| | 9 | 甘肃省金昌市 |
| | 10 | 青海省格尔木市 |
| | 11 | 宁夏回族自治区银川市 |
| | 12 | 新疆维吾尔自治区喀什地区 |

## 二、第二批国家公共文化服务体系示范区

| 地 区 | 序 号 | 示范区名称 |
|---|---|---|
| 东部地区 | 1 | 北京市东城区 |
| | 2 | 天津市河西区 |
| | 3 | 上海市浦东新区 |
| | 4 | 江苏省无锡市 |
| | 5 | 浙江省嘉兴市 |
| | 6 | 福建省三明市 |
| | 7 | 山东省烟台市 |
| | 8 | 广东省深圳市福田区 |
| | 9 | 辽宁省沈阳市沈河区 |
| 中部地区 | 1 | 河北省廊坊市 |
| | 2 | 山西省朔州市 |
| | 3 | 吉林省延边朝鲜族自治州 |
| | 4 | 黑龙江省哈尔滨市南岗区 |

续表

| 地　区 | 序　号 | 示范区名称 |
|---|---|---|
| 中部地区 | 5 | 安徽省安庆市 |
| | 6 | 江西省新余市 |
| | 7 | 河南省洛阳市 |
| | 8 | 湖北省襄阳市 |
| | 9 | 湖南省岳阳市 |
| | 10 | 海南省保亭黎族苗族自治县 |
| 西部地区 | 1 | 内蒙古自治区包头市 |
| | 2 | 广西壮族自治区玉林市 |
| | 3 | 重庆市北碚区 |
| | 4 | 四川省南充市 |
| | 5 | 贵州省贵阳市 |
| | 6 | 云南省楚雄彝族自治州 |
| | 7 | 西藏自治区山南市 |
| | 8 | 陕西省渭南市 |
| | 9 | 甘肃省张掖市 |
| | 10 | 青海省西宁市 |
| | 11 | 宁夏回族自治区石嘴山市 |
| | 12 | 新疆维吾尔自治区克拉玛依市 |
| | 13 | 新疆生产建设兵团农八师（石河子市） |

## 三、第三批国家公共文化服务体系示范区

| 地　区 | 序　号 | 示范区名称 |
|---|---|---|
| 东部地区 | 1 | 上海市嘉定区 |
| | 2 | 北京市海淀区 |
| | 3 | 广东省佛山市 |
| | 4 | 浙江省台州市 |
| | 5 | 江苏省南京市江宁区 |
| | 6 | 福建省福州市 |

续表

| 地　　区 | 序　号 | 示范区名称 |
|---|---|---|
| 东部地区 | 7 | 山东省东营市 |
| | 8 | 辽宁省盘锦市 |
| | 9 | 天津市北辰区 |
| 中部地区 | 1 | 湖南省株洲市 |
| | 2 | 安徽省铜陵市 |
| | 3 | 江西省九江市 |
| | 4 | 黑龙江省哈尔滨市道里区 |
| | 5 | 河北省沧州市 |
| | 6 | 湖北省宜昌市 |
| | 7 | 河南省济源市 |
| | 8 | 吉林省吉林市 |
| | 9 | 山西省晋中市 |
| 西部地区 | 1 | 重庆市江津区 |
| | 2 | 新疆生产建设兵团第六师五家渠市 |
| | 3 | 四川省乐山市 |
| | 4 | 云南省曲靖市 |
| | 5 | 新疆维吾尔自治区昌吉回族自治州 |
| | 6 | 贵州省毕节市 |
| | 7 | 陕西省铜川市 |
| | 8 | 宁夏回族自治区吴忠市 |
| | 9 | 广西壮族自治区防城港市 |
| | 10 | 内蒙古自治区呼和浩特市 |
| | 11 | 西藏自治区拉萨市 |
| | 12 | 甘肃省白银市 |

## 四、第四批国家公共文化服务体系示范区

| 地 区 | 序 号 | 示范区名称 |
| --- | --- | --- |
| 东部地区 | 1 | 北京市石景山区 |
| | 2 | 天津市滨海新区 |
| | 3 | 上海市长宁区 |
| | 4 | 江苏省镇江市 |
| | 5 | 浙江省温州市 |
| | 6 | 福建省泉州市 |
| | 7 | 山东省威海市 |
| | 8 | 广东省中山市 |
| 中部地区 | 1 | 河北省唐山市 |
| | 2 | 山西省晋城市 |
| | 3 | 吉林省辽源市 |
| | 4 | 黑龙江省大庆市 |
| | 5 | 安徽省蚌埠市 |
| | 6 | 江西省萍乡市 |
| | 7 | 河南省许昌市 |
| | 8 | 湖北省黄冈市 |
| | 9 | 湖南省永州市 |
| | 10 | 海南省三亚市 |
| 西部地区 | 1 | 重庆市南岸区 |
| | 2 | 四川省攀枝花市 |
| | 3 | 贵州省六盘水市 |
| | 4 | 云南省昆明市 |
| | 5 | 西藏自治区日喀则市 |
| | 6 | 陕西省安康市 |
| | 7 | 宁夏回族自治区固原市 |
| | 8 | 新疆维吾尔自治区伊犁哈萨克自治州 |
| | 9 | 新疆生产建设兵团阿拉尔市 |

图书在版编目(CIP)数据

中国中部地区公共文化特色化发展实证研究：基于国家公共文化服务体系示范区城市实践 / 陈慰著 .— 上海：上海社会科学院出版社，2022
ISBN 978 - 7 - 5520 - 3704 - 3

Ⅰ. ①中… Ⅱ. ①陈… Ⅲ. ①公共管理—文化工作—研究—中国 Ⅳ. ①G124

中国版本图书馆 CIP 数据核字(2021)第 208146 号

## 中国中部地区公共文化特色化发展实证研究
——基于国家公共文化服务体系示范区城市实践

| | |
|---|---|
| 著　者： | 陈　慰 |
| 出品人： | 佘　凌 |
| 责任编辑： | 包纯睿 |
| 封面设计： | 周清华 |
| 出版发行： | 上海社会科学院出版社 |
| | 上海顺昌路 622 号　邮编 200025 |
| | 电话总机 021 - 63315947　销售热线 021 - 53063735 |
| | http://www.sassp.cn　E-mail:sassp@sassp.cn |
| 照　排： | 南京理工出版信息技术有限公司 |
| 印　刷： | 上海昌鑫龙印务有限公司 |
| 开　本： | 710 毫米×1010 毫米　1/16 |
| 印　张： | 13 |
| 插　页： | 1 |
| 字　数： | 220 千 |
| 版　次： | 2022 年 8 月第 1 版　2022 年 8 月第 1 次印刷 |

ISBN 978 - 7 - 5520 - 3704 - 3/G · 1128　　　　　　　　定价:68.00 元

版权所有　翻印必究